古人的生活

万国衣冠拜冕旒

唐代日常生活概览

黄正建 著

中华书局

图书在版编目(CIP)数据

万国衣冠拜冕旒:唐代日常生活概览/黄正建著. —北京:中
华书局,2025.2
(古人的生活)
ISBN 978-7-101-16429-9

Ⅰ.万…　Ⅱ.黄…　Ⅲ.社会生活–研究–中国–唐代
Ⅳ.D691.9

中国国家版本馆 CIP 数据核字(2023)第 216817 号

书　　名	万国衣冠拜冕旒:唐代日常生活概览
著　　者	黄正建
丛 书 名	古人的生活
责任编辑	李若彬
封面设计	刘　丽
责任印制	管　斌
出版发行	中华书局
	(北京市丰台区太平桥西里 38 号　100073)
	http://www.zhbc.com.cn
	E-mail:zhbc@zhbc.com.cn
印　　刷	北京新华印刷有限公司
版　　次	2025 年 2 月第 1 版
	2025 年 2 月第 1 次印刷
规　　格	开本/710×1000 毫米　1/16
	印张 22¾　字数 243 千字
印　　数	1-6000 册
国际书号	ISBN 978-7-101-16429-9
定　　价	98.00 元

目录

食

居住建筑的一般情况

张设与家具

住生活的社会性

自序

　　衣、食、住、行是社会生活的一部分，就一般而言，它可说是"物质生活"或"日常生活"的代名词。研究社会生活是近年来学术界的热门课题，它不仅符合中国现代史学研究发展的趋势，而且也与世界性的社会史研究潮流合拍。在这种研究社会生活的潮流中，无论何种流派，都十分重视社会生活中日常生活史的研究，换句话说，就是重视对衣、食、住、行的研究。法国年鉴学派主将布罗代尔，在20世纪60年代末曾经写过一部《15至18世纪的物质文明、经济和资本主义》。这部书被认为是一部"整体史"，也有人将其视为社会史著作。书中第一卷的题目就叫作《日常生活的结构：可能和不可能》。作者在这一卷里研究了人口、饮食、住宅、服装、技术、货币、城市，也就是研究了日常生活方式的现状和变化，以及东西方生活方式的不同，并把它作为资本主义产生在欧洲的最底层、最长远的一种环境或者原因。与这种"整体史"不同，近邻日本在1987年由岩波书店出版了一套八卷本的《日本社会史》（断代大约从古代直到明治时代），其中第八卷是生活史研究，总标题叫作《生活感觉和社会》，内容一共三部分九章。第一部分研究的是离身体最近的衣、食、住。第二部分研究的是有意识或无意识的各种行为，以及有关身心疾病的问题。第三部分研究了居住在日本列岛的人们与自然和神有着怎样的关系。举出这两种著作，是为了说明世界范围内的衣、食、住、行研究，在社会生活史研究、社会史研究乃至历史研究中的重要性。

衣、食、住、行研究的重要，首先来自衣、食、住、行在历史生活中的重要。这种重要，大致有两方面的意义。第一，衣、食、住、行是人类生活的基本内容。衣、食、住、行（特别是衣、食）消费量的大小和足够与否，直接影响着经济政策乃至政治政策的制定和调整。这是任何一个统治者所不能忽视的。唐朝代宗年间在讨论制定有关钱币的政策时，就有人算过这样的账："自天宝至今，户九百余万……以中农夫计之，为六千三百万人。少壮相均，人食米二升，日费米百二十六万斛，岁费四万五千三百六十万斛，而衣倍之，吉凶之礼再倍，余三年之储以备水旱凶灾，当米十三万六千八十万斛。"（《新唐书·食货志》）这里的"人食米二升""衣倍之"等衣、食消费问题，就构成了提出问题和制定政策的基础。第二，由于衣、食、住、行是日常生活的最基本的方面，因此衣、食、住、行的方式以及贯穿其中的礼俗，就成了影响社会风气、社会秩序乃至社会安定的重要因素。所谓"凡民之事，莫不一出于礼。由之以教其民为孝慈、友悌、忠信、仁义者，常不出于居处、动作、衣服、饮食之间。盖其朝夕从事者，无非乎此也"（《新唐书·礼乐志》），就是要让每天所从事的"衣、食、住、行"都符合"礼"，从而在根本上解决社会的秩序和安定问题。

这样，衣、食、住、行本身的重要，以及国际史学界对其不断加强的重视，推动了中国史学界对衣、食、住、行乃至社会生活史的研究。

受其影响，对唐代社会生活史的研究，近年也兴盛起来，有关论文和著作不断涌现，但总的说来，这种研究还处于刚刚起步、比较零散细碎也比较表层化的阶段。就衣、食、住、行而言，近年来从事这方面研究的学者还不多，而且这些学者还大多是考古学者和专门史（如饮食史、服饰史、建筑史）学者。因此，如何将这些零散细碎的研究系统化、深层化，如何从社会史的角度来进行研究，就成为摆在历史学者面前的一项重要课题了。

从这种考虑出发，本书试图综合研究唐代的衣、食、住、行，不仅要研究衣、食、住、行中的具体问题，比如胡饼是什么，半臂是什么，绳床、步辇又是什么，而且更重要的是研究引起衣、食、住、行变化的社会环境，研究不同阶层、不同集团在衣、食、住、行方面的差别和衣、食、住、行所具有的地域性、民族性及其互相交流，以及衣、食、住、行中体现出来的礼仪和习俗。换句话说，就是少讲或不讲衣、食、住、行的技术性（如烹调技术、缝纫技术、营造法式等）方面，而把着重点放在其社会性方面，突出表现当时人在社会中是如何进行衣、食、住、行的，这些衣、食、住、行对他们的政治经济生活，又有着什么样的影响。显然，这个目标是太大了，本书也只是在做一个初步的尝试而已。不过我想，努力方向还是明确的，但愿能得到读者朋友的首肯。

需要说明的还有以下几点：

第一，本书虽以"唐代的衣、食、住、行"冠名，但考虑到唐代制度大多沿自隋朝，唐代制度又影响五代，五代各政权的制度基本沿袭唐代，史学界习惯上将隋唐五代划为一个时期。而且更为重要的是，隋唐五代是中国封建社会由前期走向后期的转变过渡期，后期社会各个领域里的各种制度，只是在经过隋唐五代的发展演变之后，到宋代才大致固定下来。因此本书研究的内容实是隋唐五代的衣、食、住、行。第二，将"衣、食、住、行"连称只是我国的习惯，别国并非如此。比如日本就只说"衣、食、住"，他们认为"行"不是日常生活中必需的（这里涉及各国历史地理环境的不同，此不详论）。或许受其影响，国内在研究衣、食、住、行时，对"衣、食、住"的研究比较多，对"行"的研究则较少。鉴于此，本书以较大的篇幅研究了行生活，特别是研究了前人较少涉及的行生活的制度和礼俗，比如导从和路遇的礼俗等。第三，本书特别重视原始资料的搜集和利用，也注重考古文物资料和域外资料，同时，在写作过程中参考了许多研究成果（特别是涉及专门技术的部分），其中有些已随文注出，其他重要者列入书后参考文献，并对这些作者表示深深的谢意。第四，本稿完成于1993年，此后虽又做了一些补充，但基本结构未动。从那时起，笔者对唐代衣、食、住、行又有一些新的想法、新的认识，希望以后能陆续将它们写出来，以就教于读者诸君。

中国社会科学院历史所的李斌城先生通读了全稿并提出了宝贵意见，在此谨表示我最诚挚的感谢。

愿这本小书能为隋唐五代的衣、食、住、行研究做一点微薄的贡献。恳切期望能得到来自读者方面的各种批评和意见。

《唐代日常生活》作为"古代日常生活"系列之一再版，说明包括衣食住行在内的古代生活史研究依然受到现在读者的欢迎，这是值得高兴的事。

这本小书以《唐代衣食住行研究》为名初版于1998年，后于2013年改名《唐代衣食住行》由中华书局出版。从1998年至今，已经过去了二十六年。在这二十六年中，相关研究有了长足进步。

这种进步表现在三个方面。

第一，有关衣食住行的论著大量出现，特别是将其纳入"日常生活史"研究，从理论到实践都有更深入的探讨。比如刘新成《日常生活史与西欧中世纪日常生活》(《史学理论研究》2004年第1期)、李小东《理论与实践的反思：为什么研究日常生活史》(《史学理论研究》2020年第6期)，以及师义帆《日常生活史：问题与进路》(复旦大学出版社，2023年)，均从理论上进行了思考。此外，作为社会史研究重镇的南开大学，以常建华为首的学者开展了一系列对衣食住行等日常生活的研究，不仅编写了《中国日常生活史读本》(北京大学出版社，

2017年），收入国内外学者对中国日常生活史研究的经典文章（我的《韩愈的日常生活》也被收入），而且编写了《中国日常生活史研究的回顾与展望》（科学出版社，2020年），全面梳理了从先秦到现当代日常生活史的研究状况，还撰写了《日常生活的历史学：中国社会史研究三探》（北京师范大学出版社，2021年）进行研究实践。这些都说明，与二十六年前相比，包括衣食住行在内的日常生活史已经成了历史研究的一个重要领域。

第二，有关衣食住行的新资料不断涌现。以唐代为例。一方面出土了许多文字资料，包括文书和大量墓志。据说新出土的唐代墓志达万方之多，公开出版的就有《西安碑林博物馆新藏墓志汇编》及《续编》、《长安新出墓志》、《大唐西市博物馆藏墓志》、《洛阳新见墓志》、《西安新获墓志集萃》、《洛阳流散唐代墓志汇编》及《续集》《三集》、《长安高阳原新出土隋唐墓志》、《洛阳新获墓志二〇一五》、《陕西省考古研究院新入藏墓志》、《秦晋豫新出墓志蒐佚》及《续编》《三编》、《新中国出土墓志》河南卷和陕西卷，以及山西、河北、西南地区和扬州、南京、安阳等地出土的墓志等等。由于墓志叙述的是个人的生活仕宦经历，不免包括一些衣食住行内容。例如出土的一方唐人刘应道墓志，长达两千五百字，详细描述了他的仕途，也透露出一些生活细节。从墓志中我们知道，墓主不到二十岁就死了父亲，由母亲抚养，视长兄如父。他从小爱读百家子史，做县令时，公务之外，将官俸都用来抄写经书，任期内抄写有六七千卷书。因公事除名，可以不出户庭十年，到老年即近六十岁还到雍州当司功参军。墓志又说他性格非常勤悫，遇到要早朝时，夜里就起来，穿好朝服，坐待晓漏。说他不问家人产业，到晚年生活更加简朴，吃饭只要充饥，穿衣只要蔽体。说他夫妇感情深厚，大概四十多岁时夫人去世，他不住夫人曾住过的正室，在正室东窗外盖了个小屋，面积"广袤八九尺"，内只放一床一榻，在其间住了二十余年。说他平时爱好绘画音乐，水平不错；还善下围棋，在二品以上；书法善草隶，为时人所贵；"尽天下之能事"。从幸东都，住在敬业坊私第，死后官造灵车，将家口传递回京居德坊，则他在长安和洛阳有两处私宅。这一墓志内容无疑是研究唐人衣食住行的绝好文字资料。

另一方面，这二十年来出土的唐代文物也有很多，可以让我们更直观、更形象地了解唐代衣食住行情况。比如"胡床"，过去我们只在文献或墓室壁画中看到过；比如"袍""半臂"等唐代男子服饰，由于纺织品不易保存，我们也只能从文献或图像中了解其形制。但是，2019年发掘的唐代慕容智墓（后被评为"2021年度全国十大考古新发现"），竟然出土了"胡床"和"绮袍""锦半臂"实物，这怎能不令人兴奋？正是这些珍贵文物的出土，为研究唐代衣食住行提供了绝好的实物资料。

第三，在此大环境下，笔者自这本小书1998年出版后，也陆续进行了一些后续研究。这些研究包括几个方面：一是对日常生活史研究的理论思考，提出日常生活史研究的重点在"人"而不是"物"，提倡研究的综合性。这一观点得到了前述常建华先生等诸同仁的首肯。二是从综合性出发，研究了唐代韩愈的日常生活，并比较了前后相差一百年的张说和元稹的日常生活，以见唐前后期日常生活的变化与异同，还研究了唐前后期赐宴制度和车服制度的演变。三是具体研究了唐代的一些衣食住行器物或现象，比如唐代的戒指耳环、皇帝的消费等，并试图探讨唐代不流行戒指耳环的原因以及土贡与皇帝疾病的关系。这些研究，作为《唐代衣食住行研究》的后续成果，2016年结集为《走进日常：唐代社会生活考论》，由中西书局出版（2019年再版时订正了初版中的一些错误，改名《走进日常：唐代的衣食住行》），读者径可参看。

如上所述，包括衣食住行在内的日常生活史研究这几十年来取得了长足进步，但扪心自问，这本初版于1998年、再版于2013年的小书依然有存在的价值，原因在于：第一，它是一部完整阐述唐代衣食住行并与社会阶层和风俗联系起来的著作，简洁而全面，所发议论基本没有过时。第二，此书建立在大量阅读唐代史籍（包括正史、政书、类书、总集、诗词、笔记、小说、游记、出土文书等）和查阅出土文物（包括截止小书出版时的出土文物以及国外文物）的基础上，所述内容真实而可信，并不因时间的流逝变得虚假。因此，这本小书对读者在较短时间内全面了解唐代衣食住行依然是很有用的。

这次再版，文字上基本保持不变（只是订正了错字，以及增加了有关幂䍠、传马的两个注释），但图片有比较大的改动。主要是删除了2013年版中定名或说明有误的图片、后代绘制不能说明唐代现象的图片、与文字内容不符的图片等，补充了具有唐代特色的图片如列戟、酒令筹器、绳床、鱼符、过所等，还补充了新出土的文物图片。希望这种增删能给读者提供更准确、更形象的知识。

当然，书中也一定会存在错误和问题，如初版一样，"恳切期望能得到来自读者方面的各种批评和意见", 我是会从心里表示感谢的。

黄正建

2023年7月

2024年2月修订

衣

服饰
一般

隋唐五代的服饰在中国古代服饰中起着承前启后的作用。它将魏晋以来特别是北朝的服饰发展固定下来，形成法令制度，影响直至宋代并延至明朝。如果拿隋唐五代的服饰与秦汉服饰相比较，我们就会发现二者有着显著不同。这就是说，隋唐五代的服饰在服饰史上具有十分明显的阶段性特点。

一　男子服饰
（附军衣）

隋唐五代的男子服饰从大的方面可分为两部分，即礼服和便服。礼服亦称冠服，包括朝服、公服、祭服等。便服也叫常服，曾称为谦服和褒服。冠服主要是高冠革履、褒衣博带，常服则由幞头、袍衫、靴带组成。受传统礼仪影响，当时反映在律令上的主要是冠服制度，但常服也逐渐在令式中占有了一定地位。

（一）服饰制度及其演变

我们先看冠服。从总的情况看，隋唐五代的冠服沿袭了汉魏服制而有所减略，虽被详细规定在法律上，但除少数几种场合外，一般并不服用。

隋朝初建，隋文帝杨坚舍弃了北周服制，采北齐服制制定了《衣服令》，规定皇帝服饰有衮冕、通天冠、武弁、白纱帽、白帢等数种，皇太子、百官的服饰也各有规定。这一套服制是十分简陋的。到开皇九年（589）平陈以后，杨坚又采用了南朝梁、陈服制重新定令，在皇帝服饰上增加了大裘冕、鷩冕、毳冕、絺冕等项，但这一套礼制"皆藏御府，弗服用焉"（《隋书·礼仪志》）。到隋炀帝大业元年（605），炀帝杨广命牛弘等人依据古制，参照实际，增删旧令，重新制定了一套服制，定皇帝服饰有大裘冕以下八等，对皇太子、百官服饰也做了整理，废去了前代已有但实际已不服用的"建华、鵔鷬、鶡冠、委貌、长冠、樊哙、却敌、巧士、术氏、却非"等冠服。这套服制自大业二年（606）开始实行。

唐朝初年，高祖李渊也下令制定了《衣服令》，武德七年（624）颁行，称《武德衣服令》。根据此令，皇帝衣服有大裘之冕、衮冕、鷩冕、毳冕、绣冕、玄冕、通天冠、武弁、黑介帻、白纱帽、平巾帻、白帢共十二等。其中衮冕最重要，其形制主要是冠上有冕板，板宽八寸，长一尺六寸，垂白珠十二旒，以组为缨；身穿玄衣（深色或即黑色衣）纁裳（纁为赤和黄色），有十二章纹饰：衣有日、月、星、龙、山、华虫、火、宗彝八章，裳有藻、粉米、黼、黻四章；内穿白纱中单；腰束革带、玉钩䚢，垂大带、蔽膝；佩鹿卢玉具剑；脚穿朱袜、赤舄，舄上加金饰。

《武德衣服令》又规定皇太子有衮冕、远游三梁冠、远游冠、乌纱帽、平巾帻共五等，百官有衮冕、鷩冕、毳冕、绣冕、玄冕、爵弁、远游冠、进贤冠、武弁、獬豸冠共十等。不同的冠与朝服（亦称具服）、公服（亦称从省服）相配合，服用于不同场合。按照《武德衣服令》的规定，朝服是头上戴冠（上述各冠之一，主要指远游、进贤、武弁），冠下有帻，冠上有缨、有簪导；外穿绛纱单衣、白裙襦（或裙衫）；内穿白纱中单；束革带，垂蔽膝；脚穿袜、舄；佩剑等。公服比朝服要简单，也是冠、帻、缨、簪导、绛纱单衣、白裙襦、革带，但没有白纱中单，没有蔽膝，脚上穿履不穿舄，佩鞶囊等而不佩剑。遇大事如陪祭、朝飨等穿朝服，其余公事穿公服，换句话说就是礼重时穿朝服，礼轻时穿公服。

《武德衣服令》颁行以后，虽历经高宗、武后特别是玄宗时期对令文做了些微修改，但冠服制度大体不出此范围。不过令文归令文，在实际的社会生活中，这些规定常常是徒有虚名。下面简单介绍一下武德以后对服制的修订及其在实际生活中的施用。

太宗时曾制翼善冠，与常服配合使用于朔、望视朝，到唐玄宗开元十七年（729）废。显庆年间（656—661），高宗听取长孙无忌等修礼官的建议，在皇帝十二等服饰中只保留了大裘冕和衮冕，其他全部废而不用，但令文并不做删改。到开元十一年（723），玄宗又废除了大裘冕，除个别场合仍使用通天冠外，其余如元正朝会、大祭祀等全用衮冕，但令文仍未做删除。

皇太子服在唐高宗永徽（650—655）以后也只剩下衮

李勣墓出土的三梁进德冠

冕、具服和公服。如果穿袴褶则戴进德冠，而进德冠的样子有些像幞头，除皇太子戴外，贵臣也戴。

由此可知冠服在这一时期的发展趋势，即一方面趋于简单，如皇帝除衮冕外一般不再服用其他；另一方面则是像翼善冠、进德冠的出现所表示的那样，冠服有向常服靠拢的势头。

还有一种非正统的冠服，称为"袴褶"。按袴褶服源于胡服，普及于魏、晋，经过几百年的改造和南北服饰的交流，到隋唐时代成为一般朝参时的服饰而被列入令中。据《武德衣服令》，袴褶服主要是这样：头上戴平巾帻，上身穿紫褶（五品以上）或绯褶（六品以下）加裲裆，下身穿白袴，束起梁带，脚穿靴。这是武官、卫官陪立大仗时的服饰。文官乘马时也可以服，但须去掉裲裆。此外，流外官、无官品的人以及品子任杂掌者，在朝集从事时都要服平巾帻、绯衫、大口袴。《武德衣服令》对袴褶的规定主要限于武官，但到唐太宗贞观二十二年（648），下令百官朔望日上朝都要服袴褶。高宗永徽以后，皇太子若乘马穿袴褶，要戴进德冠。武后文明元年（684）规定，在京的百官每日入朝要穿袴褶服，诸州县长官在公廨也要穿袴褶。玄宗开元二十五年（737），御史大夫李适之建议，冬至、元日大礼时六品以下通服袴褶，后来在开元二十五年《仪制令》中就规定："诸文武九品以上，应朔望朝参者，十月一日以后，二月二十日以前，并服袴褶。"从这一发展过程看，袴褶服似有代替公服、朝服的趋势。但是，由于袴褶服既非传统冠服，又不如常服方便，所以它最终不能逃脱逐渐消亡的命运。唐代宗宝应元年（762）前后，归崇敬"以百官朔望朝服袴褶非古，上疏云：'按三代典礼、两汉史籍，并无袴褶之制，亦未详所起之由，隋代以来始有服者。事不师古，伏请停罢。'"（《旧唐书·归崇敬传》）。归崇敬提出的理由虽是传统的，但他实际顺应了袴褶逐渐消亡的趋势。至此以后，虽有时还偶能见到服袴褶的记载，但一般说来，在实际生活中已没有袴褶的地位了。

冠服而外，自隋朝以来还有常服。这种常服是受北朝影响发展起来的，主要由幞头（也叫折上巾）、袍衫、靴带组成。由于它便于行事，因此普及得很快。隋朝初年，上自皇帝下到庶民，都穿黄袍，不同的是贵臣束九环带，帝王束十三环带。开始时帝王还戴乌纱帽，到后来才"贵贱通服折上巾"（《旧唐书·舆服志》）。到大业六年（610）后，隋炀帝整理服饰制度，才初次在常服中划分等级，规定官员五品以上穿紫袍，六品以下穿绯或绿袍，胥吏穿青袍，庶民穿白袍，屠夫、商人穿黑袍，士卒穿黄袍。这次规定，一方面意味着将常服正式纳入律令格式体系，另一方面又反映了将北朝贵贱通用的常服等级化。虽然这次对常服等级的划分十分简略，但它却具有很重要的意义。

到唐初，皇帝不让士庶穿赤黄色，自己则以赤黄袍衫、折上头巾、九环带、六合靴为常服。武德四年（621），唐高祖下敕规定：官员三品以上穿紫袍衫，五品以上穿朱，六品以下直至庶民均穿黄袍。幞头和靴仍是贵贱通用。到唐太宗贞观四年（630），更详细规定了常服的服色，即三品以上服紫，五品以上服绯，六品七品服绿，八品九品服青，并仍然

唐李重润墓壁画中裹幞头，穿圆领袍衫、乌皮靴的文吏

允许都穿黄袍。同时唐太宗制定了翼善冠（皇帝用）和进德冠（贵臣用）与常服相配。这两种冠到唐玄宗时废除。

贞观四年以后，常服又经历了一些变化，到上元元年（674）八月，唐高宗再次下诏完善服色等级，规定"文武三品已上服紫、金玉带十三铐，四品服深绯、金带十一铐，五品服浅绯、金带十铐，六品服深绿，七品服浅绿，并银带九铐，八品服深青，九品服浅青，并鍮石带九铐，庶人服黄、铜铁带七铐"（《唐会要》卷三一）。这次诏令还有一项重要规定，即禁止流内官穿黄袍衫。自此以后，唐代官员常服的服色，基本都按品级以紫、绯、绿、青为准了。不过要注意的是，这里的"按品级"指散官品级，即隋唐时期的常服均以散官官品为准。因此白居易虽身为从五品下的江州司马（职事官），但并不穿绯衫，而是依散官将仕郎的官品从九品下，穿青衫，所以才有"江州司马青衫湿"（《琵琶行》）的著名诗句。到五代，随着散官地位的下落，服色也逐渐向依职事官品的方向发展，到宋代就全都依职事官官品了。

唐代的常服在其发展过程中，逐渐配有一件物品——鱼袋。按鱼袋本来用于装鱼符，鱼符是刻有官员职务的身份证明书，要随身佩带，最初只发给职事官，退休后要交回。到武则天时期，因玄武与"武"姓相合，遂改佩鱼为佩龟，并初次规定龟袋按品级不同，分别用金、银、铜饰。到中宗时恢复佩鱼及鱼袋，并与滥授官职同步，开始让散官佩鱼。到睿宗朝，正式将鱼袋与常服服色相连，规定穿紫袍衫者，鱼袋用金饰，穿绯者用银饰。到玄宗开元九年（721），再规定一切检校、试、判、内供奉官均可佩鱼袋，官员退休后也不

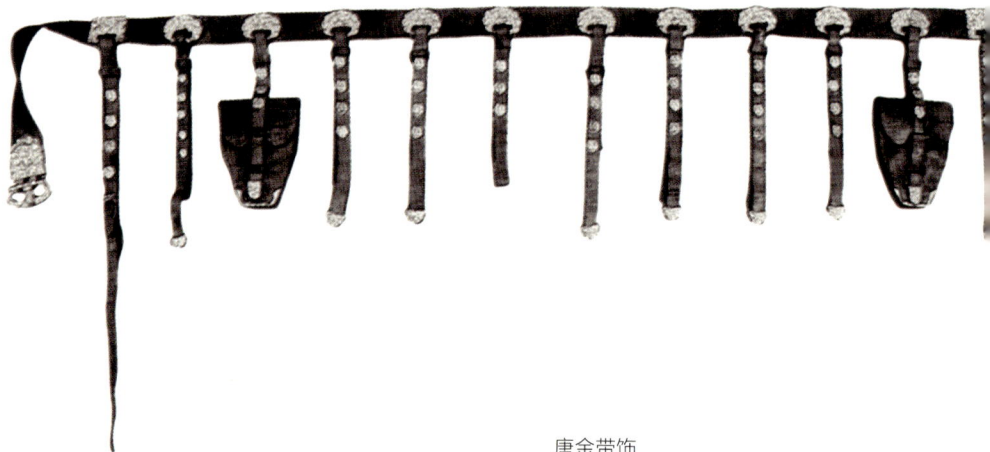

唐金带饰

左内率符铜鱼符
（2021年陕西咸阳渭城区唐杨全节墓出土）

交回。从此以后，鱼袋就成为常服中绯紫服的一项重要组成部分，凡是赏赐绯紫服同时也要赏鱼袋，二者连在一起，称章服。这时的鱼袋基本上变为一种表示身份地位的装饰，所以韩愈有诗说："开门问谁来，无非卿大夫。不知官高卑，玉带悬金鱼。"（《示儿》）韩愈是在说，来做客的都是佩金鱼袋的大官，透着一股得意的口气。到五代后周时，周世宗正式下诏停废鱼袋中装的铜鱼，章服中的鱼袋就成为名副其实的"鱼袋"了。

常服之外还有异文袍。其实异文袍也是常服，不过是在普通常服上增加了一些图案而已，但它似也有走向制度化的趋势。异文袍最初只是作为赐物。武则天天授三年（692），赐都督刺史袍，上皆绣有山形，山周围并有铭文十六字，字为"德政惟明，职令思平，清慎忠勤，荣进躬亲"。以后凡是新任命的都督刺史，都赐这种带铭文的袍。两年后，武则天又赐诸文武三品以上者铭文袍，各自都绣有动物图案，例如诸王是盘龙和鹿，宰相是凤，尚书是对雁，十六卫将军是

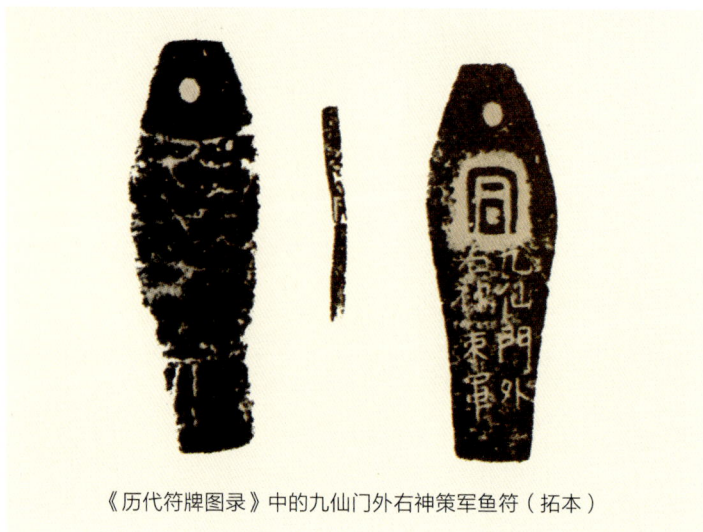

《历代符牌图录》中的九仙门外右神策军鱼符（拓本）

对麒麟、对虎、对鹰、对牛、对豹等。到玄宗时，将这种绣有动物图案的袍的服用扩大到诸卫郎将。德宗时，又扩大到节度使、观察使，规定凡赐节度使袍，所绣图案为鹘衔绶带，观察使则为雁衔仪委（一种瑞草）。这以后我们看到鹘衔绶带紫袍和雁衔瑞草绯袍向一般中央文官中普及。此后到文宗时，又将异文袍的服用超出赏赐范围，制度化为三品以上依官职不同可服鹘衔瑞草或雁衔绶带或对孔雀绫，四品五品可服地黄交枝绫，六品以下常参官可服小团窠绫。再以后不闻有关于异文袍的敕文。大约终隋唐五代时期，异文袍的服用始终没有完全形成制度，但它对明清时期袍服的影响，却是显而易见的。

常服与冠服相比，由于它便于行事，因而大行于世。隋唐皇帝自隋文帝始就喜穿常服，"自贞观已后，非元日冬至受朝及大祭祀，皆常服而已"（《旧唐书·舆服志》）。唐玄宗尤其不喜欢冠服，自己平时只戴幞头，见到宰相张说"冠服以

唐代的幞头

网帻（巾子），高10.5、宽12.2厘米（新疆吐鲁番唐墓出土）

儒者自处"，就不高兴，特意赐给他长脚罗幞头（《唐语林》卷四）。宰相姚崇也不喜冠服，死前曾给子孙留下遗书说："吾性甚不爱冠衣，必不得将入棺墓。紫衣玉带，足便于身。"（《旧唐书·姚崇传》）在这种上行下效的风气下，我们可想而知在隋唐五代时期，除去特别正式的典礼之外，日常生活中的百官及庶民男性，大都是幞头袍衫、穿靴束带，所不同的只在于衣服的质地与颜色而已。

（二）几种主要服饰

1. 幞头

幞头就是"用全幅皂（或当作"帛"——笔者注）而向后襆发，俗人谓之襆头"（《隋书·礼仪志》）。北朝周武帝将上述全幅皂绢裁出四脚，二脚系于头前，二脚垂于脑后。隋以后，这种裁出四脚裹头的幞头，"通于贵贱矣"（同上）。最初的幞头直接裹在发髻上，因此从外观看比较低平，似贴在头上。后来大约在隋末唐初，出现了一种叫"巾子"的东西，将它罩在发髻上，外面再裹绢罗之类的幞头，就能裹出各种样子，外观看上去也变得直立起来，有些像帽子的模样了。后人一般统称幞头和巾子为幞头，但如果分开来看，巾子的变化多于幞头，特别是自唐初到玄宗这一时期，巾子变化的花样最多。例如武则天时的巾子比较高，叫"武家诸王样"；中宗时的巾子高而且向前倾，叫"英王踰样"；玄宗时巾子的上头是圆的，叫"官样圆头巾子"。与巾子相比，幞头的变化不大，主要表现在幞头罗的厚薄，特别是后面幞头脚的软硬和长短上。就长短而言，大致是尊贵者脚长，士庶脚短。到晚唐，由于每天要裹一次太费事，于是出现了木围裹头，即做一个幞头形的木帽子，刷上漆，外面蒙上纱，用时一戴即可，非常方便。相应地，幞头脚也变得硬起来，即在脚上加些铁丝之类，让它平伸出来。这时，只有皇帝和贵人才用硬脚幞头。到五代，这幞头的脚是越伸越长，后汉高祖刘知远的幞头脚左右长尺余，湖南楚国马希范的幞头脚左右竟长有一丈。不用说，这后一种绝不会是日常实用的幞头。

2.帽

帽在这一时期种类繁多。有冬天戴的，也有夏天戴的，各地区也不一样。由于"帽"向来是"野人之服"，因而对其形制记载不多。实际上隋唐五代时期，上自皇帝下至百官士庶，甚至包括妇女，都有戴帽的。帽子中记载较多、流行时间较长的是席帽。按席帽本是西北少数民族的服饰，最初叫帷（或围）帽，以藤织成，有檐，四周下垂网以障尘土。后来女子戴者称帷帽；男子戴者将网去掉，称席帽。到唐宪宗前后，改用罽或毡织成，仍有檐，所以又叫毡笠。唐宪宗元和十年（784）宰相武元衡被刺时，御史大夫裴度也遭不测，但由于裴度戴着毡席帽，"刀不即及而帽折其檐"，结果不死。"既脱祸，朝贵乃尚之。近者布素之士亦皆戴焉"（《资暇集》），在大都市甚至出现了"席帽行"以经营席帽，可见其流行。席帽之外，见于记载的还有搭耳帽、赵公浑脱帽（一种羊毛毡帽）、黑纱方帽、豹皮帽、锦帽、砑绢帽、四缝帽、笠子、柘枝花帽、卷檐虚帽、减样方平帽、大裁帽、莲花帽、平顶帽、危脑帽、轻纱帽等等。其中列在减样方平帽之后的是五代十国时期的帽子，如大裁帽、危脑帽是蜀国人戴的（危脑帽的样子可能是帽顶比较尖），而轻纱帽则出自韩熙载，为南唐人所喜戴。

3. 袍衫袄子

袍衫是这一时期男子最常穿的衣服。袍衫都是圆领，长过膝。衫是春夏穿的，袍是冬天穿的。武则天时溱州刺史杜景佺曾碰到一个算命的，说他能够入相，得三品，但穿不着紫袍，结果"夏中服紫衫而终"*（《朝野佥载》卷一）*，可见穿袍和衫有季节差别。袍或衫在近膝处加有一横襕的，叫襕衫，

紫色对凤纹绮袍，衣长135厘米（唐慕容智墓出土）

为士人所穿。关于最初在袍衫上加襕的人，史籍有三种说法，即北周宇文护、唐朝马周和唐朝长孙无忌。从考古图像资料看，隋朝人的袍上已有襕了，可知北周宇文护说最为可信，而马周不过是将襕衫升作士人之服罢了。衫中还有一种叫"汗衫"，是贴身穿的衣服，比袍衫的衫要短。唐中宗时刘幽求"着白襕衫，底着短绯白衫"（《唐语林》卷三）。这短绯白衫，就是穿在内的汗衫。这一时期还有袄子，也是冬天穿的，比袍短，有绵的，有夹的。武官和士兵穿袄子的比较多，一般官员、百姓也穿。唐高宗时，就曾下诏严禁"于袍衫之内，着朱紫青绿等色短小袄子"。

4. 半臂

半臂是隋唐五代特有的一种男子服饰，大约是从西北传入中原的。半臂的形制有些类似今天的坎肩，但比坎肩多

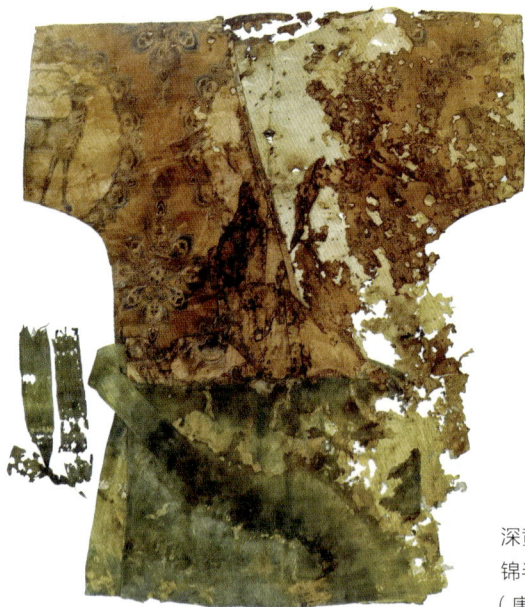

深黄地缠枝团窠鹿纹
锦半臂，长93厘米
（唐慕容智墓出土）

了个袖子，其长度在半袖与无袖之间，襟大多开在右边。半臂的穿法主要是穿在内衣之上外衣之下，即唐代马周所说的"中单上加半臂"(《中华古今注》卷中)。这样它就起到了一种垫肩的作用，使男子显得肩宽而雄武。如果半臂的质地很好，如像"锦半臂"那样，那么穿半臂的人就常常脱掉一只袖子以夸耀自己的半臂。当然为劳作方便，也有人将一只或两只袖子全脱掉。唐陕县尉崔成甫为了在万众面前出风头，就"自衣缺胯绿衫、锦半臂，偏袒膊，红罗抹额"(《旧唐书·韦坚传》)。这"偏袒膊"，就是为了将锦半臂显示出来。

5.裤

裤的种类很多。有一种与"褶"相配合，称为袴褶服，属于百官礼服，说已见前，此不赘述。其他从形制看有单裤、复裤（或称绵裤）、短裤、裈等。裤主要穿在袍衫里面，裈大约是内裤。从原材料看，当时又有布裤、纱裤、罗裤、皮裤、绸裤等。唐代人似乎喜爱穿白色裤，而白花罗裤就是进贡给皇帝的礼品了。又由于裤是穿在袍衫内的，因此当时人常常把这二种衣服对举。例如白居易就有"浅色縠衫轻似雾，纺花纱裤薄于云"(《寄生衣与微之因题封上》)、"裤花白似秋云薄，衫色青于春草浓"(《元九以绿丝布白轻褣见寄制成衣服以诗报知》)等诗句。这里的裤又轻又薄，当是夏天所穿的裤。

6.靴鞋

靴在这一时期为男子常穿之服。隋朝初始，皇帝贵臣就多服乌皮六合靴。唐初将靴的长靿改为短靿，允许上朝时穿，李白让高力士脱靴的故事，就是穿靴上朝的一证据。后来，这种乌皮六合靴就"贵贱通用"了（《旧唐书·舆服志》）。六合靴用七块皮子拼成，看上去有六个缝，所以叫六合靴，也叫六缝靴。六合靴的靴靿上有带可系，靴口较宽，可以往靴里藏刀、书信，甚至能藏进一个小笸箩。除六合靴外，唐代还流行有吉莫靴、蛮靴等。

唐代的麻鞋（1972年新疆吐鲁番出土）

鞋在这一时期有麻鞋、丝鞋、皮鞋、藤鞋、棕鞋、绣鞋、草履、木屐等。一般说来，穿鞋比穿靴要随便一些。从形制上说，除了作为冠服的履舄在鞋的前面要上翘很多之外，一般的鞋头也稍有上翘。有些鞋要用鞋带来固定。《旧五代史·梁太祖纪》引《五代史阙文》说唐昭宗"佯为鞋系脱，呼梁祖曰：'全忠为吾系鞋。'梁祖不得已，跪而结之，汗流浃背"。可见皇帝所穿的鞋，也是有带的。1972年，在新疆吐鲁番地区的唐代墓葬中曾出土有系带的麻鞋，使我们看到了当时人所穿系带鞋的实物。

（三）军衣

军衣分两类。一类是平常穿的，一类是作战时穿的。前者与一般男子服饰大致相同。据敦煌文书记载，唐玄宗天宝年间（742—756）一个士兵所需衣服的种类有衫、汗衫、裈、袴奴、半臂、绵袴、袄子、幞头、鞋袜等。其中袴奴比较特殊，似是裤口扎紧的一种裤子，基本为军人所独有。还有一种头饰叫"抹额"，也为军人专用。另外，这些衣服在颜色上与一般服饰也稍有不同。到唐代宗朝（762—779）前后，军中士兵还流行戴压耳帽子。除士兵外，将军不在军而在朝廷时也要服长袍。这种长袍绣有花纹，如瑞牛、瑞马、虎、豹、鹰等。在唐睿宗时，还曾规定武官五品以上要佩钻鞢七事，也就是要佩戴佩刀、刀子、砺石、针筒、火石袋之类实用的佩物（《旧唐书·舆服志》）。

第二类是作战时穿的服装，包括战袍和盔甲。战袍中有的质量很好，例如五代时后晋皇帝就曾穿"红罗真珠战袍"。盔甲中的头盔在此时仍称兜鍪，戴上它时能将大半个脸遮住。甲的种类很多，最常见的仍是明光甲，它在《唐六典》卷一六"武库令"条所引十三种甲中名列第一。其他还有光要甲、细鳞甲、白布甲、皂绢甲、木甲、锁子甲等。唐初名将李勣协助李世民平定王世充，二人一起服金甲告捷太庙，这金甲恐怕是最显赫的戎服了。

二　女子服饰

女子服装就法令规定而言，较男子服装简单。隋唐五代的妇女服装，亦可分为礼服和便服。礼服为律令格式所规定，便服则不然。

（一）礼服

隋唐五代妇女的礼服主要指皇后、妃嫔、内外命妇在正式场合下的衣着。它既不同于汉魏传统的六服之制，也不同于北周系统的十二等之服，而是比它们都简单得多。隋初文

初唐女性服装（复原图）

帝立制，定皇后服为四等，即袆衣、鞠衣、青服、朱服，隋炀帝沿而不变。到唐代，可能嫌青服、朱服之名不合体统，唐高祖便将皇后服简省为三等，即袆衣、鞠衣和钿钗礼衣。据《武德衣服令》，袆衣和鞠衣都是头上饰花十二株。袆衣为青色，上有十二行翚翟（锦鸡）花纹，系蔽膝、大带，腰悬白玉珮，足着青色袜、舄，舄上有金饰物，凡受册、助祭、朝会等大事时服用。鞠衣为黄色，无雉纹，亲蚕时服用。钿钗礼衣是头上饰十二钿，服色不定，无雉纹也无珮，足着履，宴见宾客时服用。皇后以下如皇太妃等，均与皇后同而降等。内外命妇则有所不同，又有翟衣、钿钗礼衣、公服、宴服等名目。据《武德衣服令》，内外命妇五品以上着青色翟衣，首饰与翟数各有不同，在受册、从蚕、大朝会、婚嫁时穿用；钿钗礼衣仍为杂色，钿数有不同而无雉，外命妇朝参、辞见或内命妇寻常参见时服用。宫内女官也有杂色礼衣，没有首饰，七品以上有大事则服用，平常供奉穿公服，七品以下至九品，则无论大事与否均穿公服。至于宴服，其颜色亦不定，皆据丈夫或儿子的服色为宴服服色。《武德衣服令》对妇女礼服的规定一直延续了下去，到这一阶段的末期，也没有什么大的变化。

（二）便服

礼服是指有官品的贵妇人在参加典礼时所着的服饰，而便服则指她们平时所穿的衣服。一般百姓的服饰，也可归入便服的范畴。《旧唐书·舆服志》讲命妇们"既不在公庭，而风俗奢靡，不依格令，绮罗锦绣，随所好尚"，结果"上自宫掖，下至匹庶，递相仿效，贵贱无别"。这种"贵贱无别"的妇女服饰或曰便服，就隋唐五代而言，主要由衫（襦）、裙、帔组成。

1.衫、襦

衫、襦都是短上衣，为此阶段妇女最常见的衣服。衫一般较薄，襦则较厚，多是夹或绵的。就形制而言，隋及唐初衫、襦比较短小，窄袖，掖在裙腰内。后来衫、襦变得逐渐宽大，以至到唐文宗时不得不下诏，限制襦袖不得超过一尺五寸，而在此之前，很多地方妇女的衣袖都阔达四尺。当然这只是衫、襦的大致趋势，实际上在唐前期也有大袖衫、襦，后期也有穿窄袖罗衫的。衫、襦的颜色大致有白、青、绯、绿、黄、红等，尤以红衫为多。一般的衫子用布做，好的则用罗，上有金银线；襦则多绣有各式花样，所以当时诗中常有"薄罗衫子金泥缝""连枝花样绣罗襦"的说法。

2.裙

这一阶段妇女的裙子总的说来比较长。《事物纪原》"长裙"条引《实录》说"隋炀帝作长裙十二破，名仙裙"。当时又时兴将裙腰系在胸上，这就使裙子显得更长。隋及唐初的裙子比较瘦，上面有许多褶，有单色裙也有间色（两种或数种颜色间隔排列）裙。由于褶多了比较浪费，唐高宗时曾下诏禁止，说"天后我之匹敌，常着七破间裙，岂不知更有靡丽服饰，务遵节俭也"（《令雍州长史李义元禁僭侈诏》，《全唐文》卷一三）。唐玄宗也做过类似的限制。到唐中后期，这种带褶的间色裙不再流行，取而代之的是比较宽肥的裙子，但束胸

唐代宝相花绢褶裙

依然很高。裙的材料多种多样，好的就有绸裙、纱裙、罗裙、金泥簇蝶裙、百鸟毛裙等。裙的颜色以红、黄、绿为多。红裙即石榴裙，常为诗人们所歌咏，而黄裙据说是杨贵妃所特别爱穿的裙子。

3.帔

帔是搭在肩背上的长帛巾，当时多称为"帔子"，也叫"帔帛""披帛""领巾"，大约由西域传入内地，在隋唐五代使用得很普遍。从形制上看，有的帔较长，有的又较短，并似有不同的样式。《事物纪原》说："唐制，士庶女子在室搭帔帛，出适披帔子。"《太平广记》卷三一"许老翁"条记益州士曹参军柳某的妻子不披帔帛而披帔子可能就与此有关。帔的材料有绫、帛、丝、罗等，颜色以红、绿、黄为多，其中像"单丝罗红地银泥帔子"就是红色的比较高级的帔子。不同颜色的帔与衫、裙相搭配，构成了当时妇女虽然很普通但又是五彩缤纷的服装。

下面谈谈当时妇女的其他服装。

4. 半袖

半袖是隋及唐前期妇女常穿的服装，样子与男子所穿的"半臂"相似而有所不同。半袖比半臂的领口更低，且多为对襟，套在窄袖衫外。后期由于衫袖变宽，半袖套不进去，穿的人就少了。半袖也是域外传入的服装，史籍记载不多。据《旧唐书·舆服志》，当时的女官们平时供奉要穿"半袖裙襦"，其样式从陕西出土的唐代永泰公主墓壁画中可以看得很清楚。

唐绛红罗地蹙金绣半袖（1987年陕西扶风法门寺地宫出土）

唐永泰公主墓壁画中的侍女

5. 帽

妇女戴帽似为这一阶段前期的时尚。帽的种类有很多，其中有特色的是冪䍦与帷帽。冪䍦似亦来自西域，样子是笠状帽，帽檐周围下垂有布帛，长可过膝，将全身遮蔽[1]。这种冪䍦风行于隋及唐初的北方地区。李密在唐高祖武德年间（618—626）领兵赴黎阳，在桃林县附近立意反叛，"乃简骁勇数十人，着妇人衣，戴冪䍦，藏刀裙下，诈为妻妾，自率之入桃

唐代戴帷帽的仕女骑马俑

---

[1]《中华古今注》卷中说冪䍦"类今之方巾，全身遮蔽，缯帛为之"，即认为冪䍦是用一块布帛将全身遮蔽，可备一说。

林县舍"(《旧唐书·李密传》)，可知中原地区也戴这种帽子了。到唐高宗永徽（650—655）以后，戴羃䍦的少了，帷帽开始流行。所谓帷帽，也是斗笠状帽子，四周垂布帛或网，比较短，只垂到脖子，或即由羃䍦发展而来，原也为旅人蔽风沙所用。到中宗朝（705—710），羃䍦彻底消失，帷帽大行于世。再往后到唐玄宗开元年间（713—741），戴帷帽的也不多了，很多妇女又喜戴胡帽。这胡帽不用说原是西域或吐蕃人所戴的帽子，种类有许多，一般说来都是顶比较尖，有帽耳但常上翻，有的缀有毛皮或毡，多数都绣花。再以后，妇女们又喜欢什么帽子都不戴，"露髻"出行了。以上叙述了自羃䍦到帷帽到胡帽到露髻的演变过程，似乎在唐玄宗以后妇女不再戴帽。但根据《旧唐书·舆服志》的说法，唐后期仍有戴帽如戴笠或戴柘枝花帽子的妇女，不过终究比较少。此外，这一时期妇女尤其是宫女戴花冠的很多，例如碧罗冠子、芙蓉冠子等。当然，这些花冠一般平民是戴不起的。

6. 鞋

鞋类服饰在这一时期有履、鞋、靴、屐等。从史籍记载看，大多数情况下称鞋为履。履有高头和小头、平头之分，唐

唐代变体宝相花纹锦履

玄宗天宝（742—756）末年时兴小头的履。从制作材料看，则有草履、锦履、帛履等。除履之外，唐代多称"线鞋"为鞋。按线鞋隋代就有，男女皆穿。唐初妇女穿得更多，到唐玄宗时"妇人例着线鞋，取轻妙便于事"（《旧唐书·舆服志》）。履、鞋之外，靴则有红锦靴，屐则有木屐、皮屐。大致说来这一阶段前期穿靴履的多，后期穿鞋的多，而穿屐的则无论前后期都比较少。

三　妆饰

隋唐五代妆饰中的大部分继承了前代传统但又有所不同，表现比较明显的是面饰中的面靥、花子，以及刺青。不同的发饰、面饰互相配合，形成了各种"妆样"，分别反映了本阶段某一时期的特色。

（一）头饰

头饰包括头发的样式和头发上的钗簪类装饰。据《中华古今注》，隋唐时的发髻名称有凌虚髻、祥云髻、朝云近香髻、归秦髻、奉仙髻、归顺髻、愁来髻、飞髻、百合髻，这些髻的样式今天已不能知晓。若就唐人诗文来看，当时的发髻还有交心髻、鸾凤髻、抛云髻、慵来髻、抛家髻、倭堕髻。其中倭堕髻出现的次数最多，我们也大致可知它的形状。据唐代诗人温庭筠词"倭堕低梳髻"（《南歌子》），可知它比较低。又据《中华古今注》卷中"梁冀盘桓钗"条"堕马髻今无复作者。倭堕髻一云堕马之余形也"的说法，可知它和堕

唐代妇女的发髻和假髻

马髻很相像，而堕马髻的样子是"侧在一边"（《后汉书·梁统列传》注引《风俗通》），因此倭堕髻是一种低而偏斜的发髻。从正面看呈一边多一边少形状的发式大致可断为倭堕髻。除以上名称外，这一时期诗文中还有大量有关"高髻"的描写。这种高髻恐怕形状各有不同，共同的特点只是高。此外以形状名髻的还有卯髻、丸髻，多为儿童所梳，带有少数民族特点的有乌蛮髻、椎髻，而出自宫内的还有宫人髻、宫样（官样）髻等。发式除髻外还有鬟。梳鬟者多为年轻妇女，形状有双鬟、三鬟，最热闹的是扫闹鬟。

这一时期还流行假髻，也叫义髻、特髻等。用假髻最有名的是杨贵妃。据《明皇杂录》，杨贵妃尝以假髻为首饰，而好服黄裙。天宝末童谣曰："义髻抛河里，黄裙逐水流。"假髻有用木做的，就像近年新疆吐鲁番地区唐墓中出土的那样。也有用头发做的。《旧唐书·薛季昶传》记"藁城尉吴泽者，贪虐纵横，尝射杀驿使，截百姓子女发以为髢，州将不能制"。这一事例或者还说明，当时戴假发的也包括男子。

头发上的装饰有两种。一是插些钗、簪之类。无论男女，均有插者。男子插的比较简单，女子则很繁缛，有插梳的，也有插金钗、搔头、步摇。唐王建《宫词》说"玉蝉金雀三层插"，施肩吾《收妆词》说"枉插金钗十二行"，都是形容头上插饰的繁多。所以唐文宗在大和二年（828），曾专门对公主宣旨道："今后每遇对日，不得广插钗、梳"（《旧唐书·文宗本纪》），以限制这种趋势。除钗梳外，当时头发上装饰的另一种是插花，称作"头花"。《太平广记》卷四四八"李参军"条，即记有萧公向县官借头花钗绢的事。从诗文中看，当时在头发上插的花有石竹花、栀子花、荼蘼

唐代金錾花栉

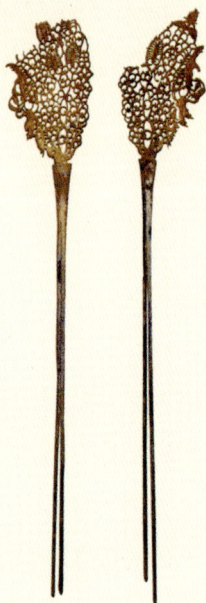

唐代鎏金银钗

唐代的银簪、银钗

花等，即主要以红花和白花为主。这也是当时审美情趣的一个反映。

（二）面饰

面饰就是脸上的妆饰。这一时期的妇女与前期一样，在脸上也要涂粉抹胭脂。一般涂的粉是白粉，有时也涂红粉，前蜀后主的宫人就常在脸上"渥以朱粉"（《十国春秋》卷三七）。还有些妇女自炫美貌，不涂脂粉，最著名的就是杨贵妃的姐姐虢国夫人，史称其"不施妆粉，自炫美艳，常素面朝天。当时杜甫有诗云：'虢国夫人承主恩，平明上马入宫门。却嫌脂粉涴颜色，淡扫蛾眉朝至尊。'①"（《杨太真外传》）。另有一种不涂粉的情形，那是受吐蕃影响的妆饰，也就是唐元和时候（806—820）"腮不施朱面无粉"（白居易《时世妆》）的时世妆。除女子外，当时的男子也有施粉的。例如武则天时（684—704）的张易之兄弟，就经常"傅朱粉，衣锦绣"（《资治通鉴》卷二〇六）。

涂脂抹粉之外，我们将面部的妆饰自上而下介绍如次。

1. 额黄

额黄就是在额上涂黄粉。唐五代诗词中常用"半额微黄金缕衣"（《太平广记》卷二〇〇）、"额黄侵腻发"（《全唐五代词》卷五）等诗句来描述。至于所涂黄粉由何物制成，目前尚不清楚。推测可能由某种植物研制，或者使用的是金粉。

---

① 或以为此诗实为张祜之作。

唐《弈棋仕女图》中女性的头饰和面饰

2.画眉

画眉在这一时期仍是妇女面饰中很重要的一部分，当时人常以它作为化妆的代称。前述"淡扫蛾眉朝至尊"是一例，朱庆馀"妆罢低声问夫婿，画眉深浅入时无"(《近试上张籍水部》)就更为明显了。画眉有种种样子，仅《清异录》就记唐五代眉样有"小山眉、垂珠眉、分梢眉"等数种。又有所谓"西蜀十眉图"。这些眉具体作何样子今天已不可详知，而从史籍有关画眉的描写看，大量的可分为蛾眉（阔眉）和柳眉（细长眉）两种。这两种眉存在于这一时期的始终。虽然白居易说天宝（742—756）末年流行"青黛点眉眉细长"(《上阳白发人》)，但天宝诗人杜甫在《北征》里却说"狼藉画眉阔"，可知两种眉样是并存的。比较特殊的倒是唐元和年间（806—820）受吐蕃影响的画眉，那是将"双眉画作八字低"(白居易《时世妆》)的一种倒八字眉样，画好后看上去像是在哭泣。画眉用的颜色主要是黑色，但也曾流行过绿眉，即所谓的"朱唇翠眉"(岑参《玉门关盖将军歌》)。更有甚者，是将眉毛刮去后在眼的上下用红紫色涂画，看上去血肉模糊，号称"血晕妆"(《唐语林》卷六)。这种去眉的做法，在唐文宗时曾被禁止。

3.花子

花子也叫花钿、媚子，是将各种花样贴在眉心的一种装饰。《续玄怪录》"定婚店"条讲，相州刺史王泰的女儿"眉间常帖一花子"就是一例。从出土的图像资料看，花子有十余种样子，如圆形、菱形、月形、牛角形等，颜色以红、绿、黄为主。

4.面靥

面靥是用丹或墨在颊上点点儿的一种妆饰,点出的点儿很像一颗痣。这种化妆法在唐代很流行,元稹《春六十韵》中即有"醉圆双媚靥"的诗句。不过唐人诗文中有时也将眉心处点的圆点儿称作"靥"。

唐代女舞俑面部的花子、面靥、点唇
（1973年新疆吐鲁番阿斯塔那出土）

5.点唇

点唇是用唇膏涂在嘴唇上。一般说来是涂成红色即所谓的"朱唇",但也有将嘴唇涂成黑色的,那是受吐蕃风俗影响的结果。白居易在《时世妆》一诗中提到过这种点唇,即"乌膏注唇唇似泥"。这种"乌唇",是唐元和年间(806—820)的时髦妆饰。

面饰主要就是以上这些。不同的发饰与面饰相配合,就出现了许多不同的妆样,反映出各个时代的特色。例如唐玄宗天宝末年的流行妆样是"青黛点眉眉细长",唐宪宗元和年间的流行妆样是椎髻、乌唇、八字眉,此外还有泪妆、啼妆、落梅妆、血晕妆等。五代前蜀的"醉妆",是"其髻髻然,更夹面连额,渥以朱粉"（《十国春秋》卷三七）;南唐的"北苑妆",是"缕金于面,皆淡妆,以茶油花饼施额上"（《南唐拾遗记》)。

（三）刺青

刺青又叫点青，在当时被认为是一种恶人的行为，但它确又是这一时期特别是唐末五代很流行的妆饰。据《酉阳杂俎》《清异录》等书的记载，唐末京城长安的恶少们都剃秃头，在身上刺字。例如有个叫张干的，在左胳膊上刺"生不怕京兆尹"，右胳膊刺"死不畏阎罗王"。除字之外，还有人在身上刺山、庭院、池树、草木、鸟兽等图案。荆州有个人，从脖子以下刺了白居易的诗三十余首，还配有画，时人称为"白舍人行诗图"。还有人将平生"所历郡县、饮酒蒱博之事、所交妇人姓名齿行第、坊巷形貌"都刺在身上，被人称为"针史"。

唐末五代各地军阀也常在自己或部下的身上刺字。比较著名的如朱瑾部下的"兵黥双雁于颊，号雁子都"（《十国春秋》卷八注）；前蜀王建"侍从髡发行鬖，黥面札脱，如一部鬼神"（《十国春秋》拾遗）；后周郭威颈上黥有飞雀，号为"雕青天子"（《十国春秋》卷一○四）。更有甚者，唐末湖州刺史高沣"与州人约，三日尽当黥面，过限者诛。沣躬自雕额涂颊，傅之粉"（《十国春秋》卷八八）。似乎在脸上刺青，是唐末五代武人中时兴的一种风气。

其实这种刺青不限于武人，前述妇女妆饰中的面靥、开眉等，实际上也是一种刺青或点青，所以《酉阳杂俎》的作者将它们统统放在"黥"一节中加以论述。

刺青而外，五代时又出现了另一种妆饰陋俗，即妇女的裹脚。据《十国春秋》卷一八记载，南唐后主的宫人"窅娘，纤丽善舞，后主作金莲，高六尺，饰以宝物细带，璎络莲中，作品色瑞莲，命窅娘以帛绕足，令纤小屈上作新月状，素袜舞莲花中，回旋有凌波之态，由是人皆效之"。这一陋俗是一种以摧残妇女肌骨为代价的妆饰，自五代时产生，直到一千年后的20世纪才逐渐消亡。

服饰的 等级性、地方性 与 民族性

服饰具有等级性是封建社会服饰制度的本质之一，隋唐五代亦不例外，但这一阶段又有它自己的特点。地方性和民族性，实是两个互相交叉的概念。为了叙述方便，同时也因为史料的缺乏，我们将这二者放在同一节中讨论。

一 服饰等级与"借色""借服"

服饰的等级性，主要是指用服饰来标示某类人的等级，或某一集团的类别。隋朝以前，各朝的冠服制度对等级都已规定得很详细，在隋唐五代时期也没有什么变化。但是自从中国历史经过魏晋南北朝到达隋唐以来，冠服之外的常服日益受到重视，并在大多数场合取代了冠服的地位。于是统治阶级就面临着一个十分紧迫的课题，即如何将常服等级化或者说如何以常服来标示等级和集团。经过隋以及唐初数位皇帝的不懈努力，这个过程终于在唐玄宗朝前后大致完成了。

在第一节"男子服饰"中我们曾经说过，隋炀帝首次规定常服服色具有十分重大的意义，这意义就在于使常服的等级化变为制度。但是，由于隋末大乱，致使常服的等级制度不能有效实行。唐朝建立后，统治阶级继续推行常服的等级制度化工作。唐太宗贞观四年（630）下《定服色诏》说："车服以庸，昔王令典。贵贱有节，礼经彝训。自末代浇浮，采章讹杂。卿士无高卑之序，兆庶行僭侈之仪……朕继踵百王……思宏典制……其冠冕制度，已备令文。至于寻常服饰，未为差等。今已详定，具如别式。宜即颁下，咸使闻知。"（《全唐文》卷五）这里要注意的是，唐太宗在诏书中明言要制定常服而非冠服的"差等"。这一方面说明常服的地位已经提高到和冠服平起平坐，另一方面说明在唐太宗之前常服还处于一种无制度的混乱状态，而这种混乱状态影响了"贵贱有节"的高卑之序，所以必须改变。唐太宗制定了紫、绯、绿、青的服色等级后，就从大的方面完成了常服的等级制度化，但执行过程中还屡有差乱。到唐高宗咸亨五年（674），就又有诏敕说："如闻在外官人百姓有不依令式，遂于袍衫之内，着朱、紫、青、绿等色短衫袄子。或于间野，公然露服。贵贱莫辨，有敦彝伦。自今以后，衣服下上，各依品秩。上得通下，下不得僭上。仍令有司，严加禁断。"（《唐会要》卷三一）这就是说，在唐高宗咸亨年之前，官员与百姓常常在自己应服的衣服内穿上不合自己等级的各色衣袄，或在非官衙处公然服用非本色衣服，造成了"贵贱莫辨"的情况。但这又从反面说明，当时的官员和百姓也知道这样做是非法的，所以总有些遮遮掩掩，说明常服的等级制从总体看已经基本被遵守了。再以后到唐玄宗时，服色的僭用主要不表现为非法服用不符自己等级的服色，而是利用合法手段诈取高品服色，即所谓"借色"。这就说明，常服的等级化至此已成为普遍的行为规范了。但是，由于"借服""借色"造成了服色的另一种僭滥，也影响到正常的贵贱秩序，所以开元四年（716）唐玄宗颁《禁僭用服色诏》，对此予以限制。从这以后，似乎服色僭越问题除借服外大致获得解决，实际则不尽然。唐玄宗以后，对服饰等级秩序的破坏换了一种形式，即多表现在用料或样式的僭越上。由于这种僭越也影响了尊卑秩序，因此也为统治者所深恶痛绝，于是有唐代宗、敬宗、文宗等皇帝屡屡颁布的禁车服逾侈的诏敕。到五代后唐庄宗时，统治者所要制裁的还是那些"有力之家，不计卑贱，悉衣锦绣"的状况。不过在唐末五代，由于时局大变，当时的服色制度出现了一些混乱。例如有某低级官员为受人礼遇，自己就"脱绿被绯"（《旧五代史》卷一〇八）的情况。但从总的方面说，紫、绯、绿、青的服色制度，已经成为不可更改的等级规范了。

通观隋唐五代统治者对服饰等级化的重视，会发现一个有趣的现象，即在唐高宗以后，正是最高统治者自己在不断制造服色等级的混乱。这就是上文所提到的"借色""借服"问题。

按"借服"就是允许低品官员在某种条件下借穿高品的服色，事毕归还。被允许借服的主要有三种人：一种是军将在战场上立了功，作为赏赐，允许穿绯或紫服；第二种是派遣入蕃使，为了提高他们的地位，允许穿绯或紫服；第三种是都督或刺史中的官卑者，可以借穿绯服。本来这些借服都是临时性的，事后要归还，但在执行过程中却出了许多弊病。例如军将在战场上借的绯紫服，本不过是战袍类战时服装，但他们打完仗后不仅不还借服，反而另行制作同样绯紫色的常服袍衫，公然服用；入蕃使穿着绯紫服出使回来后也不归还借服，继续服用。对于这两种情况，唐玄宗曾下诏，勒令严加纠察，但对另一种即第三种刺史借绯，则考虑到刺史为一方之长的权威问题，遂于开元八年（720）定制，将刺史借穿绯服制度化了。唐后期，白居易在杭州当刺史时就是借的绯服。刺史不当了，绯服并未归还。他在事后若干年曾作诗对那件旧的绯衫感叹道："暗淡绯衫称老身，半披半曳出朱门。袖中吴郡新诗本，襟上杭州旧酒痕。残色过梅看向尽，故香因洗嗅犹存。曾经烂漫三年着，欲弃空箱似少恩。"（《故衫》）

"借服"作为统治者的赏罚手段之一，一直到唐末五代亦未能禁绝。这时借服的大部分，主要是赏赐军将。这样，借服终于还是和皇帝对臣下滥发的赐服一起，经常制造服色等级的混乱，形成了《旧唐书·郑余庆传》所说的情形，即"以军功借赐命服而后入拜者十八九，由是在朝衣绿者甚少，郎官谏官有被紫垂金者"。

二　各阶层的服饰状况

以上所述服饰的等级化，主要局限在百官范畴，至于其他阶层，由于史料缺乏，无法做概括论述，只能在叙述有关阶层的具体穿着时略加提及。

这里所说各阶层的服饰，主要不是说它们的样式和用料，而是说那些具有各自阶层或集团特点的服饰。以下分皇帝和贵族高官、一般官吏、平民商贾、劳动者和奴婢、军人、其他（包括乐舞人、僧道处士、妇女等）共六个层次来介绍。

（一）皇帝和贵族高官

皇帝在隋唐五代时期除去大的典礼要穿冕服外，其他一律穿袍衫，而且主要是赭黄（或作柘黄）袍衫。换句话说，赭黄在这一时期是皇帝的专用服色。唐玄宗时安禄山称帝，穿的也是赭黄衫。当安庆绪战败，欲让帝位给史思明时，亦先将赭黄衣送去。终隋唐时期，赭黄袍衫上不见有带花纹的记载，但在五代后唐时期，楚马殷曾献给同光帝"盘龙御衣"，或许这时皇帝所穿的袍衫上已经有龙的图案了。

贵族高官指诸王及五品以上官。这些人的冠服已见第一章。就常服而言，他们主要穿绯、紫二色。五品以上穿绯，三品以上穿紫，有了绯袍、紫袍就属高级官员，于是时有"佩服上色紫与绯"的诗句（韩愈《送区弘南归》）。上面所谓"借色"，实际也就是借紫、借绯。唐颜真卿为县尉时，曾对一尼姑表达过自己的愿望："官阶尽五品，身着绯衫……其望满矣。"那尼姑指着一块紫色的桌布对他说："颜郎衫色如此。"（《唐语林》卷六）这也是以绯紫来指代高官即贵族的例子。

为了更好地标示贵族高官这一等级，自唐中叶以后开始在绯紫服上增加图案。从史籍记载看，这一做法的制度化是从唐德宗时开始的。当时他命令在节度使袍上绣鹘衔绶带，在观察使袍上绣雁衔仪委。后来这种图案扩大到非节度使、观察使所穿的绯紫服上。例如刘禹锡任苏州刺史时被赐紫，

唐墓出土三彩武官俑

唐墓出土三彩文官俑

紫袍上就有"鹘衔瑞带势冲天"（*白居易《喜刘苏州恩赐金紫遥想贺宴以诗庆之》*）；翰林学士蒋某所授绯袍上也是"瑞草唯承天上露，红鸾不受世间尘"（*王建《和蒋学士新授章服》*）；白居易得知白行简为主客郎中被授绯服后写《闻行简恩赐章服喜成长句寄之》，其中有"彩动绫袍雁趁行"句，并作注曰："绯多以雁衔瑞莎为之也。"由此可见，前述雁衔仪委中的"仪委"是一种瑞草。上述例子说明，唐中期以后贵族高官所穿绯紫袍上，更增加了一些图案以区别于其他官吏。

（二）一般官吏

一般官吏包括六品以下至九品的流内官以及流外官、胥吏、低级宦官等。从制度上看，六品七品穿绿袍衫，八品九品穿青袍衫（一度改青为碧）是其基本服色。虽然由于品级服色按散官官阶计算，有时与职事官不合，但一般情况下，六品以下的职事官均穿绿或青的袍衫。史籍记载的实例，有鸿胪寺丞（从六品上）是绿袍，下州参军（从八品下）是碧衫，补阙（从七品上）是绿服，拾遗（从八品上）是青袍等。又据《唐会要》卷三一所引《礼部式》，服青碧者许通服绿，所以我们在诗文中看到穿绿袍衫的官吏最多。由穿青绿袍的低级官吏跃入穿绯袍的高级官员很不容易，所以滞于仕途的官员们常有"青袍白头"的感慨。其中于良史《自吟》一首说得尤其悲凉，诗云："出身三十年，发白衣犹碧。日暮倚朱门，从朱污袍赤。"

隋及唐初，一般官员还可以着黄袍衫。当时令式规定，不管其本来服色是什么，百官上朝时都可以服黄。后来到唐高宗上元年间（674—676），洛阳县尉因穿黄服夜行为人殴打，所以特下诏令："朝参行列，一切不得着黄。"（《唐会要》卷三一）自此以后，官吏中穿黄衣衫的只能有三种人了：一种是流外官以及无品的参选者，所以当时有"黄衣选人"的说法；第二种是宫内的低品宦官，所谓"黄衣使者白衫儿"（白居易《卖炭翁》）即是；第三种是里正等各种胥吏。《太平广记》卷一〇四"卢氏"条说卢氏"昼日闲坐厅事，见二黄衫人入门。卢问为谁，答曰'里正'"。总的说来，穿黄衣衫多少带有些使役职能的味道。

（三）平民商贾

所谓平民就是无官的百姓（这里还将其与体力劳动者稍加分别）。商贾本来也应算平民，但自前代以来历朝统治者均贱商贾，所以这里将其单独提出来作为一个有特色的集团与平民并列。隋炀帝定服制，规定庶人服白、屠商服皂，是将二者区别对待。入唐以后，唐高祖武德四年（621）规定庶人服黄，以后直至唐高宗上元元年（674）再定服制，这一规定也没改变，而对商人则一直无所限制。从史籍记载的实例看，当时庶人服白衣的要多于服黄者，所以百姓应举叫"白衣举人"，剥夺官职又允许效劳叫"白衣从事"或"白衣从征"。白衣而外，平民还有穿皂、穿褐甚至穿绿穿紫的。穿绿、紫袍衫违背了《令》《式》的规定，但若穿"绿绫裘""紫绮裘"之类，似乎在允许之列。商人按规定要服黄、白，但其中的富商大贾经常因衣服过制而被批评，到唐后期，他们竟托名军籍，穿起了紫衣。这种情况沿至五代，后唐明

唐代壁画《耕稼图》中劳动者的服装

宗对此十分不满，曾下诏不许百姓、商人服紫、皂，只许他们服白衣，以区别于官员和军人。商人而外，唐代的举子在去谒见座主时要穿缝掖麻衣，街上的豪侠则朱、紫、黄、绿无所不穿。这些都是平民中某类人的服色特点。

（四）劳动者和奴婢

关于劳动者和奴婢服饰的史料不多。就服色而言，我们只知道在唐文宗大和六年（832）王涯的条奏中曾引《礼部式》，说奴及部曲通服黄、白、皂，客女及婢通服青、碧，所以时人称婢女为"青衣"。就样式而言，一般劳动者如农夫、工匠大都穿短衣，仆人的衣服也不能宽长。此外，官奴婢的胳膊上还要刺印以为标识。《唐六典》卷六"都官郎中"条说

"每岁十月，所司自黄口以上并印臂，送都官阅貌"。这实际上是对官奴婢的人格侮辱，也是当时社会阶级性、等级性的明显反映。

（五）军人

隋炀帝初定服色，规定军人服黄。唐崇土德，不愿以黄为兵，改军人服黑。唐代宗广德二年（764）三月，曾有"禁王公百吏家及百姓着皂衫及压耳帽子"的诏书，目的是"异诸军官健也"（《唐会要》卷七二）。除压耳帽子外，当时的军人还常在头上戴红色抹额以区别于其他人。军人服黑，只是指一般正规边军官健，至于禁军则不受这个限制。例如飞骑就穿五色袍，神策军吏还穿紫衣。此外，将军们身穿各式绣袍，也是他们区别于文官的一种显著标志。到唐末五代，各路诸侯纷纷变换衣饰，于是穿黄衣、白衣，乃至穿青衫白裤的军队都曾出现，反映了乱世中各霸一方的割据性服饰特色。

（六）其他

其他各色人等也都因史料缺乏无法一一细说，只能一并说个大概。先看乐舞倡优。按乐舞倡优是专门为皇室贵族服务的，他们的服饰很特别，依乐舞名目的不同而不同。例如乐工着淡黄衫，参军戏则着绿衫；演傩戏的是画裤朱衣，斗鸡者则冠雕翠金华冠、锦袖绣襦袴；霓裳舞是虹裳霞帔步摇冠，柘枝舞又是罗衫锦靴绣帽，如此等等，不一而足。其次看妇女。按妇女的礼服有品级规定，已见前述，其他常服则在颜色上没有做等级限制，紫、红、绿、黄，无所不可。如前所述，《礼部式》规定了贱口的客女和婢通服青、碧，从史籍所载实例看，似乎不仅婢女，许多贫穷的妇女，也大都穿青色衫裙。第三看僧、道、处士。僧人的服装袈裟，依等级有三条、五条乃至更多条的规定。就颜色而论，一般僧人只能穿缁（黑）色，只有被皇帝赐紫的和尚，才能衣紫袈裟。道士有穿紫的也有穿黄的，似乎以穿黄的为多。处士们的服装大都简陋，或鹿巾纱帽、杖藜草屦，或纱巾藤鞋、短褐犊鼻，既要高雅又要有些野趣。

服饰的等级性使不同层次、不同职业的人变得有所区别，以至当时人常以服饰来代表等级。例如一提"白衣"就知指无官的百姓，一提"青袍"就知是低品级小官；"紫袍

唐代的杂技俑

犀带"那定是贵族无疑，"皂衣抹额"不用说就是军人。独孤郁在《对才识兼茂明于体用策》文中说有这么几种人是不劳而食的：一是"绛衣浅带"者，二是"缦胡之缨、短后之服"者，三是"髡头坏衣"者（《全唐文》卷六八三）。作者没有直接点出"官吏、军人、僧侣"这不同的集团或等级，但我们已经理解了。这就是服饰中等级性、集团性特色所起到的作用。

三　服饰的地域差异

地方性指各地区的服饰特点，民族性则指各少数民族的服饰特点。有时这两种特性是交叉的，比如某地区住的都是少数民族，这时讲地方性也就是讲民族性，反过来讲民族性也就是讲地方性。但是为叙述方便，我们仍要将二者分开，因此这里所谓的地方性就变得专指非少数民族居住地区的地方特点。由于史籍上关于这两种问题的史料都不多，而且这些仅存的史料在时代前后上又缺乏一贯性，不能窥见其发展脉络，因此我们以下所述只能是一个大概的轮廓了。

隋唐五代时期的主要服饰已见第一节，各地区服饰的共性仍以那些服饰为主，但互相之间又多少有些差异，即个性。这些差异，主要反映在南北差别上。按道理讲，所谓的南方又有江南、剑南、岭南，北方又有东北、西北、关中、山东的不同，但因史料缺乏，我们只能统而言之，偶或发现更细一点的区别，自然会在有关部分着重指出来。

南北方差别在衣服上的表现，恐怕主要是用料的不同。

例如毛褐在北方很多，在南方就比较少。宣州人曾以兔毛为褐，那不过是有钱人家穿着玩，一般人一定织不起。五代时南唐大臣徐铉到汴京出使，见到穿毛褐的就嘲笑，那是因为南唐没有。后来南唐降宋，他到了邠州，虽冷也不穿毛褐，以至于因冷染疾，病死在邠州。徐铉看不惯北人的毛褐，可能有某种政治或社会的因素，但同时也反映出南北方服饰的不同。在用料上最讲究的是益州。《太平广记》卷三一引《仙传拾遗》，说妇女所穿的"益都盛服"是"黄罗银泥裙、五晕罗银泥衫子、单丝罗红地银泥帔子"，并称"世间之服，华丽止此耳"，也就是说人间最好的衣服，要属益州的服饰了。除益州外，桂州地方用棉布做的布衫，北方最初也没有。唐文宗时，夏侯孜穿着桂管布衫上朝，文宗问他这布衫怎么如此粗涩，他说桂布厚，很抗寒，于是"上嗟叹久之，亦效着桂管布，满朝皆仿效之，此布为之贵也"（《太平广记》卷一六五）。这就是说在唐文宗以前，北方人尤其是京城人还不知道棉布衣衫的妙处，此后受南方影响才开始穿棉布衫。现在看服装样式。从史籍结合出土文物看，似乎南方男子穿半臂的不多，穿圆领长袍的时间也比北方为晚。例如湖南地方，在隋炀帝大业六年（610）还没有圆领长袍。另外，江南地方似乎一直就喜欢大袖，而蜀地直到五代时仍着窄袖衣衫。湖南长沙地区袍衫的下摆比较宽大，也是地区特点。至于史籍所言蜀人所穿的"袜头裤"、楚人所穿的"不缝裙"，虽不明其形制，但想来一定也是颇具地方特色的服装吧。

南北之异表现在头饰上的差别主要是帽子。北方流行的席帽是毡做的，但南方（确切地说是吴地）的席帽却是结丝织成，华丽些的还要在上面织上花鸟。这种风俗后来对北方也有

唐阎立本《职贡图》中少数民族的服装

影响，使席帽向越来越轻变化。另外还有一点需要注意，即我们所言北方流行毡帽，是指在唐宪宗以后。在唐代，扬州的毡帽非常有名，但一直不为北方人重视。后来由于唐宪宗时裴度戴着扬州毡帽免被刺杀，从此长安人才变得爱戴毡帽了。由此看来，同样是南方，扬州与吴、越又有所不同。另外北方常戴的羊毛帽如第一节介绍过的"赵公浑脱帽"，恐怕南方不会有。不过从史籍以及文物资料看，南方人似乎比北方人更喜欢戴帽，特别是五代时期比较流行。例如韩熙载"在江南造轻纱帽，匠帽者谓为韩君轻格"*（《清异录》卷下）*。此外据《十国春秋》记载，"蜀人富而喜遨，俗竞为小帽，而帝好戴大帽"，而南汉又流行平顶帽。20世纪70年代，福建省发现了闽国惠宗之后刘华的墓，墓中陶俑所着帽颇具地方特色，有筒形帽、角状帽、扇形帽等，在北方都不曾看到。因此似乎可以说，南方人戴帽的比北方多。而且南方人戴的帽，普遍比较轻薄，这当然与天气的冷暖有直接关系。

　　南北之异在鞋上的表现也很明显。北方所穿的鞋中以靴最重要，因此有关穿靴的记载就比较多。这大约与北方畜牧业发达、骑马者多有关。与此不同的是南方穿靴的较少，穿鞋的较多，其鞋中最具特色的是草鞋。《旧唐书·舆服志》记载了刘子玄一段很有名的上疏，内容主要是说服饰中冠服与常服的不同、帷帽创于隋代等，其中说到"芒屏出于水乡，非京华所有"，就指出了南北在穿鞋上的不同。从史籍记载看，吴、越、湖南等地都盛行草鞋。例如《全唐诗》卷八六一伊用昌诗《题茶陵县门》有注曰"江南有芒草，茶陵民采之织履"；《旧唐书·韦坚传》记"驾船人皆大笠子、宽袖衫、芒屦，如吴、楚之制"。由于吴、越人穿草鞋的多，因而有些人就织成了各种式样华丽的草鞋，以至唐文宗时专门下诏禁止过于奢侈的"吴、越高头草履"，只许穿平头小花草履（《新唐书·车服志》）。南方除穿草鞋外，穿屐的也很多，李白就有专门描绘越女不穿袜光穿屐的诗，诗云："长干吴儿女，眉目艳星月。屐上足如霜，不着鸦头袜。"此外广州、潮州一带还有木屐。《岭表录异》卷中记潮州、循州多用枹木根"刳而为履。当未干时，刻削易如割瓜，既干之后，柔韧不可理也。或油画或漆，其轻如通草。暑月着之，隔卑湿地气"。这种木屐颇具地方特色。

总的说来，南方服饰和北方有所不同，南方不同地区又各有特点，例如江南的轻巧、蜀地的华丽就很突出。此外南北间的交流或互相仿效，也是我们应该注意的，上述扬州毡帽与桂管布衫在北方的流行就是极好的两个例子。

四　民族服饰及其相互融合

民族服饰，是这一时期服饰的一个重要方面。隋唐五代近四百年间，不仅民族众多，而且其间还有不少兴衰变化。受篇幅和史料的限制，我们只能介绍其中一些最重要的民族服饰，至于各民族服饰之间的互相影响和交流，我们放在最后做一简单综述。

（一）几种重要的民族服饰

1.渤海

渤海国的建立者是粟末靺鞨族。虽然渤海最后也没有征服黑水靺鞨，但为方便起见，我们将其放在一起叙述。靺鞨在隋时社会文明程度还不高，妇女穿布，男子则穿猪皮或狗皮衣，其中黑水靺鞨的习俗是"编发，缀野豕牙，插雉尾为冠饰"（《新唐书·北狄传》）。到大祚荣建立渤海国以后，渤海的社会不断发展，到9世纪初期成为"海东盛国"。这时渤海人的服装，已与唐朝服装十分接近了。据1980年发掘的渤海贞孝公主墓（公主死于792年）壁画，当时的渤海人穿各色圆领长袍，腰束革带，足着靴或麻鞋。唯一与唐朝服饰不同的是头饰，即除了戴幞头的外，还有梳高髻、扎抹额的男子，幞头的样式也与唐幞头略有不同。渤海国也有百官的章服制度，规定三秩（相当于唐之三品）以上服紫、牙笏、金鱼；五秩以上服绯、牙笏、银鱼；六秩七秩浅绯衣，八秩（九秩）绿衣，皆木笏。这也说明渤海的服饰，已经与唐十分接近了。

2. 契丹

契丹发展到唐后期已成为北方大族。关于契丹早期服饰，史籍记载甚少，仅《隋书·北狄传》说"其俗颇与靺鞨同"，但《新唐书·北狄传》却说它"风俗与突厥大抵略侔"。到唐末五代，契丹社会发展迅速。后唐明宗时（926—933）使人去见契丹皇帝，阿保机已经是"被锦袍，大带垂后"了。不过契丹的锦袍与唐五代帝王所服的袍还有不同，因此耶律德光灭了后晋后，穿着后晋皇帝的袍、靴，登崇元殿，还是赞叹"汉家仪物"的威盛。由于契丹地处北方寒冷地区，因此穿各种裘、袄的比较多，高级一些的就有貂裘、狐裘。五代的大臣冯道出使契丹，被赐与锦袄、貂袄、羊裘、狐裘、貂裘各一。白天谒见时要穿上四件袄衣，晚上睡觉要盖三层衾被，可见契丹的寒冷。

3.回纥

史籍中有关回纥早期服饰的记载也很少。到8世纪中叶，回纥人已经穿着一种混合本民族装束与唐装束的服饰。例如回纥最强大的可汗之一毗伽可汗，在唐肃宗时（756—761）的服饰就是"衣赭黄袍、胡帽"。其中赭黄袍是汉式服装，胡帽则是本民族的。到唐宪宗时（806—820），回纥皇后（可敦）的服饰为"绛通裾大襦，冠金冠，前后锐"。到五代时，史籍又记载回纥"妇人总发为髻，高五六寸，以红绢囊之。既嫁，则加毡帽"。这些通裾大襦、前后锐的冠，以及高五六寸用红绢囊裹的发髻等服饰，在甘肃敦煌莫高窟现存壁画中都能看到。从这些壁画看，所谓通裾大襦就是一种不分衫、裙的长袍类服饰，式样是对襟、桃形领，绣有花纹，给人以宽松、华贵的感觉。

4.西域诸民族

西域各民族包括高昌、焉耆、龟兹、于阗等。这些民族中，高昌、于阗比较接近内地中原服装。高昌本来是辫发垂后的，隋炀帝大业八年（612），高昌王下令国中"庶人以上皆宜解辫削衽"，从此以后高昌的衣冠与中原就很接近了。于阗服装到五代时，也是"衣冠如中国"。此外焉耆、龟兹则是男子剪发不留，穿锦袍，似受波斯服饰影响较大。唐朝势力到达这些地区后，或许他们的服装会有一些改变，但也可能仍保留着本民族的服饰。

5.吐谷浑、党项

吐谷浑的男子服长裙缯帽，或戴冪䍦；妇女以金花为首饰，辫发垂后，上缀以珠贝；君王则椎髻戴黑帽，后妃穿锦袍织裙。党项人多服裘褐，以披毡为上好的装饰。党项社会后来发展很快，以至建立了西夏国。相应地，服饰也会发生较大的变化。

6.吐蕃

吐蕃的服饰很有特点，对中原王朝也有影响。据记载，吐蕃人穿毡衣或皮衣，喜欢以赭涂面，妇女辫发。官员的等级标志，是在手臂上依等级高下分别缀以瑟瑟、金、金涂银、银、铜等。居丧时要断发，以黛涂面，穿黑衣。文成公主到

《步辇图》中的吐蕃使者

吐蕃后，不喜欢赭面，赞普于是下令禁止，可是似乎并未禁绝。不过不管怎么说，由于文成公主的努力，吐蕃人开始学穿中原式服装。吐蕃使者入朝，唐皇帝也赐给他们紫袍鱼袋，但使者只接受紫袍，却不受鱼袋，说本国没有这种章服。说明吐蕃人在吸收别民族服饰的同时，还保留着自己的服饰特点。到唐穆宗长庆（821—824）会盟时，赞普穿素褐，戴布帽。到五代时，"男子冠中国帽"，但妇女仍然辫发，戴瑟瑟珠。终唐五代，吐蕃人穿裘皮衣的很多，其中最上等的是穿虎皮衣，其次有貂裘、鼠裘等。

7.南诏

在南诏基本统一云南之前，当地分布着许多少数民族。这些民族的服饰种类繁多，有寻传蛮，不穿衣服不穿鞋，以竹笼头为盔；有裸蛮，以木皮遮身；有施蛮，男子衣缯布，女分发至额，为一髻垂后；有茫蛮，以漆或金装饰牙齿，衣青布短裤，妇女披五色娑罗笼；有东谢蛮，椎髻，以绛布包住垂于后，男子服衫袄、大口裤，又用带斜挎右肩，饰以螺壳、虎皮等。以上诸蛮，后来大都为南诏所统一。毫无疑问，这些少数民族有些为南诏服饰所影响，还有些仍保留着自己的服饰特点。至于其他一些未纳入南诏势力范围的少数民族，自然还都穿着自己的民族服饰，在此就不一一叙述了。

南诏服饰与汉族大致相同，不同的一是男子一律披毡，二是头饰乃以红绫或皂绫缝成角状物，角内填木，然后包住头髻。此外就是南诏人都不穿鞋，虽贵如清平官、大军将也是如此。南诏俗贵绯、紫二色，这与唐朝相同。有大功的人在身上披锦，其次披虎皮。妇女不涂粉黛，贵者穿绫或锦的

云南剑川石钟山石窟狮子关区第3号南诏王细奴逻及后妃从者像

裙襦，头发则分辫为两股再作髻，上缀以珍珠、金、贝、瑟瑟、琥珀等。从现存剑川石钟山石窟中南诏王的服饰看，他们大都穿圆领偏襟长袍。这一点确实也与唐五代中原服装很接近了。

（二）民族服饰的交流与融合

以上我们简单介绍了各民族的服装，其中已经接触到民族服饰之间的交流问题，即隋唐五代中原王朝的服饰对周边少数民族服饰的影响。例如前面提到的渤海国的品级制度，与唐的章服制就很相像。文成公主将中原影响带到吐蕃，史称赞普"自褫毡罽，袭纨绡，为华风"（《新唐书·吐蕃传》）。这一方面的影响比较多。下面再谈另一种影响即少数民族服装对中原服装的影响，这就是"胡服"问题。

按唐五代的所谓"胡服"，其实是一个很宽泛的概念。在不同时期，胡服的内容是不同的。从史籍记载看，似乎唐玄宗天宝时（742—756）人最爱穿胡服，其实不然。《安禄山事迹》卷下说："天宝初，贵游士庶好衣胡服，为豹皮帽，妇人则簪步摇。衩衣之制度，衿袖窄小。"这里指出胡服的主要特征是豹皮帽和窄袖衣是对的，但作者说它们流行在天宝初则不对，那是出于作者的五行观念，所以《新唐书》的作者径直将这段话放在《五行志》中。其实唐初最流行胡服，从图像资料看，胡服确实是窄袖袍衫，同时这种袍衫还多为翻领、对襟、上绣有花纹、下穿竖条纹裤、尖靴。帽子则多种多样，大致有毛皮帽、镶珍珠帽、花帽等。很显然，这种胡服是受西域一些民族服饰影响的结果。到唐宪宗元和年间（806—820），又有所谓"非华风"的时世妆，即椎髻赭面、嘴唇涂成黑色。这种装束是受吐蕃装饰的影响。后来，被称为"回鹘装"的胡服，对内地也有影响。五代后蜀花蕊夫人作《宫词》，就有"明朝腊日官家出，随驾先须点内人。回鹘衣装回鹘马，就中偏称小腰身"的诗句，说明回鹘装已影响到皇帝宫中的宫女了。君主喜好，庶民中一定会流行起来，这是没有问题的。同是五代，在北方的胡服又指契丹式样的服饰。《册府元龟》卷一六〇有后汉高祖的《禁断契丹装服敕》，敕中说："近年中华，兆人浮薄，不依汉礼，却慕胡风……应有契丹样鞍辔、器械、服装等，并令逐处禁断。"这说明当时契丹式样的服装在民间已相当流行，不过后汉的皇帝不喜欢罢了。

由此可见所谓"胡服"问题，不过是不同时期、不同民族（仅前述即有西域民族、吐蕃、回鹘、契丹等）的服饰对中原服饰的影响问题。历代史家专门提出唐玄宗天宝时的胡服来大作文章，不过是认为它是"安史之乱"的先兆罢了。其实各民族在服饰上的互相交流、影响，是完全正常的事情，某一时期流行某种样式的装扮也是很正常的，它正能反映出我们这个多民族国家丰富多彩的服饰的发展情况，因此我们完全没有必要将它与某一政治事件联系起来。这就是我们单列一段探讨胡服问题的原因所在。

身着翻领袍衫的唐人（1957年陕西西安鲜于庭诲墓出土）

服饰的 消费

服饰的消费与礼俗，是衣生活社会性的重要方面。前者不仅可以反映个人生活水平的高低，以及集团、国家的消费量，而且还与经济、政治生活密切相关；后者则可以帮助我们更加深入了解隋唐五代社会中影响人们行为的一个重要方面。

一　用料与价格

研究消费问题，最重要的是定量。没有定量就无法比较并确定标度。因此我们先来探讨这一问题。

隋唐五代在衣物原料上与前代差不多。《唐六典》卷二二"少府监织染署"记当时的"织纴之作有十：一曰布，二曰绢，三曰绝，四曰纱，五曰绫，六曰罗，七曰锦，八曰绮，九曰绸，十曰褐"。这十种织物，基本包括了当时的主要衣物原料。其中的"布"既有麻布也有棉布，而且到唐后期，棉布已开始为中央朝廷的官员所接受。前面所举唐文宗

唐代宝相水鸟印花绢

唐代高昌骑士对兽毯纹锦

唐代绛红四瓣散朵花纱

喜欢"桂管布"的记载就是一个例子。至于在西北，棉布的使用则早在隋唐早期就已经很多了。

需要着重提一下的是织物的花纹。隋唐以来受波斯的影响，锦织物出现了很多西亚风格的花纹，其中最重要的是联珠纹和对狮、对羊、对鹿、对凤等纹样。这些对称纹样中，后面的几个已经逐渐染有华风了。上述这些花纹的织物现在都有实物遗存，研究这些实物可知，隋唐五代特别是唐代锦织物纹样的显著特点是既壮丽又秀美。除锦外，绫罗又有独窠、龟甲、雀眼、填心、孔雀等纹样。到唐后期，还有雁衔绶带、鹊衔瑞草、折枝、散花等比较中国式的各种纹饰。

从留下的史籍看，记载衣物用料尺寸的几乎没有，我们只能结合域外的资料对这一问题做一些推测。日本奈良时代（710—784），相当于中国的唐中期。奈良时代的服饰特别是朝官服饰，从名称到样式都受到唐代的很大影响。现在日本奈良正仓院保存有许多奈良时代的服饰实物及登录簿，研究这些资料，我们大致可以算出当时一些主要衣物的用料。例如若以绝为原料，则衫用料三丈；汗衫二丈；单裤一点二五丈；幞头三尺；袜三尺；袄子四点五丈，绵二屯；绵裤二点五丈，绵一屯；被子四丈，绵七屯。日本的尺子与唐尺大致相当，略短一些，考虑到中国人普遍高于日本人，所以上述一些尺寸恐怕还是可以接受的。

我国史料中有关衣料尺寸的记载，仅见于出土的敦煌吐鲁番文书。敦煌文书P2607号是一件《算经》类著作，其中一道算题是：造袍一千八百九十二领，每领用三丈五尺，求共用几何？答案是共用一千六百五十五匹二丈帛。由此我们

唐代联珠华冠鸟纹锦

唐代变体宝相花纹经锦

知道一件袍用帛三丈五尺，看来似乎略高于上述日本方面的尺寸，但我们不知道这里的"帛"究竟指的是什么。除此之外，据《流沙遗珍》所收"天宝六载给家人春衣历"，当时给家人的衣料是衫三丈、裤一丈二尺、裈八尺。这里衫的用料与日本资料相同，裤大致相同，裈则正好可以弥补日本方面没有提供的资料的不足。

现在看衣料及成衣的价格。记载这些价格的史料，主要也见于敦煌及吐鲁番文书。在唐玄宗天宝时期的吐鲁番文书中，有如下一些价格（钱的单位是文）：

河南府生绝	一匹	上650次640下630（这是最好的绝的价格）	
生　　绢	一匹	上470次460下450	
常　州　布	一端	上500次490下480（这是最好的布的价格）	
维（？）州布	一端	上450次400下380	
小　　绵	一屯	上190次180下170	
益州半臂		上450次400下350	
罗　头　巾		上100次90下80（这是最好的头巾的价格）	
官绝头巾		上80次70（若是旧幞头，次等是20文）	
细　　鞋		上100	
次　　鞋		上90（若是旧鞋，下等的仅10文）	
靴		上40次35	

以上这些价格，主要是唐朝交河郡的市面价格。拿它与敦煌文书中的价格相比较，二者基本相同。由于价格中的布匹成衣涉及河南、常州、益州等许多地区，因此应该把它看作当时全国主要地区的一种价格。隋唐五代史籍中关于衣物价格

的记载极其缺乏，因而这些价格对于我们来说就是十分可贵的了。

二　国家消费

这里的国家消费，主要指由国家支出的衣物消费，主要包括军衣、百官时服及其他一些消费。

（一）军衣消费

自从府兵制瓦解、军队衣装全部由国家负担之日起，军衣消费就成为唐代国家财政中的一项巨大支出。唐代名臣陆贽曾经说过："经费之大，其流有三：军食一也，军衣二也，内外官月俸及诸色资课三也。"（《陆宣公集》卷二二）军衣的支出，占据了国家财政的第二位。据敦煌文书，唐玄宗天宝年间边军一个军人的消费，除去盔甲类军人专用物外，国家还要供给以下一些衣物：春衣有蜀衫一件、汗衫一件、裤一件、袴奴一件、半臂一件、幞头一件、鞋一双、袜一双，冬衣有袄子一件、绵袴一件、幞头一件、鞋袜各一双、被袋一个。

根据前述用料数据，我们来推算一下一个士兵一年的衣物用料量：蜀衫一件用绝三丈；汗衫二丈；裤零点八丈；袴奴没有尺寸，按单裤计算是一点二五丈；半臂亦无尺寸，按汗衫计算假定为二丈；袄子四点五丈，绵二屯；绵袴二点五丈，绵一屯；幞头二件零点六丈；袜二双零点六丈；鞋没有尺寸，暂定二双为零点六丈；被袋没有尺寸，假设被子即可当被袋用则用料四丈，绵七屯，合计是绝二十一点八五丈即五点四六匹。加上绵十屯，共是十五点四六匹屯。考虑到各种因素，我们可以推定，唐天宝年间一个士兵一年所需衣装的用料，大约为十五匹屯（折合成绢则为十一点四六匹，与《太白阴经》卷五所言"军士一年一人支绢布一十二匹"大致相当）。

唐天宝元年（742），边军共有四十九万人。按一人用衣料十五匹屯计算，一年军衣支出就需七百三十五万匹屯。到唐穆宗长庆年间（821—824）有兵额九十九万，若仍以天宝时一位士兵需衣料十五匹屯计算，全国军队就需衣料一千四百八十五万匹屯，而当时"天下租赋一岁所入，总不过三千五百余万"（《旧唐书·王彦威传》）。这就是说，军衣所占比例，已达全部财政收入的百分之四十二强。

因此军队衣装供应问题，一直是中央政府的沉重负担，给边军的春衣、冬衣也常常不能按时，或者即使给了也是很差的布匹，以至屡屡激起兵变。唐宪宗元和时，给边军的"罗縠缯彩，触风断裂，随手散坏。军士怨怒，皆聚而焚之"（《旧唐书·皇甫镈传》）。唐文宗有一次对学士柳公权说："我有一喜事，边上衣赐，久不及时，今年二月给春衣讫。"（《旧唐书·柳公权传》）从皇帝的喜悦可知，供军衣物在当时是多么重大的一个问题。此外同是军队，也因禁军和边军的不同而有所区别。一般说来禁军的待遇最好，关东调到边地的防秋兵之类次之，最差的是那些长镇边地的军队。国家对这些边军只发给本人的衣粮，而他们要拿回去与妻儿老小共用，因此这些军人及其妻子常"有冻馁之色"是完全可以想象到的。

（二）百官时服

给百官时服，是国家衣物消费的一项重要内容。供给百官的时服，可分为固定的和不固定的两种。所谓固定的，就是将时服算作百官俸料之外的一项杂给，以贴补家用。从"本朝给春冬服，遍及百僚"（《旧五代史》卷三七）的记载可知，唐代给百官时服已成为一项制度。这时供给时服的多少依官品的高低而有差别，从史籍上我们只看到对诸卫将军的规定。例如十六卫上将军，给"春衣布一十五端，绢三十匹；冬衣袍绸一十五匹，绢三十匹，绵三十屯"（《唐会要》卷九一）。这一定额，比

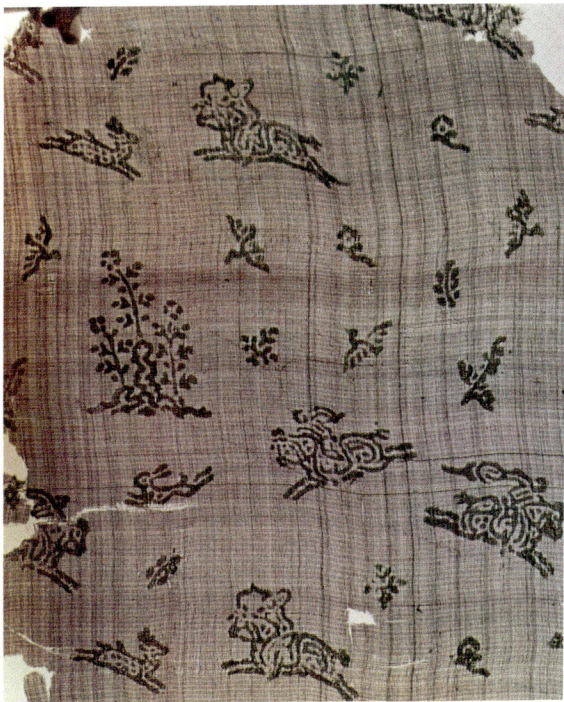

唐代绿色狩猎纹印花纱

前述一个士兵的消费量显然大得多。此外，还有给致仕官春、冬二时服，以及供奉官衣冠履為三年一给的记载。到唐末，由于战乱频繁，不能按时普遍供给时服，以至"百官服饰多缺"，朱全忠以及朱友谦等，都曾进献过时服以供给百官（《旧五代史》卷二等）。

所谓不固定的供时服，主要指在节日对大臣们的赏赐、对功臣宠臣的赏赐，以及对使者的赏赐。例如令狐楚曾在中和节受赐春衣一副，在端午节受赐端午衣一副，这是节日赐衣；陈子昂曾受赐冬衣二副、大将等衣十五副；安禄山曾受赐"紫衣二副，内一副锦，每衣计四事"（《安禄山事迹》卷上）。这是功臣的受赐。《唐六典》又规定：对使人给时服一具，如果出使二季不归，再加给时服一副。这是给使者的时服。这时的时服都包括什么呢？据《唐六典》卷三，凡时服称一具者，包括"春秋给袍一、绢汗衫一、头巾一、白练袴一、绢裈一、靴一量并毡；夏则以衫代袍，以单袴代袯袴，余依春秋；冬则袍加绵一十两，袄子八两，袴六两"；时服称一副者，"除袄子、汗衫、裈、头巾、靴，余同上"。

隋唐五代皇帝之所以要经常赐给百官时服，是因为仅靠百官俸禄，是穿不起多少好衣的。我们大致算一下。按照《唐六典》的规定，玄宗时（712—756）的四季时服，包括袍三件、袄子一件、汗衫四件、头巾四件、裈四件、袴三件、绵袴一件、靴四双、绵八屯。用前述尺寸可知，这些时服共需八匹绢或练。又据天宝（742—756）初年价格，用绢和练的次等价格计算，一匹是四百六十文，八匹是三千六百八十文。绵也按中等价格的一百八十文计算，八屯是一千四百四十文。再加上靴按四十文算，四双靴是一百六十文，合计则为五千二百八十文。现在看当时官员的俸禄。开元二十四年（736）百官料钱数额均以钱计算，其中三品官的料钱是十七千，内含月俸五千、食料一千一百、防阁十千、杂用一千。这就是说四季时服的五千二百八十文，占了月俸的全部，而如果是九品官，月俸只有一千零五十文，他要存几个月的钱，才能置办得起全部四季时服。由此可知，如果国家不供给百官时服的话，对于百官来说，它将是一种十分巨大的消费负担。

（三）其他

国家支出的其他服饰消费还有许多，例如对宫中服务人员、乐舞人的供给等，但因没有具体史料，这里只好从略。我们从史籍上看到有定量供给记载的，还有两种人的消费。一种是官奴婢。《唐六典》卷六记载了国家供给官奴婢的衣物数，即"丁奴春头巾一，布衫、袴各一，牛皮靴一量并毡；官婢春给裙、衫各一，绢襌（当作"裈"）一，鞋二量，冬给襦、复袴各一，牛皮靴一量并毡；十岁已下男，春给布衫一，鞋一量，女给布衫一，布裙一，鞋一量，冬男女各给布襦一，鞋、袜一量"。以前述尺寸计算，官奴、婢一人一年各自大约需用衣料六匹屯左右。全国有多少官奴婢我们不知道，估计总不下数十万人，以二十万算，一年所需就是一百二十万匹屯，因此它也是国家衣物支出的一个较大方面。另外我们从上述引文中还应该注意到，配给丁奴、丁婢的衣物不仅数量少而且基本是布做的，与前面给官员的时服形成了鲜明对照。

另一种是僧人。按僧人一般靠信徒施舍衣物，但由于隋

唐代棋纹锦

唐五代的皇帝很多崇信佛教，因此常常大量赐给寺院布匹衣物。有关这方面的记载不少，但真正记录了消费数量的却不多。五代时后汉李钦明曾上《请汰僧人疏》，说当时北方有十万僧尼，"一僧岁中须绢五匹、绵五十两，十万僧计绢匹五十万、绵两五百万"。作者随后发了一通"聚僧不如聚兵、僧富不如民富"的议论（《全唐文》卷八五五）且不管它，从他举出的消费量看，僧人的衣物消费，也是加重国家衣物支出负担的一个重要方面。

由于以上种种消费，使国家的衣物支出负担变得十分沉重。除去不能按时供应军队春、冬服，以及不能保证百官的时服供给外，有时甚至连朝廷举行大型庆典歌舞，还要从百姓那里借衣服来装扮优伶，充分反映了本时期国家衣物消费的窘迫状况。

三　奢侈与贫穷

奢侈性消费是统治阶级的消费特性，我们只要举几个例子就可知其大概。例如唐睿宗有一年正月十五观灯时，打扮了千余宫女，"一花冠、一巾帔皆万钱，装束一妓女皆至三百贯"（《朝野佥载》卷三）。唐玄宗时，每月给韩国、虢国、秦国三夫人钱十万"为脂粉之费"（《杨太真外传》），而宫中掌杨贵妃刺绣的就有七百人。尽管如此，从社会总的方面看，隋唐前期的奢侈还是比不上唐后期及五代。唐后期时，文宗就曾对大臣们说过这样的话："朕闻前时内库唯二锦袍，饰以金鸟。一袍玄宗幸温汤御之，一即与贵妃。当时贵重如此。如今奢靡，岂复贵之？料今富家往往皆有。"（《旧唐书·郑朗传》）我们看到唐后期的奢侈，确实是远远超过了前期。例如唐德宗嫁皇女，一笼花要花七十万；宰相元载妻天晴时晒衣裳，用了"青紫丝绦四十条，各长三十丈，皆施罗纨绮绣之饰。每条绦下，排金银炉二十枚，皆焚异香，香至其服"（《太平广记》卷二三七）。具有如此奢侈消费水平的大臣，在唐前期是找不到的。我们若以这些例子中提到的消费数额与前述衣物布匹价格相比较，就可以很具体地知道这些贵族们奢侈的程度了。难怪当时很多大臣、文人纷纷写诗著文，对这种奢侈进行批评，所谓"一丈毯，千两丝，地不知寒人要暖，少夺人衣作地衣"（白居易《红线毯》），所谓"美人梳洗时，满头间珠翠。岂知两片云，戴却数乡税"（郑遨《富贵曲》），讲的都是这个道理。有些皇帝也曾下诏令禁止奢侈，例如唐高宗、玄宗、肃宗、代宗、文宗都有这方面的诏书。不过这些诏书往往只能收到一时之效，不可能从根本上禁住奢侈。因为奢侈的消费，是由当时封建等级社会的本质特性所决定的，是皇帝贵族乃至富商大贾们必定要去追求的一种消费方式。

由前面介绍的百官俸禄以及布匹衣物价格，可知当时的一般官员在穿衣戴帽上并不富裕。因此隋唐五代史籍上，就有许多官员之间互赠衣服、互送布料、互借衣物的记载。例如国子监四门助教欧阳詹十分贫穷，"素乏衣服"，朋友送了一件紫罗半臂，"不暇藏箧笥，联绵在身"（欧阳詹《有所恨二章》）；白居易任江州司马时，元稹寄给他一段布料，白居易将布做成衣服后写诗作答，诗的前半云："绿丝文布素轻褣，珍重京华手自封。贫友远劳君寄附，病妻亲为我裁缝。"（白居易《元九以绿丝布白轻褣见寄制成衣服以诗报知》）诗中一个"贫"

字，揭示了白居易衣物的匮乏。当然还有更差的。例如官任左拾遗（从八品上）的杜甫和国子博士（正五品上）韩愈，前者的子女们"垢腻脚不袜……补绽才过膝……天吴及紫凤，颠倒在短褐"（杜甫《北征》）；后者也是身穿"破袄"，儿女们则是"袴脚冻两骭"的（韩愈《崔十六少府摄伊阳以诗及书见投因酬三十韵》）。

当然最贫穷的还是劳动人民。像"出入无完裙"（杜甫《石壕吏》）的石壕村媳妇、"平生未尝获一完全衣"（《太平广记》卷一五八）的镇州民家妇，就都是穿不起衣服的劳动妇女，而民间诗人王梵志，更是为我们描画了穷苦人衣生活的实况。他在《贫穷田舍汉》一诗中说："贫穷田舍汉……今世作夫妻……幞头巾子露，衫破肚皮开。体上无裤袴，足下复无鞋。"这种衣不遮体的衣物消费，与皇帝贵族们的消费之差不啻为天上地下。那些个织着对凤缠枝的锦罗绢纱，对于贫穷百姓们来说，究竟又有多大关系呢？

服饰的礼俗

服饰的礼俗，是指在服饰穿用中所体现出来的礼仪和风俗。前二节的内容有些已经涉及这一问题，这里将它单独提出来，不过是为了引起人们对它的重视。受史料限制，我们仍然只能极简略地谈谈这一问题。

一　朝礼与家礼

第一节我们已讲过，冠服即礼服是朝廷正式典礼时服用的服饰，哪种冠服用于哪种场合，在各种《舆（车）服志》中都讲得很清楚，即如皇帝衮冕、通天冠用于元正朝会之类，百官则礼重时用朝服，礼轻时用公服，实际也就是元正朝会、祭祀等场合才穿朝服，其他办公等公事时则穿公服。而一旦穿上朝服或公服，就具有了非常正式的朝廷礼仪意义。唐太宗曾因魏徵在众人面前反驳他，说气话要杀掉魏徵，结果长孙皇后听说此事后，特意穿上朝服祝贺

敦煌莫高窟第220窟主室东壁所绘壁画中的帝王冕服与群臣朝服

皇帝贤明、大臣忠直。这时的朝服，就为皇后的祝贺增添了郑重的气氛。正因为朝服的这种意义，使得跋扈的唐代宦官虽然可以穿绯袍紫袍，但若想要请朝服就很难得到。此外在元日冬至朝会时穿朝服，还必须衣冠整齐，否则要被御史参弹，轻者斥退，重者戴罪流放，而当御史要弹劾百官时，也一定要戴好法冠即獬豸冠，以示郑重。朝服公服到唐中期以后用得越来越少，一般公事都服用常服，而常服逐渐开始具有了朝服公服的含义。如前所述，由于有关常服的礼仪制度在这一时期还很不完善，因此在史籍中我们常常分不清唐后期以后的朝服公服究竟是真正的朝服还是常服。

与朝服上朝有关，在这一时期的前期，上朝时尚不能穿靴。后来，唐朝马周将靴子改为短靿后，百官才可以着靴上朝，但仍不能着靴升殿。唐玄宗时，诗人李白到殿上去见皇帝，还必须将靴子脱下。到唐中期以后，不仅允许穿靴上殿，而且穿靴反而是一种更加有礼的行为了。

官员们在正式场合下会见，特别是下级谒见上级，一定要穿公服（这里所谓公服在唐后期实际就指幞头袍靴的常服），穿上公服就有了公事公办的意义。唐卢钧镇守太原时，推官李璋醉打虞候为人所告，"璋惶恐，衣公服求见。（卢）公问：何事公服？请十郎袴衫麻鞋相见"（《唐语林》卷一），结果并没有治李璋的罪。这就告诉我们，平时百官之间相见时，只要穿袴衫麻鞋即可，而没有必要穿公服。除此之外，军将见宰相时要具戎服，哪怕这位军将已是节度使，宰相已是离任了的宰相，军将也要戎服相见，以示尊敬。另外，进士投贽于座主，一定要穿麻衣。哪怕这位进士已经做了大官，当年举进士时没有递诗文与某官，再见此官时也要换麻衣相见。这也是为了表示尊敬。

与朝服上朝、公服视事相对，在家时的衣着，就可以随便得多。一般说来，在家可以不裹头、不束带、不穿长衫、不穿靴。例如白居易闲居在家，就是"披衣腰不带，散发头不巾"（《不出门》）。到人家做客，如果主人欢迎你，就会请你更衣，让你脱掉长袍、脱靴换鞋，叫作"许脱衫从容"（《北梦琐言》卷三）。这也就是告诉你，可以在这里多坐一会儿；反之则意味着不愿意与你多谈。同样，如果你脱了衫、靴，解了带之后，随即再向主人索要衫、靴，就意味着你要告辞回家了。

总之，上朝与在家穿的衣服是不同的。前者是办公事，受朝廷礼仪所规制，必须按场合的不同穿朝服、公服或常服。离开衙门办私事或在家或做客，就可以不穿朝服、公服、常服，而穿些袴衫麻鞋之类。上述两种场合一般不能替换，也就是说，不能穿着随便的服装去上朝或办公，也不能穿着冠服去闲逛大街或在家玩乐。所以唐人小说《李娃传》写常州刺史荥阳公到京师朝见天子，闲暇时去看凶肆之人打擂台，那就一定要换了衣服才能去看。《十国春秋》卷二七记南唐钟蒨在宋师入金陵时"朝服坐于家。兵及门，举族死之"。在家而穿朝服，就意味着在办公事，就有了为国尽忠的意义。

二 时尚

某一时期在某些人中流行某种服饰，这在现代叫时髦，叫流行，在隋唐五代则叫"时样装束"，也

唐穿男服女陶俑（1953年陕西西安杨思勖墓出土）

唐双髻、高髻女陶俑

叫"时世妆"。前面我们提到的唐天宝年间的时世妆"小头鞋履窄衣裳，青黛点眉眉细长"，以及元和年间的时世妆"乌膏注唇唇似泥，双眉画作八字低"，就是两种流行装束。一般说来，皇帝以及一些名臣贵族的喜好，会很快变成流行时尚普及到士庶中去。例如唐玄宗不喜冠服，玄宗一朝不喜冠服的大臣就很多，像姚崇这样的名相，也讨厌冠服，死后不以冠服陪葬；唐文宗提倡穿桂管布，于是满朝都穿桂布袍衫；五代时南汉皇帝创戴平顶帽，国人就"率以安丰顶为尚"（《十国春秋》卷五八）；前蜀后主王衍好戴大帽，结果士民皆着大裁帽。皇帝之外，贵族名臣也能起这种作用。例如隋朝宇文述好着奇服，请人为他做夹头巾，深能护耳，称为"许公裌势"，为一些轻薄子弟所仿效；唐宰相长孙无忌用黑羊毛做浑脱毡帽，"天下慕之"（《朝野佥载》卷一）；安乐公主用百鸟毛织成毛裙，"百官之家多效之"（《旧唐书》卷三七）。此外如杨贵妃的黄裙子，韩熙载的轻纱帽，南唐周皇后的高髻纤裳、首翘鬓朵等，都成为时人仿效的对象，形成各种不同的流行装束。

有时髦就有反时髦，这是衣生活中的必然现象。唐朝崔枢夫人"贵贱皆不许时世妆梳"（《因话录》卷三），是因为治家严肃，瞧不起那些时髦玩意儿；而国子助教郭彪之"首冠兽皮，服用麻衣，褒制襕袖，阔带高羁，履大屝"（《全唐文》卷七三九），就有些儒者的清高和迂腐了。最有趣的是元结，他"苦不爱便事之服、时世之巾"，自己做了"愚巾凡裘"，冬天就穿皮弁凡裘，夏天穿愚巾野服，"虽不为时人大恶，亦尝辱其嗤诮"（《全唐文》卷三八一）。这才是真正的名士风度。

这一时期的时尚还有一些。例如过节时特别是过生日时

唐《簪花仕女图》

的互赠衣服，寒食拜扫时的白衫麻鞋，娱乐杂戏时的男扮女装等。特别要提出的是妇女服饰的时尚，这就是比较地直率与大胆。前面讲过，隋初北方曾流行有羃䍦、帷帽，以遮盖妇女的脸部，后来这种帽子很快不再流行，妇女又以敞开脸部为时髦，到唐玄宗开元十九年（731）明令规定"帽子皆大露面，不得有掩蔽"（《唐会要》卷三一），从法律上为妇女的服饰自然提供了保护。与此相适应，隋唐的妇女在穿上衣时还以露胸为时髦，文人也以赞美这种酥胸为能事。于是大量的"半露胸如雪""胸前瑞雪灯斜照"之类的诗句就出现在唐诗中。这种袒露装说明，唐代妇女少受礼教束缚，并注意到了人体的自然美。当时妇女出游，也是绿衫红裙，尽其美艳。有时春游看到好花，大家就随地坐下，解下红裙插挂成一座帏幄，在其中宴饮赏花，名为"裙幄"。这种行动在当时虽嫌奢华，但并未被人斥为淫荡。恐怕也只有唐代，才会出现如此装扮、如此行为的妇女们吧。

三　服饰观念

隋唐五代服饰观念中最重要的，是对服饰所具有的象征意义的阐释，其中主要是五行学说的影响。隋朝初建，以为运当火德，于是规定服饰制度，除冕服之外，"朝会之服、旗帜牺牲，尽令尚赤，戎服以黄"（《隋书·高祖本纪》）。到唐朝，统治者认为代隋应为土德，于是命衣服尚黄，旗帜尚赤，常服则赭黄。到武则天称帝建周，以为代唐应为金德，于是又改旗帜从金色。

按照五行学说，服饰中出现的一些怪异现象，常常被与某些政治事件联系起来，"为变怪而失其性"（《新唐书·五行志》）范畴，被称为"服妖"。服妖中最著名的例子，是唐天宝年间贵族士庶喜爱胡服胡帽，这一现象被认为是安史之乱的先兆。此外还有如"唐末，京都妇人梳发以两鬓抱面，状如椎髻，时谓之'抛家髻'。又世俗尚以琉璃为钗钏……抛家、流离，皆播迁之兆云"（同上）。五代后蜀末年，"妇女争治发为高髻，呼为朝天髻"，是后蜀投降宋朝的先兆（《十国春秋》卷四九）。这些所谓先兆，不用说都是毫无道理的。

由于服饰具有等级性，因此服饰的一些变化，还与等级的变化联系起来，这也是服饰中象征意义的一个体现。例如唐高祖曾问令狐德棻："比者丈夫冠、妇人髻竞为高大，何也？"令狐德棻回答说："在人之身，冠为上饰，所以古人方诸君上。"（《旧唐书·令狐德棻传》）以此证明，其时已是君权强大了。《旧唐书·舆服志》还举出唐玄宗开元以来奴仆穿上了应该主人士人穿的襕衫、履，来证明它预示着将出现下叛上的安史之乱。在服饰与等级的思想中，还有一个有趣的故事。《北梦琐言》卷一二记载说柳玭家法整肃，一次，他的一个子弟辈亲戚来探望他，他坚决不见，说不认识。那亲戚十分纳闷，向柳家老仆请教，才知道是因为自己的幞头脚上翘而没有下垂，于是赶忙将幞头脚垂下，这才得到柳玭的接见。幞头脚的上下，反映对上司或前辈的尊敬与否，这真是一个说明服饰与等级思想关系的极好例子。

在有关服饰的观念中，还有许多后世可称为迷信的思想。例如以为穿上红裤子对做官有利、书姓名于袜上以咒人、士兵衣甲上画雷公等纹以厌胜之类，例子甚多。这在封建社会，实是十分正常的现象。

除正面叙述服饰的贵贱等级外，时人对服饰的奢侈问题还有其他一些议论。总括而言，这种议论大致有两类。一类认为服饰奢侈是暴殄天物，破坏生产，也就是伤农事、害女工，最后导致国用匮乏、民风败坏。这种议论与社会政治相联系，前面已有所涉及。另一类议论则从养生出发，认为服用奢侈，"心必随之。气与心流，疾亦伺之"（《旧唐书·柳公绰传》），也就是认为过分追求衣食的奢侈，会产生疾病，不利于长寿。这两种有关服饰的议论，不仅反映了当时社会上对衣着的一些看法，即便现代衣着，也能从中得到某些有益的启示。

食

饮食

一般

　　隋唐五代的饮食比前代更加丰富，其表现一在烹调技术，二在对社会生活的影响。就烹调技术而言，首先是当时对不同燃料与烹饪的关系有了更深的理解。隋朝王劭曾说过："温酒及炙肉用石炭、柴火、竹火、草火、麻黄火，气味不同。"（《隋书·王劭传》）唐贞元中，一位将军也指出："物无不堪吃，唯在火候、善均五味。"（《酉阳杂俎·前集》卷七）认识到没有不能吃的东西，关键在于掌握火候与调味的关系。这就从理论上总结出了烹调技术的基本准则。第二，烹调原料越来越丰富。这主要指各种海产和各种牲畜禽类的下水脚料都已入馔。此外，调味品中还增加了从国外引入的蔗糖以及胡椒等调料，其中胡椒在唐代大受欢迎，宰相元载大历十二年（777）伏诛后，从他家里就抄出了"胡椒至八百石"（《资治通鉴》卷二二五）。第三，普及了一些更利健康的炊具，例如广泛使用既经济又卫生的瓷器等。

　　在对社会生活的影响方面，我们大致可以指出以下几点：第一，这一时期各种胡食如胡饼、饆饠等十分流行，促进了各民族之间以及中外之间的文化交流，反映了时代的饮食风

唐代的陶磨、陶碾、陶碓和陶井栏（1954年山西长治王琛墓出土）

尚。第二，名目繁多的赐宴、会食、宴饮非常盛行，这不仅是一般民众生活中的重要活动方式，也是官员政治生活的一个重要组成部分。第三，饮酒的盛行与饮茶的普及引人注目，这与文人诗歌和寺院僧人的生活都有极密切的关系。最后，丰富的饮食助长了上层统治阶级、豪门富族的穷奢极欲、暴殄天物，这与下层劳动人民的缺食少盐乃至骨肉相食，形成了鲜明对照。

这一节分主食、副食（包括调料）两部分研究隋唐五代饮食的一般情况。不同阶级与民族在这一时期的饮食状况和特点也放在本节。由于饮料中的酒、茶内容甚多，特点鲜明，因此单立出来进行探讨。

一　主食

（一）食用谷物概况

隋唐五代主食用谷物仍以粟、麦、稻为主，而麦的比重逐渐增大。若以地区而论，则西北、关中、山东、淮南、江南各自有所侧重。

1.西北地区

西北地区食用谷物以麦为主。根据敦煌保留下来的寺院文书如P2049背"后唐同光三年入破历"，可知净土寺僧众及来寺中干活的工匠，主要食用的谷物是小麦粉即面。又据"唐定兴等户残卷"，在当地人家一年的食粮构成中，也是小麦的食用多于粟。例如安庭晖户共有七人（两个大人五个孩童），年吃粮三十二硕，其中"小麦捌硕、青麦柒硕、豆柒硕、粟三硕、床陆硕三斗、麻子七斗"，小麦加青麦的数量远远多于粟。

2.关中、河南地区

这一地区大致以粟、麦为主，稻米较少。据唐开成元年（836）尚书省户部度支《请贵籴便农奏》，"每年供诸司并畿内诸镇军粮等，计粟麦一百六十余万石"（《全唐文》卷九六七），可知当时关内的士兵及一般官员是粟、麦同食的。又据现存隋谢讽《食经》和唐韦巨源《烧尾宴食账》中所记主食种类，在全部四十三种主食中，有三十九种是面食，即糕、饼、馄饨等，而饭、粥类只有四种[1]。这也说明，当时长

---

[1]这一点日本人篠田统在《中国食物史》中已指出，但统计数字略有不同。

唐代磨面劳作的女泥俑群（1972年新疆吐鲁番阿斯塔那出土）

安的上层高级官僚以食面为主。当然，从考古发现的洛阳含嘉仓中存有大量粟米看，整个隋唐五代，粟的食用量一直很大。此外，除本地种植外，还有江淮各地的稻米供应，因此这一地区也食用稻米，不过数量比较少罢了。

3.山东地区

山东地区吃粟比较多一点。日本僧人圆仁著《入唐求法巡礼行记》，记录了他走过的海州、登州、莱州、青州、齐州等山东地区的寺院、馆驿或官吏平民家里的饮食。从所记登州"但有粟"（卷一），在登州文登县"吃新粟米饭"（卷二），登州、莱州、青州、齐州各州均是粟米最便宜，粳米最贵，面居中（卷二）来看，山东地区吃粟较多。当然这一地区也吃面食，但较少并较贵，所以海州东海县县令李夷甫专门"以新面二斗寄张押衙献州刺史"（卷一），即还把面作为礼品来奉献上司。

4.淮南、江南、岭南、剑南地区

这些地区都以吃米为主，但其中又稍有区别。淮南地处南北之间，除米之外也吃面食。鉴真和尚从扬州东渡日本，在筹备的海粮中，就既包括好米一百石，也有面五十石，以及各类面食品数车（《唐大和上东征传》）。江南地区不仅吃米，而且是好米产地。据《新唐书·地理志》记载，在唐代，常州、苏州要向中央上贡大小香粳，湖州要贡糯米，婺州要贡赤松涧米等。所以柳宗元在《与李睦州论服气书》中说，他要"穷陇西之麦、殚江南之稻以为兄寿"（《全唐文》卷五七四），既指出了江南的米好，也告诉我们西北的面好。岭南地区也以吃米为主，创造了许多精美的饭制品，但同时也吃面食。据杜牧《唐故江西观察使武阳公韦公遗爱碑》（《全唐文》卷七五四），韦丹贞元（785—805）末为容州刺史，"教种茶、麦"，知容州在唐中期已开始吃面食了。剑南地区同样以吃稻米为主。杜甫在四川时曾写下"香稻三秋末，平田百顷间""稻米炊能白"（《茅堂检校收稻二首》，《全唐诗》卷二二九）、"尝稻雪翻匙"（《孟冬》，同上卷二三一）等诗句，即可为证。当然在四川成都地区，面食也为人所欢迎，典型的例子是有关"赵大饼"的故事。据《北梦琐言·逸文》卷二记载，五代前蜀时成都人赵雄武号称"赵大饼"，"能造大饼，每三斗面擀一枚，大于数间屋。或大内宴聚，或豪家有广筵，多于众宾内献一枚，裁剖用之，皆有余矣"。

粟、麦、稻在各地区的食用谷物中，虽各自有所侧重，但实际上它们常常并行不悖，且因阶层和个人好尚的不同，呈现出十分复杂的情况。不过有一点是要强调的，即就官方或中央政权而言，这一时期仍以"粟"作为赋税、俸禄、仓储等财政以及赏赐活动的正式计算标准。因而从这一意义上说，这一时期粟仍然是主要食用谷物，或也可以说隋唐五代时期的食用谷物结构，仍然属于北方性质。

除粟、麦、稻的食用外，这一时期食用谷物的另一特点，是周秦以来经常食用的菰米在食物中所占的比重越来越小，一般不再作为日常食用的食物，但用菰米做成的"雕胡饭"，依然为诗人文士们所喜爱。于是有李白"跪进雕胡饭，月光明素盘"（《宿五松山下荀媪家》，《全唐诗》卷一八一）、杜甫"滑忆雕胡饭，香闻锦带羹"（《江阁卧病走笔寄呈崔、卢两侍御》，同上卷二三三）这样赞美菰米饭的诗句传世了。

（二）主食的种类

这一时期主食的种类仍可分为饼、饭、粥、糕等数种。从史籍中的出现频率看，饼最多，饭、粥次之，糕较少。

第一，饼。饼是一个类概念，种类繁多，既包括现在的饼类食品，也包括现在的馒头、包子、面条类食品。粗略计算，这一时期出现在史籍上的饼，就有胡饼、蒸饼、煎饼、环饼、汤饼、薄饼、斋饼、饦饼（饦子）、烧饼、笼饼、米饼、鸣牙饼、两仪饼、石鏊饼等，以及不以饼称的饼类食品如馎饦、馉头、馒头、馎饦等。下面介绍其中几种食用普遍又具本时期特色的饼。

1.胡饼

胡饼与馎饦、烧饼等都被唐时人称为胡食（慧琳《一切经音义》卷三七），在隋唐五代的食用非常广泛。圆仁的《入唐求法巡礼行记》记唐文宗开成六年（后改年号为会昌元年，即841年）"立春节，赐胡饼、寺粥。时行胡饼，俗家亦然"。据敦煌文书记载，当时在敦煌地区的僧人和工匠都吃胡饼，每个饼用面半升，个头很大。1969年，新疆吐鲁番阿斯塔那唐代墓葬中曾出土一枚直径19.5厘米、类似今新疆地区流行的素馕的食品，那就是唐代胡饼的实物。今天的"馕"有馕、油馕、素馕之分，唐代的"胡饼"也有胡饼、油胡饼、肉胡饼几类。《唐语林》卷六记"时豪家食次，起羊肉一斤，层布于巨胡饼，隔中以椒豉，润以酥，入炉迫之，候肉半熟食之，呼为'古楼子'"。这"古楼子"，就是肉胡饼中之大者。鉴真和尚东渡日本，准备的海粮中，也包

胡饼，径19.5厘米（新疆吐鲁番唐墓出土）

括"干胡饼二车"（《唐大和上东征传》）。由此推论，不仅扬州流行胡饼，而且胡饼还可能东传到了日本。当然，日本民众似乎并不喜欢这种胡食。

当时又有胡麻饼，类似今天的芝麻烧饼，也有人称此为胡饼。关于胡麻饼最有名的史料，是白居易在忠州刺史任上作的诗《寄胡饼与杨万州》。诗中写道："胡麻饼样学京都，面脆油香新出炉。寄予饥馋杨大使，尝看得似辅兴无。"（《白居易集》卷一八）"辅兴"是唐代长安城内一个坊的坊名，那里的胡麻饼非常有名。从诗中我们知道，当时胡麻饼不仅在四川流行，而且四川人制作的胡麻饼"面脆油香"，已经可以和长安的胡麻饼比美了。

2. 饆饠

饆饠也是一种胡食，是唐代新传入的食品。据考证，它是一种带馅的面点。饆饠刚传入时，尚带有浓郁的外域色彩，馅中放蒜，味道辛辣，后来就逐渐唐朝化了。例如晚唐时属于"衣冠家名食"的韩约所做的"樱桃饆饠"，就是馅里放樱桃，而且做好后，馅里的樱桃"其色不变"（《酉阳杂俎·前集》卷七）。饆饠在北方尤其是关中地区比较流行，长安就有许多饆饠肆、饆饠店专卖饆饠，明经、进士、城市平民都去店中吃。说明饆饠流行的还有一个证据，即当时已把饆饠列为军队宴饮时必备的主食。《太白阴经·宴设音乐》篇说，宴饮时"饆饠一人一枚，一万二千五百枚。一斗面作八十个，面一十五石六斗二升五合"。从中我们既可知道饼馎是面点，还可知道它是一升面做八个，比一升面做两个的胡饼要小多了。饼馎、胡饼、胡麻烧饼一类胡食的流行，反映了当时的人们喜爱外域食品，就像今天的人们喜欢吃比萨饼、汉堡包一样。同时，胡食的流行，也使唐五代的主食变得更加丰富了。

3.蒸饼

蒸饼在这一时期的食用也很普遍。《朝野佥载》卷五记长安人邹骆驼"常以小车推蒸饼卖之"，可知蒸饼在街市上到处有卖。武则天时的四品官张衡，正是因为"路旁见蒸饼新熟，遂市其一，马上食之，被御史弹奏"（《朝野佥载》卷四），因而未能升入三品官的。鉴真和尚东渡日本，也随船带了"干蒸饼一车"（《唐大和上东征传》）。蒸饼就是今馒头一类的面食，形状大约上圆下平，与今天的圆馒头差不多。《酉阳杂俎·续集》卷二记明经范璋家厨中"地上危累蒸饼五枚"。这"危累"二字，就向我们明白提示了蒸饼的形状。

4.馓子

也叫馓头、馓饼，频见于笔记和敦煌文书，是当时人常吃的一种面食。据《辞海》解释，馓子是"蒸饼的别称"。这一解释恐怕有些问题。我们知道，蒸饼是要"蒸"的，属于今天馒头一类的面食。但是馓子却与此不同。例如敦煌文书P4693造饼册记载："馓子 头索员昌、氾定兴、阴章祐，付面一斗八升、油一升半、粟一斗。"可知它是一种用油和面做的食品。《卢氏杂说》记了一段尚食局造馓子手做馓子的有

唐长柄三足银铛

趣故事，说有一位尚食局造锤子手，为了报冯给事的恩，想为冯家做一次锤子。冯给事问："要何物?"答曰："要大台盘一只、木楔子三五十枚，及油铛炭火，好麻油一二斗，南枣烂面少许。"冯给事也是一位精于饮馔的人，于是把东西备齐，准备全家一起看他做锤子。第二天，锤子手来，休息了一会儿以后，就脱掉长袍、靴子，解下腰带，走出厅堂，戴"小帽子，（穿）青半臂、三幅袴、花襜袜肚、锦臂鞲。遂四面看台盘，有不平处，以一楔填之，候其平正，然后取油铛、烂面等调停。袜肚中取出银盒一枚，银篦子、银笊篱各一。候油煎熟，于盒中取锤子馦（馅），以手于烂面中团之。五指间各有面透出，以篦子刮却，便置锤子于铛中。候熟，以笊篱沥出，以新汲水中良久，却投油铛中，三五沸取出，抛台盘上，旋转不定，以太圆故也。其味甚美，不可名状"。故事把做锤子的工序讲得很详细，这在唐代史籍中极为罕见。由此段记载可以清楚地知道，锤子是一种油炸的带馅圆面点，而不属于蒸饼之类。此外，这条史料还鲜明表现了唐代贵族饮食的特征：一是讲究原料和炊器。好麻油、南枣烂面、豆馅是原料，台盘、油铛、炭火、银篦子、银笊篱是炊器。要想做好食品，就要用精细的原料和高级炊器。另一特点是烹饪过程的艺术化。请看这位馎饦手，从他特有的服装行止，到楔平台盘、刮却余面、旋转馎饦，简直像是在做一场艺术表演。看客和吃客们，就在这表演中满足了眼福与口福，得到莫大的精神享受。由此而言，这条史料不仅提供了有关馎饦子的最可靠的解释，而且为我们描绘了一幅唐人烹饪劳作的风俗图画。

5.汤饼、馎饦

汤饼就是面条。夏天吃的叫"冷淘"，也就是凉面，当时南方和北方都吃。《唐六典》卷十五记光禄寺供百官膳食有云："冬月则加造汤饼……夏月加冷淘。"杜甫大历年间在成都草堂，也曾写过一首《槐叶冷淘》诗，诗中说："青青高槐叶，采掇付中厨。新面来近市，汁滓宛相俱。入鼎资过熟，加餐愁欲无。碧鲜俱照箸，香饭兼苞芦。经齿冷于雪，劝人投此珠……"从"经齿冷于雪"看，这"冷淘面"是够凉的。汤饼中还有一种被称为馎饦，又称不托，唐李匡乂在《资暇集》卷下说："不托，言旧未有刀机之时，皆掌托烹之。刀机既有，乃云不托。"宋人欧阳修在《归田录》中也说："汤饼唐人谓之不托，今俗谓之馎饦矣。"其实汤饼与馎饦似仍有区别，后者从形制上说可能稍宽一点。《北梦琐言》卷三记晚唐宰相王凝"清修重德，冠绝当时……食馎饦面，不过十八片"。从面条而称"片"看，这馎饦是挺宽的。馎饦在这一时期的食用也很普遍①。

---

① 关于馎饦、怀饦、不托的得名有种种说法，有人认为是外来食物的不同译名。参见《中国烹饪》1991年第3期。

第二，饭。饭也是一个种类甚多的类概念。若就饭的原料而言，主要有粟米饭（黄米饭）、稻米饭（糯米饭）、麦饭（荞麦饭、大麦饭）、雕胡饭等。北方多吃粟米饭，南方多吃稻米饭，这在前面已有所论。大致说来，平民百姓只吃一般的粟米饭或糙米饭，如圆仁在《入唐求法巡礼行记》卷四中说，海州到登州之间的"山村县人，餐物粗硬，爱吃盐茶粟饭，涩吞不入，吃即胸痛"。但皇帝贵族们的饭就十分讲究了，例如"用水晶饭（糯米饭）、龙睛粉、龙脑末（冰片）、牛酪浆调事毕，入金提缸垂下冰池，待其冷透供进"的清风饭（《清异录》卷下），是唐敬宗食用的消夏食品；而同样是黄米饭，也有将肉丝、鸡蛋等"杂味"浇在饭面上的"御黄王母饭"（《清异录》卷下），这是韦巨源"烧尾宴"中的一道主食。又据《北户录》记载，"广（州）之人食品中有团油饭"，并注云："凡力足之家有产妇，三日、足月及子孙晬，为之饭，以煎虾、鱼炙、鸡鹅、煮猪羊、鸡子羹、饼灌肠、蒸脯菜、粉餈、粔籹、蕉子、姜桂、盐豉之属，装而食之。"这种团油饭，也相当讲究。

第三，粥。粥的原料与饭差不多，有粟米粥、稻米粥、麦粥、面粥等。粥的食用也极普遍，上自皇帝官宦，下至僧俗民众，没有不食用的。粥的名目也很多。据《唐六典》卷一五记光禄寺为百官供膳，"夏月加……粉粥，寒食加饧粥"。《云仙杂记》卷五引《金銮密记》云："白居易在翰林，赐防风粥一瓯。"其他还有杏酪粥、云母粥、胡麻粥、地黄粥、茶粥、葱粥等。至于后唐时宰相上朝前堂厨准备的小吃中，有所谓"粟粥、乳粥、豆沙加糖粥"（《清异录》卷下），那就是十分高级的粥了。宰相卢澄将三种粥一起吃，呈现三种颜色，

唐代的饺子、点心（1972年新疆吐鲁番出土）

所以当时有"相粥白玄黄"的说法。

第四，糕。糕在主食中属于点心类比较精细的食品。谈"糕"之前，我们先说一下"点心"。按"点心"一词虽在唐代已经出现，但当时是作为动词使用的，并且它不专指现代意义上的点心。当时称现代意义上的点心为"菓子"。例如圆仁在长安过新年，"众僧上堂，吃粥、馄饨、杂菓子"（《入唐求法巡礼行记》卷三）。这里的"杂菓子"就是点心。1966年至1972年，在新疆吐鲁番阿斯塔那唐代墓葬中发现了许多精美的花式点心，它为我们认识唐代点心提供了实物资料。糕也是点心的一种，也有许多名目，在韦巨源《烧尾宴食账》中就有"七返膏（糕）、水晶龙凤糕（即糯米枣糕）、玉露团（酥糕）"（《清异录》卷下）等数种。到后周年间，开封甚至出了个以做糕出名并因而入赀为官的"花糕员外"。据《清异录》卷下记载，他卖的"糕"有"满天星（金米）、糁拌（夹枣豆）、金糕糜员外糁（外有花）、花截肚（内有花）、大小虹桥（晕子）、木蜜金毛面（枣狮子也）"等。

关于这一时期的主食还要指出以下两点：第一，这时的节日饮食中，有些主食与该节日已经形成了固定的搭配。举最典型的一例，就是前述《唐六典》所述光禄寺对百官的供膳，其中有关节日的供膳有"寒食加饧粥，正月七日、三月三日加煎饼，正月十五日、晦日加糕糜，五月五日加粽糯，七月七日加斫饼，九月九日加糕"等。第二，前述主食中的大部分前代已有。除此之外，这一时期还出现了一些面点新品种，如春茧、包子、饺子等。其中"包子"一词，最早见于《清异录》所记"绿荷包子"；而饺子的实物，已为考古工作者在新疆吐鲁番的唐代墓葬中发现，其形状与今日的饺子完全一样。

二　副食

（一）概说

这一时期副食[①]的原料更为丰富。例如蔬菜有新近引进的莴苣、菠薐等，海味有鲩鱼、海蟹、比目鱼、海镜、海蜇、蚝肉、乌贼、鱼唇、石花菜等，动物下水如鱼肚、马肠等也有人烹用。除此之外，还有一些地方的人吃蝙蝠、蜂房、象鼻、蚁子、老鼠，甚至吃蛇蝎、蚯蚓、蜣螂、蝼蛄乃至臭虫，真正符合了当时所谓"物无不堪吃"的说法。这就为丰富多彩的菜肴，提供了物质来源。

这一时期的烹调方法仍以蒸、煮、烙、烧、煎、炸、烤为主，很少使用或尚未出现氽、扒、酿、贴等方法。肴馔主要仍然是炙品、鲙品、脯鲊品、羹臛、菹齑这些前代已有的品种。此外还有素菜与花式菜肴。

1.炙品

炙品在这时仍是食用最多的肴馔品种。如前所述，隋朝人就已知道用石炭、柴火、竹火、草火炙肉，味道不同。从史籍上看，当时用来"行炙"的有牛、马、驴、羊、鹿、鹅、蛙、鱼、蚝、蚌蛤、蝤蛑、大貊、茄子等。"衣冠家名食"中有"驼峰炙"（*《酉阳杂俎·前集》卷七*），韦巨源烧尾宴

[①]这里所谓"副食"的概念较宽泛，指除粮食制品即主食以外的所有饮食。

上有"升平炙"（《清异录》），懿宗皇帝赐同昌公主有"消灵炙"（《杜阳杂编》），而最常为人提起同时可看出唐代高级官僚残忍性格的是张易之兄弟的行炙。《朝野佥载》卷二云："张易之为控鹤监，弟昌宗为秘书监……竞为豪侈。易之为大铁笼，置鹅鸭于其内，当中取起炭火，铜盆贮五味汁，鹅鸭绕火走，渴即饮汁，火炙痛即回，表里皆熟，毛落尽，肉赤烘烘乃死。昌宗活拦驴于小室内，起炭火，置五味汁如前法。"

2. 鲙品[1]

这一时期食鲙依然成风，有关食鲙的逸事也很多。《大业杂记》详载有吴郡的干鲙加工法，说隋时吴郡曾贡干鲙于隋炀帝。这种松江鲈鱼干鲙，配上香柔花叶，就是"所谓金齑玉鲙，东南之佳味也"。当时能割鲙是很了不起的，因为割鲙对刀工要求很高。《酉阳杂俎·前集》卷四记"南孝廉者，善斫鲙。縠薄丝缕，轻可吹起，操刀响捷，若合节奏"。因此善割鲙的人，常能由此而接近权贵。《旧唐书·李纲传》记："有进生鱼于（太子李）建成者。将召饔人作鲙。时唐俭、赵元楷在座，各自赞能为鲙，建成从之。"由于吃生鱼很容易得病，所以史籍中有关食鲙生病的事就屡见不鲜。例如《酉阳杂俎》和《明皇杂录》，都记载了宰相房琯因食鲙而病死在阆州的故事。由于故事有些荒诞，因而《旧唐书·房琯传》不取，但也说他"在路遇疾……卒于阆州僧舍"。当时著名的鲙品，有隋朝的"飞鸾脍""天孙脍"（谢讽《食经》），唐代

---

① "鲙"指切得很薄的鱼片，或泛指切割。"脍"与之义同。

的"丁子香淋脍"（韦巨源《烧尾宴食账》），五代时的"缕子脍"（《清异录》）。著名诗人杜甫，曾用诗篇形象地记述了他有一次吃黄河鲤鱼脍的经历。他在《阌乡姜七少府设脍戏赠长歌》诗中说："姜侯设脍当严冬，昨日今日皆天风。河冻味鱼不易得，凿冰恐侵河伯宫。饔人受鱼鲛人手，洗鱼磨刀鱼眼红。无声细下飞碎雪，有骨已剁觜春葱。偏劝腹腴愧年少，软炊香饭缘老翁。落砧何曾白纸湿，放箸未觉金盘空……"从"无声细下飞碎雪"，可见脍手刀工的纯熟；从"放箸未觉金盘空"，又可见老杜十足的吃兴。

3.脯鲊品

脯鲊品在这一时期也有进一步的发展。除一般大众化的脯鲊外，还有鹿脯、蚌肉脯、蜈蚣肉脯、芦服鲊、野猪鲊等。著名的脯品有宫廷中的"红虬脯"，《杜阳杂编》记同昌公主家人所吃的"红虬脯，非虬也，但贮于盘中……高一尺，以箸抑之，无三四分，撤即复故"，确很奇妙；前述的"野猪鲊"，是唐玄宗赏赐给安禄山的，可能为胡人安禄山所喜爱；而韦巨源《烧尾宴食账》中的"吴兴连带鲊"，则是精美的鲤鲊佳品了。

4.羹臛

羹臛在这一时期仍很重要。唐玄宗召征李白，"以七宝床赐食，御手调羹以饭之"（李阳冰《唐李翰林草堂集序》）；民间新嫁娘也是"三日入厨下，洗手作羹汤"（王建《新嫁娘词三首》），以羹汤的好坏代表烹饪技艺的高低。见于史籍的羹臛有许多名目，例如羊羹、鱼羹、虾羹、荠菜羹、香芹羹、蛤蜊羹、鳜鱼臛等。榆叶羹不用说是平民吃的；皇帝赐臣下的则有月儿羹、甘露羹；用动物的蹄做的羹，如独蹄羹、驼蹄羹都是高级羹汤。这众多的羹中，只有"十远羹"被详细记载了制作方法。《清异录》卷下"十远羹"说："石耳、石发、石线、海紫菜、鹿角脂菜、天蓴、沙鱼、海鳔白、石决明、虾魁腊，右用鸡、羊、鹑汁及决明、虾、蓴浸渍，自然水澄清，与三汁相和，盐酤庄严，多汁为良。十品不足，听阙，忌入别物，恐伦类杂则风韵去矣。"①这样的羹，想来是很鲜美的。

5.菹菜

菹菜在史籍中记载虽不多，但实际上却是食用非常普遍的一种菜馔。《清异录》卷上有"百岁羹"条云："俗呼菹为百岁羹，言至贫亦可具；虽百岁，可长享也。"常见的菹菜，有芹菹、蒜菹、荠菹等。五代时有所谓"翰林菹"，其做法和吃法为："用时菜五七种，择去老寿者，细长刀破之，入满瓮，审硬软作汁，量浅深，慎启闭，时检察，待其玉洁而芳香则熟矣。若欲食，先炼雍州酥，次下干菹及盐花，冬春用熟笋，夏秋用生藕，亦刀破令形与菹同。既熟，搅于羹中，极清美。"（《说郛》引《清异录》）这是官员们吃的比较高级的菹。

6.素菜与花式菜肴

素菜在这一时期也有新的发展。"豆腐"一词已正式出现

---

① 此处断句依中国商业出版社本《清异录》。

唐代鸿雁纹"宣徽酒坊"银碗

在史籍中，说明了它的普及①。这时还出现了以素料制作成动物形象的菜点，《北梦琐言》卷三云："唐崔侍中安潜，崇奉释氏，鲜茹荤血……镇西川三年，唯多蔬食，宴诸司，以面及蒟蒻之类染作颜色，用象豚肩、羊臑、脍炙之属，皆逼真也。"这恐怕是我国素料荤作的最早记录。至于花式菜肴，最典型的例子是《清异录》卷下所记唐代的"辋川小样"，云："比丘尼梵正，庖制精巧。用鲊、鲈鲙、脯、盐酱瓜蔬，黄赤杂色，斗成景物。若坐及二十人，则人装一景，合成《辋川图》小样。"《辋川图》是唐代诗人王维为他自己游居的辋川景区画的图。能把《辋川图》二十景再现于花式冷盘之中，实在是绘画艺术与烹饪技艺相结合的一大杰作，反映出唐代花式菜肴已达到了一个较高的水平。

_____

①《清异录》卷上记青阳县丞时戢"日市豆腐数个"。

（二）副食的南北差异

这一时期由于国家统一，南北饮食不断有所交流。《十国春秋》卷三二记一个北方（唐长安）御厨跑到南唐，南唐"御膳宴设赖之，略有中朝承平遗风。其食味有鸳鸯饼、天喜饼、驼蹄馅、春分馅、密云饼、铛糟炙、珑璁馅、红头签、五色馄饨、子母馒头诸法"。这条史料中提到的食品，属北方饮食系统，说明北方饮食受到南方欢迎。不过一方面是南北的饮食交流，同时饮食的地区差异在这一时期仍很明显，只是限于史料和篇幅，这里仅能就副食的南北差异做一简单介绍。

唐崔融在《断屠议》（《全唐文》卷二一九）中说："江南诸州，乃以鱼为命；河西诸国，以肉为斋。"这就概略说出了南北饮食中菜肴的差异。当时北方确实吃肉多吃鱼少，日本学者篠田统在《中国食物史》中，对隋谢讽《食经》和唐韦巨源《烧尾宴食账》中的副食做过统计，结果羊、乳制品多于鱼、鲊制品，证明它们记录的是北方菜。由于隋唐五代时北方仍受西北游牧民族"胡食"的影响，因此在北方饮食中羊肉甚多，羊肉的地位也高于鸡肉和猪肉。《唐六典》卷四记载了唐朝政府供给各级官员的食料，其中对亲王以下所赐食料中，有"每月给羊二十口、猪肉六十斤、鱼三十头"的规定，可知羊肉远远多于猪肉，至于鱼，不过一天只能吃上一条而已。北方肴馔中，还有很多品类带有浓郁的少数民族味道，例如浑羊殁忽、于阗法全蒸羊、野猪鲊等，其中唐代突厥血统的著名将领哥舒翰，特别爱吃一种叫作"热洛河"的菜。《太平御览》卷八五九引《唐书》云："安禄山、思顺、

唐代宴饮图壁画，筵席旁围坐的男性和旁边站立的女性（1987年陕西长安县出土）

翰并来朝。玄宗使骠骑大将军、内侍高力士及中贵人、供奉官于京城东驸马崔惠童池亭宴会，使射生官射鲜鹿取血煮其肠，谓之'热洛河'以赐之，为翰好故也。"

与北方爱吃羊肉等肉不同，南方爱吃鱼类水产。例如前述隋代的吴郡以"金齑玉鲙"闻名于世；唐朝苏州好烧鲤鱼；"杜甫在蜀，日以七金买黄儿米半篮、细子鱼一串"，这"细子鱼"是"蜀人奉养之粗者"（《云仙杂记》卷一）；怀素在《食鱼帖》中也说"老僧在长沙食鱼，及来长安城中，多食肉"，用亲身经历说到了南北饮食习惯的区别。到五代，吴越有位判官毛胜，曾戏为《水族加恩簿》，提到数十种浙地所产水族，并说自己"生居水国，餍烹群鲜，尝以天馋居士自名"（《清异录》卷上），也反映出南方人喜食水产类的特点。

另外与北方相差比较大的食馔是黔中、岭南地区的菜肴。唐高力士被贬巫州，"于园中见荠菜，土人不解吃。便赋诗曰：两京秤斤卖，五溪无人采。夷夏虽有殊，气味应不改"（《高力士外传》)。《云仙杂记》记载说，桂林风俗日日食蛙，当地人认为它比"黑面郎（猪）"味道好。《北户录》《岭表录异》是专记岭南风物的著作，其中也记载了当地的一些名菜。例如"象鼻炙"，是捕捉循州、雷州的黑象炙成的，颇为"肥脆"。又有"不禄羹"，味道肥浓不算，尤其是吃法奇特，要用鼻子饮，即"满斟一勺，内觜入鼻，仰首徐倾之。饮尽传勺，如酒巡行之"。此外，"容南土风好食水牛肉……或炮或炙……既饱，即以圣齑销之"，而这"圣齑"实际是"牛肠胃中已化草"，难怪"北客到彼……但能食肉，罔有啜齑者"。其他如吃蛇、吃鲎、吃老鼠，都是北方人所不喜吃的。所以韩愈在潮州写有《初南食贻元十八协律》的诗（《全唐诗》卷三四一），讲述了他努力去吃南方肴馔的情形与心情："鲎实如惠文，骨眼相负行。蚝相黏为山，百十各自生。蒲鱼尾如蛇，口眼不相营。蛤即是虾蟆，同实浪异名。章举马甲柱，斗以怪自呈。其余数十种，莫不可叹惊。我来御魑魅，自宜味南烹。调以咸与酸，芼以椒与橙。腥臊始发越，咀吞面汗骍。惟蛇旧所识，实惮口眼狞。开笼听其去，郁屈尚不平……"结果韩愈到底没有吃上蛇，终究还是把它放生了。《十国春秋》卷八七记吴越孙承祐"常馔客，指其盘曰：'今日，南之蚌蛤、北之红羊、东之虾鱼、西之佳栗，无不毕备，可云富有小四海矣。'"。这可说是反映当时各地饮食特色的一段很好的史料，同时也告诉我们当时饮食生活中出现的交流和融合。

（三）水果、蔗糖及其他

这一时期的水果与前代大致相同。据唐张鷟《游仙窟》记载，唐前期常吃的水果有葡萄、甘蔗、枣、石榴、橘、奈、瓜、梨、李、桃等。综合其他记载，这时吃得较多的水果是柑橘。《新唐书·地志》记各州贡上的水果中，贡柑橘的达二十四个州，而且北方如长安也引种柑橘并取得了成功。《酉阳杂俎·前集》卷十八云："天宝十年，上（唐玄宗）谓宰臣曰：'近日于

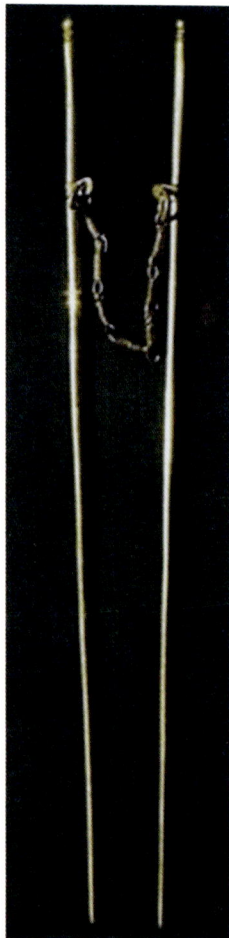

法门寺出土唐系链银火箸

宫内种甘子①数株。今秋结实一百五十颗，与江南、蜀道所进不异。'"到盛唐以后，有名的水果还有樱桃和荔枝。这两种水果在北方很名贵，皇帝常将它们赐给臣下。荔枝因杨贵妃喜爱而占尽风流，樱桃则以樱桃宴最为出名。据《唐摭言》卷三记载，有位前宰相的儿子刘覃办樱桃宴，客人们每人能分上几升拌有糖、酪的樱桃，十分香甜可口。这一时期的水果中又有西瓜，尽管关于中国何时有西瓜目前尚无定论②，但"西瓜"一词见于五代却是确定无疑的（见《新五代史·四夷附录二》）。

这一时期除自然糖、饴糖外，又多了一种蔗糖。唐贞观年间，太宗曾派人去印度学习制糖法，高宗时又去学习，结果使中国人学会了制造红糖和白沙糖这两种蔗糖的技能。由于引进了蔗糖，这时的饮馔风味变得更加丰富，特别是加速了各式甜食的发展。同时，日常吃的块糖除"大扁饧、马鞍饧、荆饧"等饴糖外，市面上也开始有蔗糖出售，当然这种糖的价钱很高。《资暇集》卷下"李环饧"条云："李环饧，苏乳所煎之轻饧。咸云十年来始有，出河中。余实知其由，此武臣李环家之法也。余弱冠前，步月洛之绥福里，方见夜作。问之，云乳饧。时新开是肆，每斤六十文。明日市得而归。不三数月，洛阳盛传矣。"到唐大历年间（766—779），四川地区还出现了冰糖。

这一时期或许受游牧民族饮食影响，北方吃"乳酪"类食品甚多，例如马酪、羊酪、杏酪、酪樱桃、酪雕胡等，以

①《杨太真外传》记"甘子"为"柑橘"。
②现大致有三种说法，即汉朝说、五代说、宋朝说。据《文博》1993年第5期，近年发现了有西瓜图案的唐代陶瓷器。若属实，则唐时已有西瓜了。

至舆论都用酪酥类来褒贬人物。《唐国史补》卷中云："穆氏兄弟四人，赞、质、员、赏。时人谓赞俗而有格，为酪；质美而多入，为酥；员为醍醐，言粹而少用；赏为乳腐，言最凡固也。"

三 阶级、民族与饮食

（一）阶级与饮食

在阶级社会中，各阶级乃至各阶层的人们，其饮食生活有相同的一面，也有很不相同的一面，隋唐五代也是如此。受史料限制，我们只能最简单地分四个阶层勾勒一下当时各阶级的饮食生活。

1.皇帝与贵族

皇帝和贵族是这个社会的最高统治阶级，他们的饮食生活总的说来是奢侈挥霍、刻意求精。例如隋炀帝，就以生活奢侈闻名后世。据说他特别喜欢吃糖蟹，而这糖蟹"一枚直百金。用毡密束于驿马，驰至于京"（《酉阳杂俎·前集》卷一七）。当"炀帝幸江都"时，"吴中贡糟蟹、糖蟹。每进御，则上旋洁拭壳面，以金缕龙凤花云贴其上"（《清异录》卷下）。可能隋炀帝屡去江都直至死在那里的原因之一，是能经常吃到南方的各种风味水产吧。

其他奢侈的皇帝还有许多，仅从当作逸事记载下的史料看，就可知武则天爱吃冷修羊，德宗爱吃玉尖面。睿宗赐金仙公主有逍遥炙，懿宗赐同昌公主的则是消灵炙、红虬脯。

十国时楚王马希声"常闻梁太祖嗜食鸡臛，私心慕之，命庖人日烹五十鸡以供膳"（《十国春秋》卷六八《楚衡阳王世家》）。负责皇帝饮食的，是殿中省尚食局。唐宰相舒元舆的弟弟舒元褒在考贤良方正时上策说："尚食之馔，穷海陆之珍以充圆方。一饭之资，亦中人百家之产。"（《全唐文》卷七四五）而后蜀尚食仅所掌《食典》，就达百卷之多。现存皇家食谱只有隋朝的《食经》，其作者谢讽就是尚食直长。从这本《食经》我们可以看到当时尚食供御馔的一些食品名目，其中如"咄嗟脍、白消熊、拖刀羊皮雅脍、露浆山子羊蒸、金丸玉菜臛鳖、帖乳花面英"等，想来都是些极费时费料的珍馐名菜。

但是据说隋文帝比较节俭，"非享燕之事，所食不过一肉而已"（《隋书·食货志》），因此有"开皇之治"。但是"贞观之治"与"开元之治"的创造者唐太宗、唐玄宗的节俭，却恐怕要打些折扣，因为关于他们有一个大致雷同的传说。《隋唐嘉话》卷上记："太宗使宇文士及割肉，以饼拭手。帝屡目焉，士及佯为不悟，更徐拭而便啖之。"《次柳氏旧闻》则记作："肃宗为太子时，尝侍膳。尚食置熟俎，有羊臂臑，上（唐玄宗）顾使太子割。肃宗既割，余污漫在刃，以饼洁之，上熟视不怿。肃宗徐举饼啖之，上甚悦。"同样的记载还在唐德宗身上出现过，《酉阳杂俎·续集》卷四说："德宗幸东宫，太子亲割羊脾，水泽手，因以饼洁之。太子觉上色动，乃徐卷而食。"记载如此相似，使我们不能不怀疑它的真实性了。

关于贵族饮食的记载，要比皇帝多。这大约是因为无须太顾忌的缘故。关于贵族饮食的精细，我们只举一例。《太平广记》卷二三七"李使君"条，记洛阳一个离职的李刺史，"深感一贵家旧恩"，想设宴招待他的孩子，托一个僧人前往联系，僧曰："某与为门徒久矣。每观其食，穷极水陆滋味，常馔必以炭炊，往往不惬其意。此乃骄逸成性，使君召之可乎？"李使君认为没问题，于是"备陈绮席雕盘，选日邀致。（贵家）弟兄列坐，矜持俨若冰玉。肴羞每至，曾不入口。主人揖之再三……具置一匙于口，各相眄良久，咸若啮蘗吞针"。原来这些贵族子弟觉得李使君"燔炙煎和未得法"，饭菜里吃出烟气来了，"是以难食"。可见他们对烹饪要求的苛刻。史籍中记载权臣饮食的比较多，涉及的著名权臣有唐韦陟、韦巨源、裴冕、裴延龄、李德裕、李林甫、李适之、李令问、元载、王缙、张易之、苏逢吉、段文昌，吴越孙承祐等。其中记载最多的是韦陟，史称其"门地豪华……衣、书、药、食，咸有典掌"（《旧唐书·韦陟传》），"其于馔羞，犹为精洁，仍以鸟羽择米。每食毕，视厨中所委弃，不啻万钱之直。若宴于公卿，虽水陆具陈，曾不下箸"（《酉阳杂俎·续集》卷三）。又说"韦陟厨中，饮食之香错杂，人入其中，多饱饫而归。语曰：'人欲不饭筋骨舒，夤缘须入郇公厨。'"（《云仙杂记》卷三），以至"郇厨"在后代成为一固定名词，用书函谢人宴席即称"饱饫郇厨"。其他如裴冕"性本侈靡……每会客，滋味品数多有不知名者"（《朝野佥载》）；李令问"好服玩饮馔，以奢闻于天下。其炙驴罂鹅之属，惨毒取味"（《太平广记》卷三三〇）；李德裕"奢侈，每食一杯羹，其费约三万"（《太平广记》卷二三七）；孙承祐"恣为奢侈，每一燕会，杀物命千数。家食亦数十器方下箸"（《十国春秋》卷八七），如此等等，不胜枚举。

皇族们在奢侈挥霍上也不亚于权臣。据说虢国夫人"就

唐高祖第六女房陵大长公主墓壁画，侍女手持酒杯及酒壶，
正在侍候主人（1976年陕西富平县出土）

屋梁上悬鹿肠于半空，筵宴则使人从屋上注酒于肠中，结其端。欲饮，则解开注于杯中"（《云仙杂记》卷六）。唐"天宝中，诸公主相效进食……水陆珍羞数千。一盘之贵，盖中人十家之产"（《明皇杂录》）。中书令韦巨源，附入韦后三等亲，他为我们留下了一份不完整的进食食谱——《烧尾宴食账》，其中除前面提到的外，还有"生进二十四气馄饨（花形馅料各异，凡二十四种）、金银夹花平截（剔蟹细碎卷）、素蒸音声部（面蒸，象蓬莱仙人，凡七十字）、升平炙（治羊、鹿舌拌，三百数）、雪婴儿（治蛙、豆英贴）、清凉臛碎（封狸肉夹脂）、五生盘（羊、豕、牛、熊、鹿并细治）、遍地锦装鳖（羊脂、鸭卵脂副）"（《清异录》）等共五十八种。从原料和做法看，这些肴馔是极精美的，同时也可看出这些皇族的饮食极其奢侈。

2.一般官吏、富豪、侠士

一般官吏的饮食生活，因其家产情况而有所不同。大致说来，家无产业又在中央非重要机构任职的官吏比较清苦。例如韩愈为国子博士，"冬暖而儿号寒，年丰而妻啼饥"，乃至常常"晨炊不给"（《旧唐书·韩愈传》）；颇有才华的广文馆博士郑虔很受唐玄宗赏识，但若论饮食生活，则是"甲第纷纷厌梁肉，广文先生饭不足"（杜甫《醉时歌》）；而大理评事刘瞻，甚至落到"饘粥不给，尝于安国寺相识僧处谒餐"（《北梦琐言》卷三）的地步。官吏中那些在地方上任刺史、县令的人就不相同了，他们中的很多人颇富产业，因此生活得很是奢侈。例如《朝野佥载》卷三记汴州刺史王志愔"饮食精细"；《太平广记》卷三五〇记浮梁县令张某"家业蔓延江淮

唐胡人伎乐八棱银酒杯（陕西西安何家村出土）

间，累金积粟，不可胜计。秩满，如京师，尝先一程致顿，海陆珍美毕具"；同书卷一三三又记广州四会县令何泽"唯以饮啖为事，尤嗜鹅鸭。乡胥里正，恒令供纳。常豢养鹅鸭千百头，日加烹杀"。

遍布城乡的富豪们，其饮食生活大都较奢靡。例如有个富商"好食竹鸡，每年不下数百只"（《北梦琐言》卷一〇）；又有位名黄升者，"日食鹿肉三斤，自晨煮至日影下门西，则喜曰：'火候足矣。'如是者四十年"（《云仙杂记》卷二），这就是说他一生要吃掉四万三千八百斤鹿肉！此外前面提到过的吃"古楼子"者以及"赵大饼"，也都是精于食馔的著名豪家。

侠士们吃起饭来，则是另一风格，即胡吃海吞。例如有吃蒸牛犊子的，也有生吃猪和猫的。最典型的一例，恐怕要说是隋末二位豪侠的比吃。《朝野佥载》这样记载："隋末深州诸葛昂性豪侠，渤海高瓒闻而造之，为设鸡肫而已。瓒小其用，明日大设，屈昂数十人，烹猪羊等长八尺，薄饼阔丈余，裹饀粗如庭柱，盆作酒碗行巡，自为金刚舞以送之。昂至后日屈瓒，屈客数百人，大设，车行酒，马行炙，挫碓斩脍，硙辚蒜齑，唱夜叉歌，师子舞。瓒明日设，烹一奴子十余岁，呈其头颅手足，座客皆攫喉而吐之。"这最后的一次"设"，就不是比什么饮食上的豪气，而是他们残忍性格的大暴露了。

3.平民、举子、士卒

平民阶层的范围比较广泛，限于史料，这里仅指那些家中较穷的百姓。一般说来，没有官资、田产又少的人家就属此类。他们吃不起肉，只能菜食；不能总吃干的，经常要喝粥，文雅之士耻言自己穷得只能喝粥，就给粥起了个好听的名字叫"双弓米"；甚至有人只好在寺院随僧斋食。即使这样，贫穷的平民们，还要经常负担对官吏的宴请。《朝野金载》卷四记："卫镐为县官下乡，至里人王幸在家……催食欲前。适所亲有报曰：'王幸在家穷，无物设馔，有一鸡见抱儿，已得十余日，将欲杀之。'"这就是说，里人王幸在家里穷得只剩一只抱窝的鸡，也要杀了来招待县官。当然也有因招待好而飞黄腾达的，据说王琚就是虽然"家贫，止于村妻、一驴而已"（《开天传信记》），但还是杀了驴来招待未当皇帝的唐玄宗，以至后来官至中书侍郎。

士卒们所吃粮食在唐玄宗以后基本由国家供应，官健"给家粮"，团结兵"给身粮酱菜"（《资治通鉴》卷二二五）。除节度牙兵们吃得比较好以外，一般的士卒吃得较差。唐代高适曾以此作为"安史之乱"时哥舒翰兵败潼关的原因之一，他说："监军李大宜与将士约为香火，使倡妇弹箜篌、琵琶以相娱乐，樗蒲饮酒，不恤军务。蕃浑及秦、陇武士，盛夏五六月于赤日之中，食仓米饭且犹不足，欲其勇战，安可得乎？"（《旧唐书·高适传》）不仅如此，有些叛乱也与饭食不

唐秘色瓷碗（1987年陕西扶风法门寺地宫出土）

好有一定关系。例如著名的唐代泾原兵变，其导火索就是"军次浐水，（王）翃备供顿，肉败粮臭，众怒以叛"（《旧唐书·王翃传》），结果酿成了持续数年的建中大乱。

来长安投考明经、进士及各科制举的举子们，其中资装雄厚者声色狗马、一掷千金，饮食十分考究，但也有许多人生活日见贫困，吃饭上自然只好将就了。当时有"偻罗"一词，即起因于穷进士"多会于酒楼食馎饦"（《酉阳杂俎·续集》卷四）。还有些秀才游学十余年，"羁旅穷愁，似无容足之地，惟城内鬻饭老妪，待之无厌色"（《云溪友议》卷八）。最典型的例子，是杜甫。杜甫在求官不得、旅居京师的十年间，生活相当贫苦，以至"日籴太仓五升米"（《醉时歌》），进入了吃减价太仓米的穷人行列。后来有一次，他的青年朋友王倚招待他吃了一顿"长安冬菹酸且绿，金城土酥净如练"的饭，他竟然感激到"但使残年饱吃饭，只愿无事长相见"（《病后过王倚饮赠歌》）的地步，真是可悲可叹。

4.贫民、奴婢

贫民的饮食生活，就是尽量要填饱肚子。他们常常只能淡食，吃不起盐，或者只吃一些酱菜。日本圆仁和尚路过淄州沿途化斋，竟有人家"极贫，无饭可吃"（《入唐求法巡礼行记》卷二）。如果遇到战乱或灾荒，他们的生活就更加困苦，举凡豆屑杂糠、树皮树叶、蓬实橡面，什么都吃，甚至沦入人相食的悲惨境地。

奴婢处于社会最底层，不仅饮食恶劣，还要受到种种非人待遇。《朝野佥载》卷一记广州录事参军柳庆家，"奴有私取盐一撮者，（柳）庆鞭之见血"；又记夏侯彪家"奴盗食窗肉，（夏侯）彪还觉之，大怒，乃捉蝇与食，令呕出之"。《云仙杂记》卷四还记载说陆鸿渐"使小奴看焙。奴失睡，茶焦烁。鸿渐怒以铁绳缚奴，投火中"。更有制毒药的方法，是"令奴食冶葛死，埋之土中。蕈生正当腹上，食之立死；手足额上生者，当日死"（*《朝野佥载》卷一*）。这时的奴婢简直就不是人。在统治者看来，奴婢根本没有什么饮食生活，让他们吃冶葛类毒药，他们也必须吃。前面屡屡提到的那些精美的炙、鲙、羹、脯，又哪里能有他们的份儿呢？

（二）民族与饮食

民族与饮食的关系，反映在当时饮食生活的两个方面。一方面是某些边地民族饮食对内地的影响，例如胡饼、饆饠等，这在前节已有所涉及；另一方面则是边地各民族本身的饮食特点，这里只谈后者。由于史料极少，我们的介绍也就只能是非常简单了。

西北民族主要吃稻麦，喜吃羊，爱以酪拌饭，多葡萄酒，其中于阗的羊肉菜闻名于内地。北方的突厥、回纥，也喜欢大量吃肉，但似乎突厥人饮酪而回纥中的摩尼教徒则否。《唐国史补》卷下说，摩尼寺"晚乃食，敬水而茹荤，不饮乳酪"。

东北的靺鞨善养猪，"食其肉而衣其皮"（*《旧唐书·北狄传》*）；室韦则兼吃犬。奚的风俗似突厥，稼却"多穄"。契丹也是如此，唯腊日要吃牛头。

西方的吐谷浑吃大麦较多，同时也以肉酪为粮。吐蕃则地寒不生粳稻，以青稞麦、荞麦、小麦为主，常"以毡为盘，捻麨为碗，实以羹酪，并而食之"；如果宴请客人，"必驱牦牛，令客自射牲以供馔"（《旧唐书·吐蕃传》）。到唐代中叶，吐蕃地区已盛行饮茶了。

南方的蛮夷多吃稻谷，其中五溪蛮居丧三年不吃盐；山獠吃米肉盐酪；有些獠民爱吃"蜜唧"也就是老鼠。《朝野佥载》卷二云："岭南獠民好为蜜唧。即鼠胎未瞬、通身赤蠕者，饲之以蜜，钉之筵上，嗫嗫而行。以箸夹取啖之，唧唧作声，故曰蜜唧。"南诏饮食与容、桂一带大致相当，史料记其有道菜名"鹅阙"，做法是"脍鱼寸，以胡瓜、椒、蕒和之"。若宴请宾客，则"吹瓢笙，笙四管，酒至客前，以笙推盏劝釂"（《新唐书·南诏传》）。

由于史籍中有关边地民族饮食的记录很少，我们无法了解其饮食生活的全貌。此外要注意的是，隋唐五代长达四百年，各周边民族的饮食习惯或多或少都会发生变化，特别是像契丹、南诏等政权，越接近这一时期的末期，其饮食生活就越接近与之邻近的汉民族地区的饮食了。

宴会
与
社会生活

宴会是饮食形式之一。从它在社会生活中占
有重要地位这一点出发，可以说宴会是饮食生活中
最具社会性的一种形式，它实质上是人们在社会活
动中的重要交际方式之一。隋唐五代的宴会种类繁
多，可以大致分为皇帝赐宴（包括大酺）、官员会
食、其他各种公私宴饮等三大类。在研究这三类宴
会之前，我们有必要先看看影响宴会盛衰的一些社
会因素。

一　影响宴会盛衰的社会因素

（一）饮食业的发达

隋唐五代农业、商业、交通的发展促进了饮食业
的发展，而饮食业的发展对宴会的兴盛又起了一定的积极作
用。具体说来，发达的饮食业可以为各种类型各种规格的宴
会提供食店、酒楼等活动场所，同时还能够在饮食店以外的

地方，为宴会主持人迅速准备好一应佳肴，以招待为数众多的宾客。

饮食业的发达表现在以下几个方面：

第一，各种饭馆、酒楼等供应膳食的店肆日益普及。隋时洛阳的丰都市，就有"一百二十行、三千余肆……市四壁有四百余店，重楼延阁，互相临映，招致商旅"（《大业杂记》）。后来"诸蕃请入丰都市交易，（炀）帝许之。先命整饰店肆，檐宇如一，盛设帏帐，珍货充积，人物华盛，卖菜者亦藉以龙须席。胡客或过酒食店，悉令邀延就坐，醉饱而散"（《资治通鉴》卷一八一）。隋朝的食店，还大部分集中在都城的各个市内，但是到唐代就打破了"市"的界限，长安、洛阳的许多坊、里中都有店肆出现。例如长安长兴里有饆饠店，洛阳殖业坊有酒家等等。长安、洛阳之外，成都、扬州、金陵、广州、汴州、并州等大城市中，酒家、店肆也很普遍。《通典》卷七记唐玄宗开元十三年（725）的情景时所说"东至宋汴，西至岐州，夹路列店肆待客，酒馔丰溢……南诣荆襄，北至太原、范阳，西至蜀川、凉府，皆有店肆以供商旅"，反映的就是这种旅店与饮食业发达的情况。

第二，这一时期饮食行业的经营更加多样化。首先看经营的品种，有卖粥、饭的，有卖胡饼、蒸饼的，有卖饆饠、肉、浆水、糖的，还有卖酒、茶的。名称或为"店"，或为"肆"，或叫"酒家"，或称"酒楼"，后二者其实也都提供饭菜，均属餐馆一类。若就饮食质量看，高级一点儿的是酒楼，其次是一般的店、肆，再次就是推小车卖蒸饼之类的流动售货摊。随着经营的竞争和发展，又形成了一些质量较高的名店名家。例如唐代长安辅兴坊食店的胡麻饼誉满京

唐三彩卖酒胡商

城；张手美家的食肆专卖节日食品，有元日吃的"元阳脔"、正月十五吃的油饭"油画明珠"、寒食节吃的"冬凌粥"、中秋节吃的"玩月羹"、重九节吃的糕"米锦"等（《清异录》卷下）。五代后周时，又有专门制造、出售花糕的花糕作坊，作坊主人还因此入赀成了员外官，被人称为"花糕员外"。

第三，出现了为人承办宴席的饮食服务行业。《唐国史补》卷中记："德宗非时召吴凑为京兆尹，便令赴上。凑疾驱诸客至府，已列筵毕。或问曰：'何速？'吏对曰：'两市日有礼席，举铛、釜而取之，故三五百人之馔常可立办也。'"能够将三五百人的宴席立刻办成，这提供饭菜的店肆规模一定很可观。到中晚唐，还出现了为进士开宴服务的"进士团"。

《唐摭言》卷三云："长安游手之民自相鸠集，目之为进士团。初则至寡，洎大中、咸通已来，人数颇众。其有何士参者为之酋帅，尤善主张筵席。凡今年才过关宴，士参已备来年宴游之费，由是四海之内水陆之珍，靡不毕备。"这简直就是一个专门承办宴席的专业公司。我们由此一例就可想见，当时饮食业的发达程度，以及它为宴会兴盛所做的重要贡献。

（二）社会交往环境的优劣

由于宴会是社会交往的一种方式，因而社会状况尤其是统治者对社会交往的限制与否，就成了影响宴会盛衰的重要因素。这一时期对宴饮交往的限制与开禁有几次较大的起伏，主要反映在以下几个皇帝的统治时期：

1.唐玄宗时期

唐玄宗以非长子即位，即位之初政局不稳。他自己也惧怕臣下联盟谋反，曾于开元五年（717）下《禁止街坊轻浮言语诏》(《唐大诏令集》卷一〇九)，又于开元十年（722）下诏说："自今已后诸王、公主、驸马、外戚家，除非至亲以外，不得出入门庭，妄说言语。"又下制，约百官不得与卜祝之人交游来往(《旧唐书·玄宗本纪》)，以这些措施来限制人际交往，为巩固自己的统治服务。到开元中后期政局逐渐稳定后，玄宗就开始开禁了。他在开元十九年（731）下诏说："三品已上……每至假日，宜准去年正月二十九日敕，赐钱造食，任逐胜赏。"(《唐大诏令集》卷八〇) 此后又于开元二十五年（737）、二十六年（738）频繁下诏重申此意，并把"三品已上"降为"百官"，逐步放宽了对各种社会交往（包括宴饮）的限制。

2.唐德宗、宪宗时期

德宗是唐朝有名的猜忌心极强的皇帝，因此他对人际交往特别是官员交往限制很严，"朝官或相过从，金吾皆上闻"（《旧唐书·德宗本纪》），到贞元（785—804）末，甚至形成了"人家不敢欢宴，朝士不敢过从"（《白氏长庆集》卷六〇《论左降独孤朗等状》）的社会交往环境。到唐宪宗即位，随着平定刘辟、李锜以后藩镇听命的政治稳定局面的形成，宪宗就开始开禁了，让"百寮士庶等亲友追游、公私宴集……自今以后各畅所怀……禁吏司之苛察，尽朝野之欢泰"（吕温《代百寮谢许游宴表》）。

3.唐武宗、宣宗时期

宪宗以后，唐朝政治局势中牛李党争、南北司之争均日趋激烈，统治者更加担心臣下因相互交往而结成各种政治势力。到武宗朝，甚至连新及第的进士宴会也都被禁止，理由是怕他们"怀赏拔之私惠，忘教化之根源。自谓门生，遂成胶固"（李德裕《停进士宴会题名疏》）。直到宣宗朝，这种情况才有所改变。大中元年（847），宣宗下诏说："自今进士放榜后，杏园任依旧宴集，有司不得禁制。"（《旧唐书·宣宗本纪》）这就是又一次开禁了。

除去史籍记载的这些中央对交往乃至对宴饮的限制外，地方上有些藩镇势力，出于巩固自己统治、防止结党谋叛的考虑，也在自己控制的地域内采取了一些限制措施。例如吴元济父子在淮西，"禁人偶语于途，夜不然烛，有以酒食相过从者罪死"（《资治通鉴》卷二四〇）；李师道在淄青，也是"禁郓人亲识宴聚及道路偶语，犯者有刑"（同上，卷二四一）。待到裴度、田弘正等率军平定二处藩镇后，才将禁令解除，一任民众交往宴游，结果那里的官民"始知有生民之乐"（同上，卷二四〇）。

由此可知，社会交往环境的优劣，直接或间接地影响着宴会在社会上的盛衰状况。

二 皇帝赐宴

皇帝赐宴在宴会中占有很大比例，赐宴的目的基本是为了赐恩于臣下，让臣下报恩效忠，造成一个君臣和同一致治理国家的政治局面。皇帝赐宴有各种形式，除去赐宴嫔妃近臣外，主要有大酺、节日赐宴、赐宴功臣等。

（一）大酺

由皇帝赐天下大酺的事例，集中在这一时期的前半特别是唐玄宗以前。据《隋书》《旧唐书》《新唐书》《旧五代史》各皇帝《本纪》的记载统计，隋炀帝赐大酺一次，唐太宗九次，高宗十三次，武则天二十次，中宗六次，睿宗五次，玄宗十五次，肃宗一次，后梁太祖一次。赐大酺比较多的，是武则天和唐玄宗，这或许反映了前者在位期间致力于宣扬武周代唐革命的合理性，后者则是为了显示自己统治期间万民同乐的太平盛世。

唐代镶兽首玛瑙杯

大酺一般为三至五日（武则天时则多为七至九日），在全国城乡举行。大酺期间，百官、庶民可任意聚饮、歌舞嬉戏，其中尤其热闹的是像长安、洛阳这样的大都市。例如唐玄宗时的长安大酺，聚乐中心在勤政楼下。届时除有乐舞外，还有山车旱船、寻橦走索、丸剑角抵、戏马斗鸡，"百戏竞作，人物填咽"（《开天传信记》），简直像过节一样。

（二）节日赐宴

这一时期皇帝对臣下的节日赐宴很频繁，但从诸正史皇帝《本纪》看，赐宴主要集中在唐玄宗以后，尤以唐德宗至文宗时为最盛。节日赐宴主要包括正月晦日、寒食、上巳和重阳，正月晦日后来改为中和节。《旧唐书·德宗本纪》记贞元四年（788）九月诏云："其正月晦日、三月三日、九月九日三节日，宜任文武百僚选胜地追赏为乐。"同年癸丑重阳节，"赐百僚宴于曲江亭，仍作重阳赐宴诗六韵赐之"。到贞元五年（789）又诏"自今宜以二月一日为中和节，以代正

唐佚名《宫乐图》（局部）

月晦日，备三令节数，内外官司休假一日"。这三令节的赐宴，一直延续到唐末。

这一时期除"中和节"是新的节日赐宴外，还有一种新的节日出现，那就是皇帝诞辰日的赐宴。这一制度形成于唐玄宗时期。《旧唐书·玄宗本纪》记开元十七年（729）"八月癸亥，上以降诞日，谶百僚于花萼楼下。百僚表请以每年八月五日为千秋节……天下诸州咸令谶乐，休暇三日，仍编为令，从之"。此后或"天长节""天兴节"，或"庆成节""庆阳节"，这些皇帝生日期间的休假宴乐，一直延续到这一时期末，并进一步延续到明清时代[①]。

（三）赐宴功臣

赐宴功臣是皇帝赐宴中最具政治性或功利性的宴会，其目的无非是为了笼络大臣、密切君臣关系，有时也为调节各将相之间的矛盾。

对功臣的赐宴无一定之规，完全取决于皇帝个人的意愿以及政治形势的需要。例如隋朝宴韩擒虎、高颎，唐朝宴郭子仪、李晟、田弘正，是为了酬劳功臣；隋宴贺若弼，后晋宴范延光，是为了安反侧，以示无间；而唐玄宗时宴安禄山、哥舒翰，则是调节武将间关系的著名赐宴。《资治通鉴》卷二一六唐玄宗天宝十一载（752）记："哥舒翰素与安禄山、安思顺不协，上常和解之，使为兄弟。是冬，三人俱入朝，上使高力士宴之于城东。禄山谓翰曰：'我父胡，母突厥，公

---

① 参见张泽咸《唐代的诞节》，载《魏晋南北朝隋唐史资料》第11期。

父突厥，母胡，族类颇同，何得不相亲?'翰曰:'古人云，狐向窟嗥不祥，为其忘本故也。兄苟见亲，翰敢不尽心!'禄山以为讥其胡也，大怒，骂翰曰:'突厥敢尔!'翰欲应之，力士目翰，翰乃止，阳醉而散，自是为怨愈深。"这次以调节安、哥舒之间矛盾为目的的赐宴，未能获得成功，影响了唐玄宗时期的政治结构，甚至影响到嗣后发生的"安史之乱"的进程。

三　会食

会食是一种极具时代特色的宴会形式。所谓"会食"，指官员们在自己的办公处会餐，同时商议政事，很有些像现代的工作午餐。会食起源于唐代，当时唐太宗发现来上朝者退朝稍晚就要饿肚子，因此决定赐一顿饭，称为"廊下餐"。唐睿宗景云二年（711），曾有敕说:"左右厢南衙廊中食，每日常参官职事五品以上及员外郎，供一百盘，羊三口。"（《唐会要》卷六五）廊下餐后来逐渐发展成各官司各具本钱、备公厨，以供百官聚餐的会食，上自宰相，下至郡县官员，无不如此。会食因此成了诸种宴会中社会性甚强的一种宴会，其社会性质主要表现在以下几个方面:

（一）议政事

这是会食的主要目的。例如宰相会食，就在其办公场所的"政事堂"，会食期间，百官不得谒见宰相。韩愈在《顺宗实录》中记载说:"（郑）珣瑜方与诸相会食于中书。故事，丞相方食，百寮无敢谒见者。（王）叔文是日至中书，欲与（韦）执谊计事……（执谊）竟起迎叔文，就其阁语良久，宰相杜佑、高郢、郑珣瑜皆停箸以待。”王叔文敢于打扰宰相会食，在当时就是极有权势的一种象征了。其他各州、县诸司，也都设食堂为会食场所，同时它也是议政事处。例如录事参军食堂的墙上，就有关于审判犯人的条文，甚至“令刻石置于会食之所，使官吏起坐观省，记忆条目，庶令案牍周详”（刘濛《请石刻准勘节目奏》，《全唐文》卷七九一）。因此蔡词立在《虔州孔目院食堂记》中说：“京百司至于天下郡府，有曹署者则有公厨。亦非惟食为谋，所以因食而集、评议公事者也……事有疑、狱有冤，化未洽、弊未去，有善未彰、有恶未除，皆得以议之，然后可以闻于太守矣。冀乎小庇生灵以酬寸禄，岂可食饱而退、群居偶语而已。”（《文苑英华》卷八〇六）这就明确指出了“议政事”是会食的主要目的，而宴饮不过只是一种手段、一种形式罢了。

（二）观礼仪

通过会食时的礼节来教育百官自觉遵守并维护统治秩序，是会食的另一重要目的。李翱在《劝河南尹复故事书》中论证了河南府府僚在会食之际，司录进来后应该站在什么位置、对判司诸官应如何行礼的问题（《李文公集》卷八）。《唐语林》卷八也详细记述了御史台“每公堂食会，杂事不至则无所检辖，唯相揖而已；杂事至，则尽用宪府之礼”的情况。所以崔元翰在谈到会食时，说它可以“由饮食以观礼，由礼以观祸福”（《判曹食堂壁记》，《全唐文》卷五二三）；柳宗元也说在食堂会食时的"升降坐起、以班先后"可以"正位秩之序"（《盩厔县新食堂记》，《柳河东集》卷二六）。

（三）和僚友

会食归根到底，是一种宴饮形式。通过僚友相聚会餐的活动，追求同事之间、上下级之间的团结协力。李翱在《故河南府司录参军卢君墓志铭》中说："（君）召主馔吏约之曰：'司录、判官、文学、参军，皆同官环处以食，精粗宜当一，不合别二。'"（《李文公集》卷一五）这位司录参军，就是在有意识地通过会食来密切上下级之间的人事关系。所以柳宗元还说会食时的"筵席肃庄，笾豆静嘉，燔炮烹饪，益以酒醴"，可以"获僚友之乐"（《盩厔县新食堂记》，《柳河东集》卷二六）。

从柳宗元的话看，会食时的饮馔一定相当不错。由于史料缺乏，我们无法找到会食时饮食的详细记载，估计它虽不如权臣富豪家的家庭饮馔那么丰富，但其水平一定高于一般的官吏家，因此才会有人将会食时的饭菜省下来带回家馈赠亲友。《因话录》卷三记庾倬"贞元初为河南府兵曹，有寡姊在家。时洛中物价翔贵，难致口腹，庾常于公堂辍己馔以饷其姊"。这就是说，会食似乎是一般官员生活中一种重要的饮食补充，因此也可以说是间接的家用补贴。《清异录》卷上说，五代的南汉"会僚属不设席，而分馈阿堵，号润家钱"。这甚至就是直接的家用补贴了。

四　其他宴会

除去上述几种宴会外，这一时期还有许多各种类型、各种规格的公私宴会。例如进士宴会、各种节日宴会、人生礼仪宴会，还有渔宴、脍宴、茶宴、香宴、文宴、舟宴、临光宴、钱龙宴、红云宴、双珠宴、花酒宴、红烛宴、观稼宴等各种宴会以及各种家宴和迎送宴会。这些宴会中最具时代特色的，是进士宴会，其他从内容看，大致可分为有某种政治目的的宴会、处理各种人事关系的宴会、赏玩游乐的宴会、其他家宴和迎送宴会等类型。

（一）进士宴会

进士宴会始于唐代，最初只是及第进士谢恩后与主司小规模的宴饮，同时在长安城的曲江为落第举人设有安抚性宴会，后来则变成以及第进士为主、参加者多为高官的大型宴会。据《唐摭言》记载，当时的进士宴会种类甚多，仅宴名就有大相识、次相识、小相识、闻喜、樱桃、月灯阁打毬、牡丹、看佛牙、关宴。其中最热闹的是关宴。

关宴也叫杏园宴或曲江大宴，因设在长安东南曲江池西边的杏园而得名。到中晚唐时期，专门有"进士团"负责筹备这种宴会，"水陆之珍，靡不毕备"，还要请教坊的伎乐来助宴。到宴饮那一日，皇帝也要到紫云楼垂帘观宴。整个"曲江之宴，行市罗列，长安几于半空。公卿家率以其日拣选东床，车马阗塞"（《唐摭言》卷三）。杏园宴会有时还要撤馔而移乐泛舟，然后集于慈恩寺塔下登塔题名。唐宣宗大中八年（854），进士刘沧曾以《及第后宴曲江》为题作诗，酣畅淋漓地倾述了自己的愉悦心情，诗曰："及第新春选胜游，杏园初宴曲江头。紫毫粉壁题仙籍，柳色箫声拂御楼。霁景露光明远岸，晚空山翠坠芳洲。归来不省花间醉，绮陌香车似水流。"（《全唐诗》卷五八六）

进士宴会似有固定的程序，一般是先选出"录事"（多由状元担当）、"主宴"等，然后大家凑钱，最后找一个地方聚宴。这些事情，在唐后期多由"进士团"之类的组织承办。及第进士们要出的钱数量很大，凑起来不太容易，前述刘覃办"樱桃宴"，就是在众进士刚开始议论凑钱时，他就"潜遣人厚以金帛预购数十石"樱桃，"于是独置是宴"的（《唐摭言》卷三）。独资办宴且办的是为新进士们所看重的樱桃宴，说明刘覃财大气粗。《唐摭言》卷三还讲述了另一个承办进士宴的故事，说唐代卢钧"初及第，颇窘于率费。俄有一仆愿为月佣……时俯及关宴，钧未办醵率，挠形于色"，当仆人问清有什么难事后，说他可以解决，"（卢）钧初疑其妄，既而将觇之，绐谓之曰：尔若有伎，吾当主宴，第一要一大第，为备宴之所，次则徐图"。卢钧的仆人，后来把宴会所需准备得十分妥当。这个故事讲神灵帮助卢钧备宴，显得有些离奇，却反映了承办进士宴会的一般程序及其特点。

（二）具有政治目的的宴会

这种宴会的目的，或是为了结成政治同盟，或是为了消灭政敌。借助宴会来杀掉叛乱的军将士卒等也属此类。例如唐文宗时（827—840）兴元军乱，杀节度使李绛。后来文宗派温造任兴元尹、山南西道节度使，温造赴镇后在牙门置宴招待叛乱的士卒，暗以牙兵围住，然后"拔剑呼曰：'杀！'围兵齐奋，其贼首教练使丘铸等并官健千人皆斩首于地，血流四注"（《旧唐书·温造传》）。这是宴杀叛乱者的一例。又如晚唐泽潞节度使刘稹叛乱时，其母"裴氏召集大将妻同宴，以酒为寿，泣下不能已。诸妇请命，裴曰：'新妇各与汝夫文字，勿忘先相公之拔擢，莫效李丕背恩，走投国家。子母为托，故悲不能已也。'诸妇亦泣下。故潞将叛志益坚"（《旧唐书·刘稹传》）。这是因宴而结成政治同盟的一例。至于通过宴会来杀掉政敌，其事例也不少。例如隋末义军领袖李密宴请另一领袖翟让并将其杀掉、吞并了翟让所领部队的事件，以及唐末宣武节度使朱全忠宴请河东节度使李克用于汴州上源驿，想趁李克用醉时将其杀死，结果被李克用逃脱的事件。后一事件加深了朱、李两大集团的对峙，给此后二者长达数十年之久的相互战争带来了一定的影响。

（三）处理各种人事关系的宴会

这种宴会的目的，是为了调节不太和谐的人事关系，或利用宴会时有多人在场的机会褒贬人物，也有许多是求人办事的。例如唐太宗曾设宴调节他女儿与女婿的矛盾，《唐语林》卷五记载说："薛万彻尚平阳公主。人谓太宗曰：'薛驸马无才气，因此公主羞之，不同席者数月。'帝闻之大笑，置酒召诸婿尽往，独与薛欢语，屡称其美。因对握槊，赌所佩刀。帝佯为不胜，解刀以佩之。酒罢，（主）悦甚，薛未及就马，主遽召同载而还，重之逾于旧日。"又如唐宰相李德裕，

隋虞弘墓出土提酒壶捧酒碗者浮雕

曾打算借宴会之机为白敏中扬名,《剧谈录》记载说:"白敏中在郎署,未有知者。虽李卫公器之,多所延誉,然而无资用以奉僚友。卫公遗钱十万,俾为酒肴,会省阁诸公宴。"后来,白敏中由此成了宰相。只是他以后又掉头攻击李德裕,为时人所不齿。借宴会来处理棘手问题的例子我们也举一个,即《唐国史补》所说:"崔膺性狂,张建封爱其文,引为客。随建封行营,夜中大叫惊军。军士皆怒,欲食其肉,建封藏之。明日置宴,监军曰:'某与尚书约,彼此不得相违。'建封曰:'唯。'监军曰:'某有请,请崔膺。'建封曰:'如约。'逡巡,建封又曰:'某有请,亦请崔膺。'合座皆笑,乃得免。"

隋虞弘墓出土胡人饮酒浮雕

（四）赏玩游乐的宴会

这种宴会数量多、种类杂，各种节日宴会如寒食、上巳、端午、七夕、重阳的宴会均属此类。尤其有特色的，是春时的各种游宴。这种宴会多于春暖花开季节（如三月上巳前后）在花园或郊外举行，设宴者多为有钱的官宦或富豪家。春时游宴，形式繁多，有人还有意变出新奇花样。例如有轻薄的进士们带上女妓，乘着牛车，"指名园曲沼，藉草裸形，去其巾帽，叫嚣喧呼，自谓之'颠饮'"（《开元天宝遗事》）；又有些士女们游春时，"遇名花则设席藉草，以红裙递相插挂，以为宴幄"（同上）。此外还有"钱龙宴"，《云仙杂记》卷六记载说："洛阳人有妓乐者，三月三日结钱为龙为帘，作钱龙宴。

四围则撒真珠厚盈数寸，以斑螺令妓女酌之，仍各具数，得双者为吉。"这种钱龙宴耗费甚巨，不是极富有者恐怕是不能承办的。

这一时期还盛行舟宴。除去前述进士宴会中必有泛舟游宴外，关于舟宴的记载还有许多。例如有陶岘"自制三舟，备极坚巧。一舟自载，一舟致宾，一舟贮馔饮"（《甘泽谣》），用三舟联宴。又有白居易在自家池塘中泛舟饮宴，"绕船以百十油囊，悬酒炙，沉水中，随船而行，一物尽，则左右又进之，藏盘筵于水底也"（《云仙杂记》卷七）。白居易的舟宴可说是别有一番风味了。

（五）其他①家宴与迎送宴会

这两种宴会更为频繁。仅就家宴而言，举凡与人生礼仪有关的宴会，如诞辰、洗儿、满月、婚丧等均属此类。此外祝贺家人登第做官，以及宴请宾客等也属家宴。例如唐西平王李晟过生日，就在中堂大开家宴，已嫁出去的女儿也要回家来参加贺宴。有一次生日大宴时，他的女儿置有病的婆婆于不顾，前来赴宴，"（西平）王掷箸怒曰：'我不幸有此女。大奇事！汝为人妇，岂有阿家体候不安，不检校汤药，而与父作生日？吾有此女，何用作生日为！'"（《因话录》卷三）又如"杨汝士尚书镇东川，其子知温及第，汝士开家宴相贺，营妓咸集，汝士命人与红绫一匹"（《唐摭言》卷三）。这位开家宴贺子登第的杨汝士，可以调集营妓，显然其权势和财力

_____

①所谓其他，是指除去上述一些节日家宴之外的家宴。

都很大。在家中宴请宾客，有时候是山珍海味，有时也不过是家常便饭。作为唐代清俭典范的郑余庆有一次宴请宾客，"朝僚以故相望重，皆凌晨诣之。至日高，余庆方出，闲话移时，诸人皆嚣然。余庆呼左右曰：'处分厨家，烂蒸去毛，莫拗折项。'诸人相顾，以为必蒸鹅鸭之类。逡巡，异台盘出，酱醋亦极香新。良久就餐，每人前下粟米饭一碗，蒸胡芦一枚。相国餐美，诸人强进而罢"（《太平广记》卷一六五）。这个家宴，多少像是有些戏弄人的味道。

家宴而外，迎送宴会相伴着兴盛的诗歌，在这一时期也很盛行。一曲"劝君更进一杯酒，西出阳关无故人"（王维《送元二使安西》），吟出了宴饮送别的千古绝唱。其他还可举出李白带有浪漫色彩的离别宴："风吹柳花满店香，吴姬压酒劝客尝。金陵子弟来相送，欲行不行各尽觞"（《金陵酒肆留别》），以及韩愈与友人在岳阳楼宴别时的悲伤："怜我窜逐归，相见得无恙。开筵交履舄，烂漫倒家酿。杯行无停留，高柱送清唱。中盘进橙栗，投掷倾脯酱。欢穷悲心生，婉娈不能忘。"（《岳阳楼别窦司直》）当然，有时送别朋友入朝做官，又充满了难以描述的企羡。例如唐玄宗时，"班景倩自扬州采访使入为大理少卿，路由大梁。倪若水为郡守，西郊盛设祖席。宴罢，景倩登舟。若水望其行程，谓掾吏曰：'班公是行，何异登仙乎？'"（《明皇杂录》）。这次送别宴会，常被历代史家引用，作为唐开元时人做官重内轻外的一条典型史料。

茶、酒与社会生活

饭茶饮酒在隋唐五代的饮食生活中，占有重要地位。饮茶的重要性在于它在这一时期才普及到北部中国，并逐步形成了专门的饮茶艺术。饮酒则与唐代诗人千古流芳的吟唱结为一体，成为这一时代饮食生活的一个突出象征。

一　茶与社会生活

（一）茶的饮用

隋及唐初，北方饮茶的人还不多，但到唐玄宗开元以后，由于僧人坐禅的需要，饮茶逐渐普及起来。唐封演《封氏闻见记》卷六"饮茶"条云："茶……南人好饮之，北人初不多饮。开元中，泰山灵岩寺有降魔师大兴禅教。学禅务于不寐，又不夕食，皆许其饮茶。人自怀挟，到处煮饮，从此转相仿效，遂成风俗。"在饮茶普及的基础上，唐德宗时（780—805），出现了世界上第一部茶叶专著，即陆羽的《茶经》。

根据《茶经》记载，当时人工栽培的茶树已遍及今四川、陕西、河南、安徽、湖北、湖南、江西、浙江、江苏、贵州、福建、广东、广西等地。陆羽在"八之出"一节中，先列举了三四十个产茶州，然后分为五组，按"上""次""下""又下"定出茶叶的几个等级，以峡州茶、光州茶、湖州茶、彭州茶、越州茶为"上"。囿于见闻，陆羽对福建、岭南的茶不甚了解。

再以后到唐穆宗（821—824）时，李肇在《唐国史补》中更具体地谈到了一些名茶。他说："风俗贵茶，茶之名品益众。剑南有蒙顶石花，或小方，或散牙，号为第一。湖州有顾渚之紫笋，东川有神泉、小团、昌明、兽目，峡州有碧涧、明月、芳蕊、茱萸簝，福州有方山之露牙，夔州有香山，江陵有南木，湖南有衡山，岳州有灉湖之含膏，常州有义兴之紫笋，婺州有东白，睦州有鸠坑，洪州有西山之白露，寿州有霍山之黄牙，蕲州有蕲门团黄。"这就把名茶产地又扩大到了岳州、洪州、夔州，并且对福州的茶，也有了较详细的说明。

除了上述名茶外，史籍中常见的名茶还有天柱茶、阳羡茶、紫英茶、祁门茶等。据说唐时常鲁公前往吐蕃，"烹茶帐中，赞普问曰：'此为何物?'鲁公曰：'涤烦疗渴，所谓茶也。'赞普曰：'我此亦有。'遂命出之，以指曰：'此寿州者，此舒州者，此顾渚者，此蕲门者，此昌明者，此灉湖者。'"（《唐国史补》）。吐蕃赞普喝的茶，都是当时的名茶，由此亦可知饮茶在唐代的普及。

饮茶的普及，还表现在茶叶的产量上。据陈椽《茶叶通史》自唐代茶税所做的估算，唐代一年茶的产量在一亿

唐鎏金莲瓣银茶托（1957年陕西西安出土）

斤（不包括漏税私茶和自饮的非商品茶）上下。这一估算虽然不尽可靠，但唐代茶的产量很大却大致不错。到五代，茶的产量依然很大，我们看几个数字：后梁乾化元年（911），"两浙进大方茶二万斤"（《旧五代史》卷六）；后晋天福七年（942），吴越贡茶二万五千斤（《十国春秋》卷八〇）；后周世宗时，南唐献"茶五十万觔"（《旧五代史》卷一一八）。茶的产量大，说明社会对茶的需求量很大。

饮茶的普及，还表现为各种茶店茶铺的兴盛，以及茶对民众生活的重要性。这里我们只举两段典型的史料。前引《封氏闻见记》在谈到北方饮茶形成风俗后接着说："自邹、齐、沧、棣渐至京邑，城市多开店铺煎茶卖之。不问道俗，投钱取饮。"又唐穆宗时（821—824），左拾遗李珏在反对盐铁使王播增加茶税的表疏中论述道："茶为食物，无异米盐，于人所资，远近同俗。即祛竭乏，难舍斯须，田间之间，嗜好尤切。"（《旧唐书·李珏传》）茶已成为斯须不可离、和米盐相同的食物，其普及的程度就可想而知了。

下面看茶的饮用。

这一时期存在着不同的饮茶方式：一种是将茶末放在瓶

法门寺出土的唐代煎茶时烘烤饼茶用的鎏金镂空鸿雁毬路纹银笼

缶中用开水冲灌后饮用，被陆羽称为"痷茶"；另一种则是陆羽做了科学概括和总结的"煎茶（煮茶）"法。所谓煎茶法，大致可分为这样几个步骤：首先是把饼茶炙干、碾碎、罗好，使之成为极细的粉末。所谓"碾成黄金粉，轻嫩如松花"（李群玉《龙山人惠石廪方及团茶》），说的就是这种茶末。第二步是煎水。煎水首先要找好水。

据张又新《煎茶水记》，当时南方煎茶用的七种水，按等级高下依次为"扬子江南零水，第一；无锡惠山泉水，第二；苏州虎丘寺泉水，第三；丹阳县观音寺水，第四；扬州大明寺水，第五；吴淞江水，第六；淮水最下，第七"。找到好水后放在茶釜中煎，这时要注意煎的"汤候"。陆羽认为煎水过程中水有三沸："其沸如鱼目微有声，为一沸；缘边如涌泉连珠，为二沸；腾波鼓浪，为三沸。"到第三沸，就是"水老"而"不可食"了。前述李群玉诗中又有"滩声起鱼眼，满鼎漂轻霞"，说的就是第一沸即"鱼目"沸。第三步，当水出现一沸时，适量加入食盐以调味；到第二沸时，先留出一瓢汤来，随即用竹夹搅动釜中水，使水的沸度均匀，然后用小勺取一定量的茶末放入，同时再搅动。第四步，在搅动的过程中，水继续沸腾并浮出泡沫，这种泡沫一般称为"汤花"。这时把水初沸时舀出的一瓢水投入釜中，以缓和水的沸腾并培育出更多的汤花，然后将釜从火炉上拿下。第五步，向茶盏中分茶。分茶的妙处在于分汤花，汤花有三种：细而轻的叫"花"，薄而密的叫"沫"，厚而绵的叫"饽"。一般说来，一壶水一升为一釜，一釜茶汤可分为五碗，不能再多，多就没有味道了。至此，煎茶、分茶全部结束。1987年，陕西省扶风县法门寺曾出土了一套唐僖宗时代（874—888）的茶具，包括烘焙器、碾罗器、贮茶器、烹煮器、饮茶器等，为我们展示了唐人煎茶器具的实物，可以印证上述煎茶过程。唐代诗人刘禹锡曾描绘过喝这种汤花浮于水面的煎茶的心情。他作诗说西山一位僧人煎茶招待他："骤雨松声入鼎来，白云满碗花徘徊。悠扬喷鼻宿醒散，清峭彻骨烦襟开。"（*《西山兰若试茶歌》*）

法门寺出土的唐代茶具

法门寺出土唐鎏金飞鸿纹银匙

  陆羽提倡的煎茶法使茶叶的真味保留得更多，从而受到社会欢迎并由此形成了初步的品饮艺术。这样，社会对煎茶技术有了更高的要求，围绕着煎茶术，也就产生了一些有趣的故事，其中陆羽又作《毁茶论》，就是最有意思的一则。据《封氏闻见记》记载，与陆羽同时代有个叫常伯熊的，煎茶技术很高，"御史大夫李季卿宣慰江南，至临海县馆。或言伯熊善茶者，李公请为之。伯熊着黄被衫、乌纱帽，手执茶器，口通茶名，区分指点，左右刮目。茶熟，李公为歠两杯而止。既到江外，又言鸿渐能茶者，李公复请为之。鸿渐身衣野服，随茶具而入，既坐，教摊如伯熊故事，李公心鄙之。茶毕，命奴子取钱三十文酬煎茶博士。鸿渐游江介，通狎胜流，及此羞愧，复著《毁茶论》"。《封氏闻见记》的这段故事不必为真，但从中我们起码可知两点：第一，当时煎茶需要一定的技术，于是有专门的煎茶博士，煎一次用钱若干（或即三十文）；第二，饮茶已不单纯是为了解渴，其中包含很大的艺术与竞技成分。这种竞技成分，到五代有了更进一步的发展。五代时大臣和凝组织"汤社"，"率同列递日以茶相饮，味劣者有罚"（《清异录》卷下），就是其中的一例。

  晚唐五代，在煎茶流行的同时又出现了点茶。点茶法与煎茶法的不同处在于不是将茶末放在茶釜里煮，而是先挑出茶末放在茶盏中调膏，然后注入沸水。这时的技术要求主要是注汤时"注"的速度和落点，所以这种饮茶法叫点茶。据《清异录》记载，五代闽国的建州茶膏已很有名，而沙门福全"能注汤幻茶，成一句诗，并点四瓯，共一绝句，泛乎汤表"。又有"茶百戏"，指注汤时以竹器搅动，"使汤纹水脉成物象者，禽兽虫鱼花草之属，纤巧如画，但须臾即就散灭……时人谓之'茶百戏'"（《清异录》卷下）。这种点茶饮茶，被说得十分玄妙，但也说明这时的饮茶更加艺术化了。

（二）茶与社会生活

如上所述，这一时期饮茶已十分普及，所谓"不问道俗，投钱取饮"，所谓"茶为食物，无异米盐"，都讲到了饮茶普及的程度。但是，真正嗜茶并作为一种澄心静虑、畅心怡情的艺术来欣赏的，还是那些闲暇无事者阶层，特别是僧人和文人。《茶经》在"一之源"中就说："茶之为用，味至寒，为饮最宜精行俭德之人。"元稹在《茶》一诗中也说，茶"慕诗客，爱僧家"。

现存史籍中，记载僧人、文人与茶有关的事迹颇多。僧人、文人嗜茶，主要由于茶可以去困解乏，有助于坐禅或写作文章。此外更重要的是，饮茶本身也被看作一种高雅的饮食活动甚至是待客交友的手段。前述刘禹锡作《西山兰若试茶歌》，就描述了僧人与文人在品茶过程中体验淡泊自然的一种心情。诗中除了讲摘茶、煎茶、饮茶外，还说好茶不能拿到世俗中去喝，诗云："僧言灵味宜幽寂，采采翘英为嘉客。不辞缄封寄郡斋，砖井铜炉损标格。何况蒙山顾渚春，白泥赤印走风尘。欲知花乳清冷味，须是眠云跂石人。"好茶如

唐代的茶碾子

法门寺出土唐鎏金银龟茶盒

"蒙山顾渚春"，怎么能封上泥、盖上印，寄到都市中去喝呢？
除刘禹锡外，为我们留下与饮茶有关诗歌的文人还有不少，
如李白、柳宗元、颜真卿、韦应物、钱起、白居易、杜牧、
卢仝、皮日休、陆龟蒙等人。这些人或崇尚道、佛，与僧人、
道家唱酬往来，或本身就是隐居者，他们喜欢饮茶甚至到了
崇拜的地步。如卢仝在《走笔谢孟谏议寄新茶》一诗中，说
饮茶的好处是："一碗喉吻润，两碗破孤闷。三碗搜枯肠，唯
有文字五千卷。四碗发轻汗，平生不平事，尽向毛孔散。五
碗肌骨清，六碗通仙灵。七碗吃不得也，唯觉两腋习习清风
生。"僧人皎然也说过同样的意思，他在《饮茶歌诮崔石使
君》中说："一饮涤昏寐，情来朗爽满天地。再饮清我神，忽
如飞雨洒轻尘。三饮便得道，何须苦心破烦恼。"看来还是僧
人强于文人，喝茶得道都要少俗人四碗。

唐葵口浅底白瓷茶碗

　　除上述僧人、文人外，官宦阶层中也有许多人喜欢喝
茶。例如从圆仁《入唐求法巡礼行记》看，他在一路上受到
各级官吏的招待吃茶，官吏包括节度使、监军、刺史、押衙
等。其中的节度使指李德裕，而李德裕就是位以精于茶道著
名的大臣。于是诸如李德裕"取天柱峰茶""取扬子江中零

水"等与茶有关的故事，就流传有许多。此外，当时的驿馆备有茶库，供来往的官员吃茶；中央御史台察院有兵察主院中茶，被称为"茶瓶厅"。御史们吃的茶都是好茶，要到蜀地去购买。

作为社会的最高统治者，这一时期嗜茶的皇帝也有不少，但似乎集中在唐玄宗以后。例如唐德宗，据说当时煎茶煎得好的宫女才能受到德宗赏识，才能经常在他左右侍候。甚至当德宗遭逢朱泚之乱，出逃奉天时，镇守浙东西道的节度使韩滉，首先想到的是"以夹练囊缄封茶末，遣健步进御"（《唐国史补》卷上）。唐懿宗也喜好喝茶，在他赐给同昌公主的各种酒食中，就有号为"绿花""紫英"的许多名茶。

以茶待客，在这一时期已很普遍。虔诚点儿的就是"扫室添香，煎茶待之"（《太平广记》卷六七）；碰上十分想见的客人，就"命茶甚急"（《唐国史补》卷中）。待客的茶要用好茶。《云仙杂记》记志崇和尚将茶分为三等，最好的"紫茸香"用于供佛，次等的"惊雷荚"用于待客，自己则喝最差的"萱草带"。正是在茶的帮助下，宾主或朋友们得以倾心交谈，加深了交情。唐代诗人钱起在《与赵莒茶宴》中说："竹下忘言对紫茶，全胜羽客醉流霞。尘心洗尽兴难尽，一树蝉声片影斜。"从诗中我们可以感到一种十分坦诚的友情。到晚唐五代，以茶会友逐渐发展为茶社一类更广泛的品饮交际形式。前面提到的五代和凝组织的"汤社"，就是其中之一。

中国古代的饮料，本来主要是酒。宴会也好，待客也好，都是酒在唱主角。这种情况，直至唐代初期依然如此。到唐玄宗以后，茶的异军突起，使酒在许多场合的作用被降低了。唐诗中那些"茶为涤烦子，酒为忘忧君""驱愁知酒力，破睡见茶功"的句子，说明当时人已经开始把茶与酒相提并论。再后来甚至待客一般以茶为主，宴会上有时以茶代酒，都市坊里中的茶店茶肆，也开始成为人们常去的聚会场所了。

饮茶的普及，是这一时期乃至中国古代饮食生活中的一件大事。它丰富了我们的饮料品种，客观上抑制了酒无所不在的影响，对国人的身体乃至心理健康，都起到了十分良好的作用。

另外要指出的是，唐代已出现了"茶道"一词（*皎然《饮茶歌诮崔石使君》诗及《封氏闻见记》卷六*）。这种以高深的饮茶、品茶技艺和陶冶情操相结合的茶道，不仅对后世，而且对国外都产生了十分深远的影响。

二　酒与社会生活

（一）酒的种类与饮酒习俗

这一时期酒的种类又有一些发展，除传统的黄酒、果子酒如葡萄酒外，还从波斯引进了些外国酒。《唐国史补》在谈到唐代的名酒时说："酒则有郢州之富水，乌程之若下，荥阳之土窟春，富平之石冻春，剑南之烧春，河东之乾和蒲萄，岭南之灵溪、博罗，宜城之九酝，浔阳之湓水，京城之西市腔，虾蟆陵郎官清、阿婆清。又有三勒浆类酒，法出波斯。三勒者，谓庵摩勒、毗梨勒、诃梨勒。"这里的三勒浆类酒，都是外国酒。从这些酒名中，我们发现许多带有"春"字。除上述之外，带"春"字的酒，还有金陵春、梨花春、松醪春、竹叶春、玉露春、庆云春等，可知这一时期习惯以"春"字名酒。"春"酒以外见于史籍的各类酒名，还有地黄酒、送鸡酒、三辰酒、鱼儿酒、扶头酒、松花酒、椒葱酒等，名目繁多，用途也不一样。至于蒸馏酒，虽然这时已有"白酒""烧酒"等词语，但它们是否指蒸馏酒，学术界还有不同意见[①]。

这时的黄酒有清浊之分，大多带有酒糟，临饮时要进行压榨或过滤。所以李白有诗曰："风吹柳花满店香，吴姬压酒劝客尝。"（《金陵酒肆留别》）这"压酒劝客"，就是将酒糟压榨掉，再请客人喝的意思。当时饮酒还讲究温热了喝，到寒冷的冬天，更要喝烫沸了的沸酒。据说唐代大臣裴度"盛冬常以鱼儿酒饮客。其法：用龙脑凝结，刻成小鱼形状，每用沸酒一盏，投一鱼其中"（《清异录》卷下）。

这时的黄酒，有的着色，颜色发红。李贺有诗道："琉璃钟，琥珀浓，小槽酒滴真珠红"（《将进酒》），形容的就是当时好酒的颜色。另外当时酒的味道有的很甜，所谓"酒味浓于饧""酒似饧"，讲的都是这种甜酒。唐代诗人如杜甫、韩愈等，均喜欢喝甜酒。韩愈在《芍药歌》一诗中说"一尊春酒甘若饧，丈人此乐无人知。花前醉倒歌者谁，楚狂小子韩退之"，把他饮甜酒赏芍药醉倒花前的情景，生动地展现在我们面前。

这一时期在饮酒时还有一些习俗，这里只做简单介绍。当时饮酒，若是在宴会上饮用的话，一般是饭后饮。元日喝屠苏酒，要从年少者开始，并且巡酒到最后，那位末饮者所饮之酒被称为"兰尾酒"或"婪尾酒"。白居易有诗曰："岁

[①] 有研究者认为，唐代已有蒸馏酒了。参见《历史研究》1993年第5期，李华瑞《中国烧酒起始探微》一文。

唐鎏金蔓草鸳鸯纹银羽觞

隋镶金边白玉杯，为贵族饮酒用具
（1957年陕西西安李静训墓出土）

唐三彩陶鹦鹉壶
（1960年内蒙古和林格尔墓葬出土）

盏后推兰尾酒，春盘先劝胶牙饧。"（《岁日家宴戏示弟任等兼呈张侍御二十八丈殷判官二十三兄》）宴饮时举酒敬客，要用手指伸入杯中略蘸一下，弹出酒滴，以示敬意，称为"蘸甲"。杜牧在《后池泛舟送王十》诗中说："为君蘸甲十分饮，应见离心一倍多。"

聚宴饮酒，一般要设有"酒纠"（或称"觥录事"）监酒，维持宴饮秩序。此外还有许多佐饮活动，例如吟诗、唱曲、观舞、击鼓、行令、狎妓等。其中要多说两句的是酒令，按酒令至唐代才制定为法，名目繁多。最初有"平、索、看、精"四字和"律令"等令，后因繁难而废止，代之以更为简单的令，比较流行的有骰盘、卷白波、莫走、鞍马，以及旗幡令、闪压令、抛打令、手打令。前几样多用骰子或筹箸，据皇甫松《醉乡日月》，骰盘（或骰子）令的玩法是："聚十只骰子齐掷，自出手六人，依采饮焉。"1982年，江苏丹徒丁卯桥曾出土了一副酒令筹具，其中有令筹五十枚，各枚均刻有《论语》辞句，并注上诸如"劝主人五分""自饮七分""在座劝十分"等规定字样，抽筹者须依筹上字义饮酒。最后一种"手打令"，据说只行于倡楼中，似是后代的划拳类酒令，也称为"手势令"。除酒令外，吟诗是文人宴饮时必不可少的佐酒活动。唐代诗篇中许多名篇佳作，都是在酒席上即兴吟就的。再有，唱曲、舞蹈也是宴饮中的一项活动。不过在这一阶段的前期，饮者多自唱自舞，《旧唐书·燕王忠传》记"（唐）太宗酒酣起舞，以属群臣。在位于是遍舞，尽日而罢"。后来，观舞听曲的比较多了，传世名画《韩熙载夜宴图》，画的就是宴饮时官僚文人们欣赏歌舞的情景。

五代顾闳中《韩熙载夜宴图》中的饮酒赏乐场面

"论语玉烛"龟形酒筹筒并酒筹（江苏丹徒丁卯桥唐代银器窖藏出土）

（二）饮酒与社会各阶层

这一时期饮酒在社会上非常普遍，但若仔细分析，其中又略有差别。例如就皇帝而言，唐代皇帝嗜酒的程度，不如五代的帝王。通观这一时期，隋炀帝是喜欢喝酒的，他造的酒叫作"玉薤"。唐代皇帝中喜饮酒的似乎不多，除去唐太宗能喝酒、穆宗喜饮葡萄酒外，不闻其他善饮者。而且唐玄宗还是个戒了酒的天子，据《唐语林》卷一记载，唐玄宗晚年曾对臣下说："始吾即位之初，尝饮大醉，损一人，吾悼之，因以为戒。迨今四十余年，未尝甘酒味。"此事如果当真，则唐玄宗的律己精神，还是难能可贵的。到五代时期，或许因为北方政权的皇帝多是少数民族或武人出身，因此嗜酒的皇

唐鎏金仕女狩猎纹八角银杯

帝很多。例如《旧五代史·张承业传》记有后唐庄宗饮酒失事、几乎杀了张承业的事，《旧五代史·少帝纪》也有后晋少帝"醉甚，赐群官器帛过差"的记载。南方的十国，也有许多帝王嗜酒，而且似乎文明程度越低就越嗜酒。据《十国春秋》卷九二《景宗本纪》记载，闽帝王羲"好为牛饮，荒淫无度"，常于醉中杀人，并强迫臣下饮酒，结果"群臣醉不胜，以酒过被杀者无算"。

接下来看官宦文人的饮酒情况。从制度上说，官宦饮酒，起码有两点应该引起我们的注意：第一，按照《唐六典》的规定，当时在配给百官的常食料中，职位越高给酒就越多。亲王每月给酒九斗，五品以上给四斗半，六品以下则不给。这说明朝廷对官员的饮酒有所限制，用意在于防止他们贪杯误事。同时也说明，朝廷给官员酒，实际上是一种待遇、一种荣誉。因此，第二，皇帝对亲近的供奉官，特别是早期的门下省官和后期的翰林学士，都是要给酒或经常赐酒的。对门下省官员给酒的记载主要在唐初，据《东皋子后序》记载，唐高祖武德年间（618—626），"（王绩）待诏门下省，时省官例日给良酝三升"。这一定量，比三品官的日饮酒定量还要高。赐酒给翰林学士，史籍记载较多。例如《云仙杂记》卷五记"玄宗置麴清潭，砌以银砖，泥以石粉，贮三辰酒一万车，以赐当制学士等"。

有关官宦饮酒嗜酒的记载非常多，前述王绩就是其中的一位。据说他在门下省的禄俸"殊为萧瑟，但（日给）良酝三升，差可恋尔"（《东皋子后序》）。其他如苏晋、阳城、李景俭、裴度等都嗜酒，《云仙杂记》卷四记"苏晋作麴室为饮所，名酒窟。又地上每一砖铺一瓯酒，计砖约五万枚。晋日率友朋次第饮之，取尽而已"。这苏晋是酒中八仙之一，历任户部及吏部侍郎、太子左庶子，政事文章都不错，看来他还是一个大富翁。谏议大夫阳城，也以嗜酒出名，据说他曾"约其二弟云：吾所得月俸，汝可度我家有几口，月食米当几何，买薪菜酱米，凡用几钱，先具之。其余悉以送酒媪，无留也"（韩愈《顺宗实录》），也是嗜酒如命。还有李景俭，也是谏议大夫，《旧唐书·李景俭传》记他"凌蔑公卿大臣，使酒尤甚……朝退，与兵部郎中知制诰冯宿、库部郎中知制诰杨嗣复、起居舍人温造、司勋员外郎李肇、刑部员外郎王镒等同谒史官独孤朗，乃于史馆饮酒。景俭乘醉诣中书谒宰相……辞颇悖慢……旋奏贬漳州刺史，是日同饮于史馆者皆贬逐"。从这条记载可知，当时的官员们甚喜喝酒，其中的李肇就是《唐国史补》的作者，难怪他能写出众多的名酒来。另外似乎还可知道，当时并不允许在办公地点饮酒，当然更不许喝醉酒了。

有关文人饮酒的记载就更多了。当然这些文人大多数同时也是官宦，只不过他们是文人，所以留下的记录多一些，似乎在饮酒时也更浪漫一些。杜甫有著名的《饮中八仙歌》

唐银花鸟纹八棱杯
（1982年陕西西安韩森寨出土）

唐舞马衔杯银壶
（1970年陕西西安南郊何家村窖藏出土）

云："知章骑马似乘船，眼花落井水底眠。汝阳三斗始朝天，道逢麹车口流涎，恨不移封向酒泉。左相日兴费万钱，饮如长鲸吸百川，衔杯乐圣称世贤。宗之潇洒美少年，举觞白眼望青天，皎如玉树临风前。苏晋长斋绣佛前，醉中往往爱逃禅。李白一斗诗百篇，长安市上酒家眠。天子呼来不上船，自称臣是酒中仙。张旭三杯草圣传，脱帽露顶王公前，挥毫落纸如云烟。焦遂五斗方卓然，高谈雄辩惊四筵。"这八个人中，贺知章、李白、张旭酒名最高，都是著名文人，其他人也大多是官宦文人，只有焦遂是个布衣。除酒中八仙外，嗜酒的文人还有王维、杜牧、萧颖士、吴道子、白居易、皮日休等。他们边饮酒边作诗文书画，在为我们留下大量佳作名篇的同时，也留下了许多逸事和趣闻。

白居易曾写过一组诗叫《劝酒十四首》，其中包括《何处难忘酒七首》和《不如来饮酒七首》。我们看前七首，以此来体会当时的官宦文人们在什么样的心情中需要饮酒。诗中说第一难忘酒的，是"初登高第后"，即科举成名之后；第二是"天涯话旧情"，即在他乡遇见老朋友时；第三，"寒食月明前"，即春时佳节要饮酒；第四，"霜庭老病翁"，即老病悲秋时要饮酒；第五，"军功第一高"，是因为酒可以"骋雄豪"；第六，"青门送别多"时饮酒，则反映了"争奈去留何"的心情；最后需要饮酒的是"逐臣归故园"。这几种场景，决不是平民而是官宦们的饮酒心态，因此极具社会心理价值。

最后看一下武人阶层，包括军官和士卒。这一阶层嗜酒者更多，特别要指出的是，从史籍看，晚唐五代时有关武人嗜酒的记载多于以往。例如《旧五代史》卷九六记节度副使胡饶素不知书，"每乘酒于牙门诟（冯）道"；同书卷九四记郭金海"好酒，所为不法"；同书卷一二三记骁将陈绍光"恃勇使酒，尝乘醉抽佩剑，将剖刀于（郑）仁诲"。这时的武人嗜酒，与五代时北方政权皇帝的嗜酒是相一致的，它们都说明在晚唐尤其是五代时期，嗜酒使气是一种社会风尚。

隋唐时期有关将士们饮酒的记载，主要是各种劳军犒军享军宴会。《资治通鉴》卷二三六唐德宗贞元二十年（804）春正月条，记天德军都防御团练使李景略"尝宴僚佐，行酒者误以醯进。判官京兆任迪简以景略性严，恐行酒者得罪，强饮之，归而呕血，军士闻之泣下"。这里之所以错把醋当作酒，是因为当时酒的颜色也很重。除军队宴饮外，士卒卫士在酒店聚饮的事也有。《朝野佥载》卷一记武则天时"罗织事起，有宿卫十余人于清化坊饮"，作"子母相去离，连台拗倒"的酒令，结果有同"席人进状告之，十人皆弃市"。这里的卫士们作的酒令属于文字令类，但一般的武人是不作这种文字令的。他们呼叫划拳，不会像文人那样斯斯文文地吟诗听曲。《北梦琐言》卷六记五代时一位原宫廷的胡琴名手石潨流落到前蜀，"一日，会军校数员饮酒作欢。石潨以胡琴擅场，在坐非知音者，喧哗语笑，殊不倾听。潨乃扑槽而诟曰：'某曾为中朝宰相供奉，今日与健儿弹而不蒙我听，何其苦哉！'"。可见健儿军校们的饮酒，与官宦文人们是大不相同的。

除了上述一些阶层外，平民百姓饮酒嗜酒的想亦不少，但史籍记载不多，令人遗憾，这里试举二例如下。一例是唐代诗人杜甫和他的朋友卫处士的小聚，在《赠卫八处士》的诗中，写那位卫处士"驱儿罗酒浆"，然后"主称会面难，一举累十觞。十觞亦不醉，感子故意长"，以饮酒来抒发友情和久别重逢的喜悦。另一例是长安卖凶器家伙计们的饮酒。他们吃的是"大猪五头，蒜齑数瓮，薄饼十拌"，喝的是"白醪数斛"，数百人边吃边喝，最后"及暮皆醉"（《太平广记》卷二六〇），场面颇为壮观。

这一时期饮酒的场所除在公堂、家中或郊野外，还有许多是在酒肆和酒店里，前述卫士们聚饮清化坊就是其中一例。另外，这一时期酒肆的特色之一是，在都城的酒肆中有些老板娘或女招待，是少数民族或外国的姑娘。关于这一点，唐代诗人写了许多诗歌来吟咏，其中最负盛名的是李白的诗。李白在《送裴十八图南归嵩山》诗中说："何处可为别，长安青绮门。胡姬招素手，延客醉金樽。"写在酒肆与朋友相别，使我们看到了一幅由"酒——酒肆——胡姬——相别"构成的颇具时代特色的饮酒生活画卷。关于当时酒店的普及，我们再举两条史料。一条讲的是京城长安，据《开元天宝遗事》记载，当时"长安自昭应县至都门，官道左右村店之民，当

隋虞弘墓出土饮酒赏乐浮雕

隋虞弘墓出土戴王冠者驻马举杯饮酒浮雕

大路市酒，量钱数多少饮之，亦有施者与行人解之，故路人号为歇马杯"。另一条讲的是远在南方的广州，据《岭表录异》记载："广州人多好酒，晚市散，男儿女人倒载者，日有二三十辈。生酒行郎，两面罗列皆是女人，招呼鄙夫，先令尝酒。盎上白瓷瓯谓之瓵，一瓵三文。不持一钱，来去尝酒致醉者，当垆妪但笑弄而已。"根据这一南一北的两条史料，我们可以想象一下：在炎热的夏天或寒冷的冬天，那些赶路的游子们渴了，就能在路边随处买到酒浆解渴；而生活在都市中的人们到晚上出去散步，也可以在市场上随意喝到美酒。晚市结束，醉倒在地上的男女们竟达二三十人。这种情景告诉我们，在这一时期由于酒的低度数和含有甜味，使它既具有刺激性同时又具有很重要的解渴功能，因此才能在饮食乃至社会生活中起着十分广泛的作用。

住

居住 建筑 的 一般情况

　　研究居住生活离不开建筑。各种不同建筑形式，不仅造就了人们居住活动的空间，而且影响着居住生活的面貌或习俗。隋唐五代在建筑上的成就，主要表现在城市建设和宗教建筑上。其他如私人住宅中园林的兴起、建筑技术中建筑构件定型化的趋势等，也都是当时建筑的特点。以下我们研究居住生活，将不去特别叙述那些建筑技术，而只注意与人们居住生活有关的部分，也就是从城市入手，通过各种建筑形式乃至家具、陈设等，来看看当时人居住生活的大小舞台及其环境。

一　城市、宫殿

　　宫殿与城市密不可分。城市，特别是都城，其中心是宫殿，而宫殿的位置、状况不仅与皇族生活有关，而且影响着都市中其他人的生活，所以我们将二者放在一起研究。又因为城市是古代社会生活的中心，皇帝、百官、工商业者及其他各色人等都生活在城市中，因此有关城市的史料比较多，考古发现也比较多，这就使我们能够花较大篇幅来探讨这一问题。

隋唐五代的城市规划，基本上仍是一种棋盘式的封闭规划。不过随着时间的推移，它在将封闭式城市规划推向极致的同时，又开始向宋以后那种开放式的街道布局转化。隋唐的长安城，是上述棋盘式规划的典型。

隋大兴唐长安城的特点，首先是大，东西宽九千七百二十一米，南北长八千六百五十一米，周长约三十七公里。城中纵贯南北的朱雀大街宽一百五十米，而宫城与皇城之间的横街宽达二百二十米，是现在北京长安街宽度的二倍至三倍。在这巨大的城市内，除去宫城、皇城和东市、西市外，其余的居民区被分成整齐的一百零八个长方块，称一百零八坊（实际上长安城的坊数是不断变化的，参见《增订唐两京城坊考》，三秦出版社1996年版）。这就是所谓的棋盘式布局。一百零八坊各坊面积大小不一，最小的南北长五百米至五百九十米，东西宽五百五十米至七百米；最大的南北长六百六十米至八百三十八米，东西宽一千零二十米至一千一百二十五米。各坊的四面街也都很宽，约在一百米至一百五十米之间。《乾䐼子》曾记载了一个故事，说在崇仁坊的北街有上万人聚集在一起围观一女子，可见街道之宽。

长安城规模宏大致使人口众多，估计城内大约居住着一百万人，其中有固定人口，也有流动人口，后者包括赶考的举人、赴选的官吏、上番的士兵，以及经商的商人、外来的使节等。在唐朝前期，由于运粮道路不畅，固定人口口粮

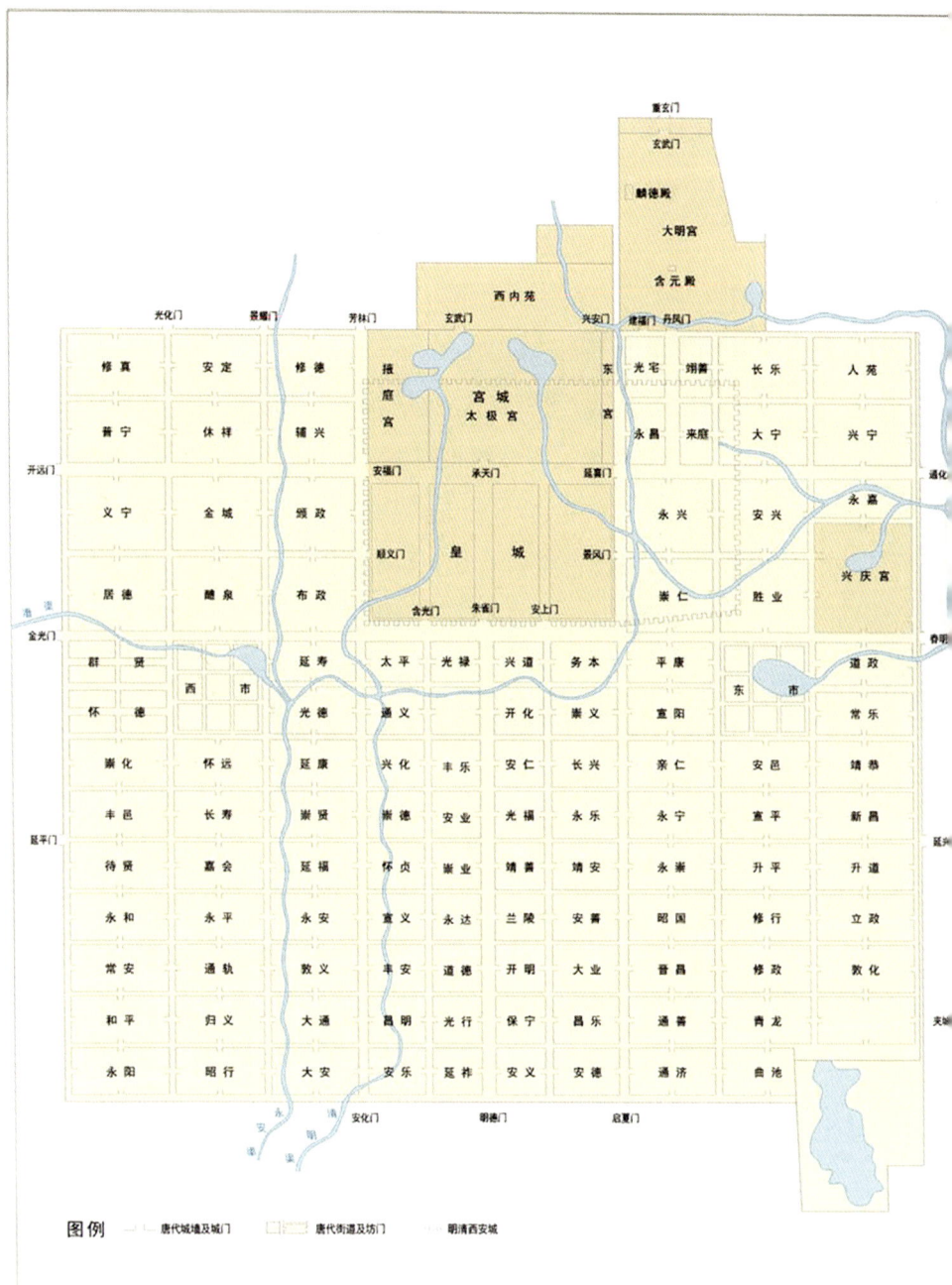

唐长安城图

重玄门
玄武门
麟德殿
大明宫
含元殿

西内苑
玄武门　安门　建福门　丹凤门

光化门　景曜门　芳林门

| 修真 | 安定 | 修德 | 掖庭宫 | 宫城 太极宫 | 东宫 | 光宅 | 翊善 | 长乐 | 人苑 |

普宁　休祥　辅兴　永昌　来庭　大宁　兴宁

义宁　金城　颁政　皇城　永兴　安兴　永嘉

安福门　承天门　延喜门

居德　醴泉　布政　顺义门　景风门　崇仁　胜业　兴庆宫

含光门　朱雀门　安上门

群贤　[西市]　延寿　太平　光禄　兴道　务本　平康　[东市]　道政

怀德　光德　通义　开化　崇义　宣阳　常乐

崇化　怀远　延康　兴化　丰乐　安仁　长兴　亲仁　安邑　靖恭

丰邑　长寿　崇贤　崇德　安业　光福　永乐　永宁　宣平　新昌

待贤　嘉会　延福　怀贞　崇业　靖善　靖安　永崇　升平　升道

永和　永平　永安　宣义　永达　兰陵　安善　昭国　修行　立政

常安　通轨　敦义　丰安　道德　开明　大业　晋昌　修政　敦化

和平　归义　大通　昌明　光行　保宁　昌乐　通善　青龙

永阳　昭行　大安　安乐　延祚　安义　安德　通济　曲池

开远门　金光门　延平门

安化门　明德门　启夏门

通化门　春明门　延兴门

图例　—— 唐代城墙及城门　▭ 唐代街道及坊门　▨ 明清西安城

的供应是个很大的问题，遇到灾荒，常常不得不流浪到四方去找饭吃，当时叫作"逐食"，甚至连皇帝也不能幸免。唐高宗咸亨元年（670），关中地区发生严重灾害，结果，"诏令任往诸州逐食"（《旧唐书·高宗本纪》）。流动人口的粮食供应也是个大问题，唐宪宗元和年间（806—820）的某一年，由于旱灾，无法保证流动人口的口粮，宪宗皇帝甚至下令暂时停止当年的各种选举活动，韩愈还为此写了篇辩解的奏状，叫《论今年权停举选状》。他在文中说："陛下怜悯京师之人，虑其乏食，故权停举选，以绝其来者，所以省费而足食也。臣伏思之，窃以为十口之家，益之以一二人，于食未有所费。今京师之人不啻百万，都计举者不过五七千人，并其僮仆畜马，不当京师百分之一，以十口之家计之，诚未为有所损益。"（《全唐文》卷五四九）从这里我们可以得知，长安人口有一百万，而光是来赶考的举人连同仆隶就有一万人。

长安城的另一特点，是布局井然有序。当时的统治者为了加强管理，以及更有效地保卫自己，改变了过去民居与宫殿官府混杂在一起的布局，将长安的宫殿区、中央衙署区与居民区严格区分开来。在唐代，长安城的宫殿区主要有三个，即正北的太极宫、东北的大明宫、东部的兴庆宫，一般将太极宫建筑群称为宫城。中央衙署集中在宫城南面，被称为皇城。宫城和皇城都有围墙环绕，各门都有士兵把守。进入皇城特别是宫城门，要凭"门籍"。门籍有两种：一种是当月有效，一月一换；另一种叫"长籍"，可长期使用，但每月也要登记。如果不该值班却以长籍入宫门，也算犯法。皇帝及其家属，主要生活在宫殿区。太极宫和大明宫是相通的，互相来往没有问题，就是大明宫与兴庆宫之间也有"复道"相连。

唐大明宫麟德殿遗址

所谓复道，是一种城墙旁边的夹墙，始修于唐玄宗开元年间，宽处达二十余米，皇帝们在里面行走，外面看不见，这样可以确保安全。这条复道，还一直通到长安的游览胜地曲江。

太极宫宫殿区的北门叫玄武门，在唐朝前期皇帝生活特别是皇帝的政治生活中占有重要地位。这是由于唐朝禁军中就护卫宫殿来说，最重要的是北军，而玄武门就由北军将领把守。谁控制了把守玄武门的北军将领，谁就掌握了政治斗争的主动权。唐太宗杀死兄弟、夺取政权的"玄武门之变"，所以能取得胜利，就是因为这一点。大明宫是唐高宗以后唐朝政治生活的中心，宫殿区的正殿是含元殿，举行最重大的典礼，一般常朝在含元殿北面的宣政殿。宣政殿的北面是紫宸殿，也叫便殿，是皇帝随意接见大臣的地方。宣政殿与紫宸殿之间有两道门，叫东西上阁门。不要小看了这两道门，它划开了内朝和外朝，给宫廷生活以重大影响。唐文宗大和九年（835）发生的"甘露之变"，反映了朝官和宦官的矛盾，宦官在这场斗争中获胜的原因之一，就是宦官抢在政变军队赶到之前，把文宗皇帝拥进了东上阁门，然后"门即阖，内官呼万岁者数四"（《旧唐书·李训传》），胜利心情跃然纸上。兴庆宫宫殿区，是唐玄宗兴建的，占有两坊地。兴庆宫的西南，盖有"花萼相辉楼"和"勤政务本楼"。勤政楼面向南，前面有个大广场，玄宗常在这里设宴观乐。有一次大酺，百姓聚观，秩序混乱，金吾士兵挥棒如雨，不能制止，玄宗只好叫来京兆尹严安之，"安之到则周行广场，以手板画地示众曰：'逾此者死！'以是终五日酺宴，咸指其地画曰'严公界境'，无一人敢犯者"（《开天传信记》）。从兴庆宫宫殿区与周围坊市的关系看，这一处宫殿区是比较开放的。

现在看一个具体的宫殿。唐长安城大明宫宫殿区的正殿含元殿，无疑是当时最壮观的宫殿。它建筑在龙首原高岗上，高五十余尺，面阔十一间，左右立有栖凤、翔鸾两阁，形成凹状。殿前有龙尾道，道"委蛇屈曲，凡七转"（《资治通鉴》卷二〇一胡注）。《唐语林》说，含元殿是："每元朔朝会，禁军羽仗宿于殿庭。金甲葆戈，杂以绮绣，文武缨佩，蕃夷酋长皆序立，仰观玉座，若在霄汉。"这种建筑，适应了皇帝至高无上的政治生活的需要。

与宫殿的相对集中相对应，长安城还出现了分区居住的倾向。这种分区居住，大部分是自然形成的，但也有少部分出自统治者自身的需要。

长安城东高西低，相差约三十米。低处常遭水灾，因此官僚们的住宅多集中在朱雀街以东。特别是大明宫、兴庆宫两处宫殿建在东北部和东部以后，那里更成为官僚尤其是高官们向往的地方。宰相如李林甫住平康坊，杨国忠住宣阳坊，元载住大宁坊，郭子仪住亲仁坊等，就都在大明宫和兴庆宫附近。因而可以说，长安城的东部是官僚居住区，西部则是庶民居住区，平民、举子、商人、手工业者多居住在这里。唐代有个靠精明发家致富的著名人物窦乂，他种树卖木材，收购麻鞋做法烛，买地建食店，很快成了大富翁，而他活动的嘉会坊、崇贤坊、延寿坊、西市，就都在长安城的西部。因此徐松《两京城坊考》说："万年县（万年县领街东户口，长安县领街西户口——笔者注）户口减于长安。又公卿以下居止多在朱雀街东，第宅所占勋贵，由是商贾所凑，多归西市。"又说："长安县所领四万余户，比万年为多，浮寄流寓，不可胜记。"讲的都是这种情形。

栖凤阁

含元殿

翔鸾阁

含元殿复原图

大明宫出土的莲花纹瓦当

其他分区倾向还有以下一些：由于鸿胪寺在朱雀街西，以及西北角数坊多建有祆寺、大秦寺等，导致那一地区成为西域等少数族人集中居住区；翊善、来庭两坊因靠近大明宫，成为宦官集中居住区。隋炀帝还曾将魏、齐、周、陈的乐人子弟集中在一坊居住，人为地安排了一个乐人居住区。此外，造乐器者集中在崇仁坊，士大夫入道多在亲仁坊，凶肆等为丧葬服务的机构多在丰邑坊。从史籍看，还有鸡坊、客户坊、籍坊、僧坊、铜坊、徒坊、患坊等字样，显然这些也反映了某一类人集中居住在某一处的倾向。由于长安城太大，城的南部居民很少，《两京城坊考》说"自兴善寺以南四坊，东西尽郭，率无第宅。虽时有居者，烟火不接，耕垦种植，阡陌相连"，于是有些官僚的别墅就建在了城南。长安城的东南部是游览胜地，有慈恩寺、杏园、芙蓉园、曲江等。这样我们可以大致看出长安城分区居住的概况，即朱雀街东为官僚居住区，街西为庶民居住区，街西北一部为西域人居住区，城南多为农田、别墅，东南则为游览地。这种分区居住状况，就如同老北京所谓"东（城）富、西（城）贵、南（城）贫、北（城）贱"一样，反映了一种城市居住格局。

长安城还有一个特点是封闭性强，便于控制。城里的居民区即每一坊都有高墙环绕，除去皇城南面四坊为避免冲了宫阙王气，因而只开东西二门以外，其他各坊都是四面开门。坊门由坊正负责开关，每天晚上鼓声一响，就准备关门，鼓响八百声，门就关上，再不许坊中人出坊。第二天五更二点自宫内"晓鼓"声起，诸街鼓顺序敲动，坊门就可开启。这鼓要敲三千下，到天亮为止。唐人小说《任氏传》说，郑六早晨从任氏宅出来想要回家，"及里门，门扃未发"，只好"坐以候鼓"，即等到鼓响门开才能出坊。各坊坊正如果违反规定开关坊门，就要受到惩罚。坊中设有宽约十五米的东西、南北大街各一条，形成十字街（但上述皇城南面的四坊只有东西大街），街内治安由左右街使负责。各坊在坊角处还设有武侯铺，由卫士把守，每铺的卫士依铺的大小不同有五人或三十人。这种铺，有些像现代的派出所。坊里与坊里的隔绝，限制了交往，对市民生活有一些影响。唐代著名传奇小说《李娃传》，就对此有所描述。小说讲了这样一个故事：倡女李娃在平康坊租了间房待客，举子郑生喜欢李娃，就倾其所有，住在李娃处。一年后，郑生财尽，李娃将他骗至宣阳坊李姨处，自己退掉平康坊住房搬走。郑生回到平康坊，发现房锁人走，十分惊慌，急忙返回宣阳坊质问李姨。但这时天色已晚，坊门将闭，他只好卖掉衣服，住店暂息一宿。第二天，郑生赶到宣阳坊，才知李姨是李娃同伙，也已搬走。郑生打听不到李娃下落，穷困交加，只能乞食为生。一次要饭到安邑坊，被李娃发现，李娃救起郑生，最后帮助他考取了进士。从这篇小说可以看到，坊门的定时开关，影响了郑生寻找李姨。而且安邑坊就在宣阳坊旁边，只是由于坊墙的相隔，互相来往不多，才使得郑生找到李娃十分困难。难怪唐代诗人白居易曾有诗叹其"隔墙如隔山"（《酬吴七见寄》）了。封闭而且整齐划分的坊里制，使长安的街道两旁满目皆是耸立的黄土墙。虽然各坊内相当热闹，但坊外的街景，却是十分单调的。

以上介绍的城市和宫殿主要限于长安，其实隋唐的其他城市特别是各道治所也都很发达。当年，隋炀帝曾在江都修建过新奇豪奢的"观文殿"和"迷楼"，据《大业拾遗记》，观文殿前两厢为书堂，各十二间，每一间有十二个装书的宝橱，隋炀帝就分别在各间读书。二十四间书堂中，每三间开一方门，门垂锦幔，上有两个飞仙，门的底下有机关。当隋炀帝到来时，有宫人在前引导，宫人离门一丈远时脚踩机关，仙人于是下来揭开幔帐，然后再升上去，门扇打开，书橱也随之相继打开。这一连串的动作，都由一个机关操纵，很是奇妙。迷楼由浙人项升设计建造，"楼阁高下，轩窗掩映。幽房曲室，玉栏朱楯，互相连属；回环四合，曲屋自通。千门万牖，上下金碧。金虬伏于栋下，玉兽蹲于户旁。壁砌生光，琐窗射日，工巧之极"（《迷楼记》）。其他如武则天在洛阳建造的通天宫，又叫明堂，史称其"高二百九十四尺，方三百尺"（《资治通鉴》卷二〇五）。这座宫殿竟然高达近百米，真不知当时耸立在洛阳城中是怎样的一种宏伟景象！到唐末五代，虽然北方战乱不断，南方却相对平静，各藩镇治所或各地方政权都城所在地都有长足发展。我们看福建王氏闽政

宋刻唐兴庆宫图

权建的福州城，城由大城和南北夹城组成。大城周长二十六里四千八百丈，城墙高三十五尺，厚十七尺，外面包砖一千五百万片。城墙上建屋一千八百一十间，叫作"廊"。若干廊之间建一铺，置鼓报时，共三十铺。又有六个角楼，一个敌楼，敌楼高二十三层。整个布局严谨有序。五代时，南方各政权的君主们住在这样安全、严密的城内，更肆意挥霍，修建了一座又一座豪华的宫殿。例如南汉的昭阳殿，"用金为仰阳，银为地面，檐楹槺桷皆傅白金，殿下设水渠，浸以真珠。又琢水精琥珀为日月，列于东西玉柱之首"（《十国春秋》卷五八）；南熏殿"柱皆通透刻镂，础石各置炉燃香，有气无形"（同上）。闽国的东华宫，"以珊瑚为桷榆，琉璃为棁瓦，檀楠为梁栋，真珠为帘幕，范金为柱础"（同上卷九四）；楚王作九龙殿，"刻沉香为八龙，饰以金宝，各长百尺，抱柱相向，作趋捧之势，己居其中，自言身一龙也"（同上卷六八）。这些宫殿耗费了大量民脂民膏，满足了帝王们奢侈生活的需要，同时也在客观上反映出南方经济的发展水平。

隋唐五代大部分城市都与长安城一样，实行着封闭式的坊里布局。例如洛阳除宫殿和三市外，有一百零三坊。这些坊多为方形，每坊的面积比长安的坊小得多。洛阳的坊四周也有坊墙，坊中也有十字街。侍郎韦陟，就住在洛阳履信坊十字街西道北。洛阳坊分区居住的状况不明显，但也并非没有。例如道术坊就是隋炀帝集中了大量五行、占候、卜筮等后设置的，而且"设使检察，不许出入"（《两京城坊考》），以利控制。观德坊在唐初也是"唯内臣所居，长寿中敕不许他人居止"（同上）。除洛阳外，我们从史籍中还可以知道其他一些城市中坊的情形或坊的名字。例如吴县和长洲县各有三十坊，成都有花林坊、锦浦坊、金马坊、书台坊，长沙有鸡狗坊，越州有清道坊，幽州有来远坊、辽西坊、遵化坊，定州有博陵坊等。这些坊也与长安城一样设置坊墙，具有封闭性。所以隋朝不许汴州民居向大街开门，唐代定州也只有上元日才允许夜里开启坊门。

封闭式的坊里制，在整个隋唐五代基本上被维持了下来。但是从唐朝中期开始，在各坊内部已不断出现"侵街"现象。所谓侵街，就是居民将自己的住房向外扩展，侵占了坊内的街道，有些甚至向坊外街开门。由于自家向外开门，常常不能和坊门的开关保持一致，影响了治安，唐五代的统治者就屡下诏书，禁止侵街行为，但屡禁不止。到后周显德年间（954—959），大梁城内的街道因侵街而变得很窄，以至"通大车者盖寡"（《资治通鉴》卷二九二）。这种侵街以及后来兴起的夜市、草市，极大地动摇了坊里制的基础。到宋代，封闭式的坊里制，就彻底崩溃了。

二　官衙、住宅
（附别墅、园林、寺院）

官衙和住宅是当时社会的主要建筑形式，二者在使用上可以互通。如唐朝宰相元载得罪诛死后，他的住宅被充作了"百司廨署"（《旧唐书·元载传》）；唐宪宗元和年间（806—820），长安宣平坊东南角的诸王府，卖给了邠宁节度使高霞寓为住宅，因此官衙和住宅在结构与布局上基本相同。别墅实际是住宅的一种，园林则是官衙、住宅的附属，寺院又常由住宅变来，所以我们将它们放在一起论述。

（一）官衙

隋唐五代的官衙，总的说比较宽敞。清代学者顾炎武在《日知录》中曾说："予见天下州之为唐旧治者，其城郭必宽广，街道必皆正直；廨舍之为唐旧创者，其基址必皆宏敞。宋以下所置，时弥近者制弥陋。"顾炎武说的主要是地方官衙，如果分中央和地方来看，中央各衙署占地面积和房间数似均不多。除去国学有供学生住宿的学舍一千二百间、翰林学士每人有一间办公用房外，其他衙署的办公用房都很少。如枢密使初建，办公处只有二三间房。不过尽管如此，中央各衙署内大都建有亭子，供官员们休息、小酌。唐玄宗开元之前，百司各部门还在长安游览胜地的曲江岸边建有许多亭子，供所属官吏和家属们游玩宴饮。中唐以后，这些亭子中只剩下尚书省的亭子了。地方上的衙署，要比中央各部司大得多。就都畿而言，仅京兆府廨的修建，就花了二万贯钱，极一时之壮丽；而河南府廨，也占了洛阳宣范坊的半坊地。

现在看各州县。一般说来，州的衙署包括数重门、正厅堂、内厅寝室、诸曹司的若干院落、厩库、鞠场、传舍等。举南唐袁州为例，"所建立郡斋使宅、堂宇轩廊、东序西厅、州司使院、备武厅、毬场、上供库、甲仗库、鼓角楼、宜春馆、衙堂职掌、三院诸司，总六百余间"（*刘仁赡《袁州厅壁记》，《全唐文》卷八七六*）。这些地方州县的官衙内，除去房间众多外，还建有亭榭、池塘，种植有竹木。白居易为苏州刺史，曾写了大量诗歌，吟咏在苏州官衙的生活。从其中《郡中西园》一诗可知，当时衙内西园有松竹、池桥，可闲游、泛舟，白居易于是感叹说："谁知郡府内，景物闲如此。"

不论中央官司还是地方衙署，当时在官衙的墙壁上都有所装饰。这种装饰有三类：一类是壁画，大约画在正厅正面的墙上，所画内容以松、鹤、鹰、狮子为多，有时也有些小山水。第二类是写厅壁记。所谓厅壁记，是创自唐朝的一种文体，写在朝廷百司诸厅乃至郡县诸厅的墙壁上，内容为"叙官秩创置及迁授始末"，目的是"欲著前政履历，而发将来健羡焉"（《唐语林》卷八）。唐五代留下了许多厅壁记文，我们举其中一例以见一斑。《文苑英华》卷七九七有唐元稹所作《翰林承旨学士厅壁记》，文中说："旧制学士无得以承旨为名者。应对顾问，参会班第，旋次以官为上下。宪宗章武孝皇帝以永真（贞）元年即大位，始命郑公絪为承旨学士，位在诸学士右，居在东第一阁。乘舆奉郊庙，辄得乘厩马自浴殿由内朝以从，揭鸡竿而布大泽，则升丹凤之西南隅，外宾客进见于麟德（殿），则直上禁中以俟。大凡大诏令、大废置、丞相之密画、内外之密奏，上之所甚注意，莫不专受专对，他人无得而参。非自异也，法不当言。用是十七年间，由郑至杜十一人。而凡参大政，其不至者，卫公诏及门而返，事适然也。至于张，则弄相印以俟其病间者久之，卒不与，命也已。若此，则安可以昧陋不肖之稹继居九丞相二名卿之后乎？……昔鲁恭王余画先贤于壁以自警，临我以十一贤之名氏，岂直自警哉！由是谨述其迁授，书于座隅。长庆元年八月十日记。"元稹的这篇厅壁记写在"东庑之右"，后因年久而有所脱落，到十六年后的开成二年（837），丁居晦就又写了《重修承旨学士壁记》。从这两篇壁记看，厅壁记所记确是此官厅官职的迁授和职掌，撰写者多为名人，写作的目的是自警、自励。壁记写在墙上，可为官衙增辉，实际已成为厅内的一种装饰了。官衙墙上的第三类装饰，是将当时朝廷颁布的各项法规书写在墙壁上，使官吏处事时经常观览。如后唐长兴二年（931），明宗就曾"诏有司及天下州县，于律、令、格、式、《六典》中录本局公事，书于厅壁，令其遵行"（《旧五代史》卷四二）。这种将政事与修饰结合起来装饰房屋，以便督促官吏照章办事并能增加厅堂美观的做法，是这一时期官衙室内装饰的一个特点。

官衙一般是办公场所，但与日常吃、住生活也有相当的联系。如工作餐即会食多在官衙举行，各种官员宴会也常在官衙举办。有些州县因官衙的公堂太小，就要另建专门的宴会厅，叫作"设厅"。唐沈亚之在《华州新葺设厅记》中说，过去宴会在公堂举行，需要不停地挪动文具几案，有许多坏处："夫

唐长安城下水道铁闸门

几砚者，公事之重器也，以宴而迁，以宴而复，则居不得常，屡更其所。政之为困，不由此耶？且吏入公门，望其居则必庄，是几砚之处，宜其严也。今朝彻而暮置，事之者既劳，固以慢矣。而况酒行乐作，妇女列坐，优者与诙谐摇笑，讥左右侍立，或衔晒坏容，不可罪也。夫狎久则不敬，岂吾之独患？"于是在正厅的西南另建设厅，专门用来举行宴会。

官衙还是值班官员住宿的地方，当时叫作"分番宿直"。如果该值班而不去值，或该住宿而不住宿，都是违法行为，"各笞二十"（《唐律疏议》卷九）。也有赖在官衙内不回家的。如唐朝有个补阙姓王，不懂世事，自称兼通儒、佛、道三教，当时有个妖僧名叫道儒，武则天要逮捕他，在各处贴布告，通缉"僧道儒"。于是有杨茂直与王补阙开玩笑说：有敕文追捕僧道儒，你怎么还这么安闲？王补阙说：这关我什么事？茂直说：你兼通三教，僧是佛教，道是老教，怎么不关你的事？吓得这位王补阙"遂不敢归，寓于曹局数宿"（《太平广记》卷二五四）。除内外官宿直官衙与"住"有关之外，地方州县长官的住宅，也与官衙连在一起。一般说来，这些长官在别处（例如京城）都有房子，赴任后就在任所居住，住宅多半在州县官衙内的某院，具体位置或在厅衙的后面，或在其侧面。这一住宅基本属于官家所有，离任后就要搬出。我们看当时人的墓志，常有"终于××官舍"字样，这"官舍"就是地方官衙内的房舍，供州县长官居住。长官若死于任上，就是"终于官舍"了。唐玄宗有《相州改造厅衙诏》说："相州往缘亲王出牧，修造非常宏壮……宜令州司即改造厅衙及刺史宅。"（《全唐文》卷三〇）由此也可知，刺史住宅和州的厅衙是连在一起的。

（二）住宅

隋唐五代的住宅，虽有富贵等级的不同（这里当然不包括贫苦百姓），但从记载和残留下的文物资料看，其基本格局都差不多，即采用有明显中轴线和左右对称的平面布局。1959年，陕西省西安中堡村唐墓出土的一套住宅模型就符合这一布局。这套模型是一个狭长的四合院，正中轴线从南到北分别排列着大门、亭、中堂、后院、正寝，东西两厢各有三处廊屋，后院中还有假山等。比这一模型所显示的住宅稍微复杂一些的就有两个院子，前院横长，主院方阔，四周均以廊屋环绕；前院与主院之间的门称中门，大门和中门多有门楼，院侧有马厩。更复杂的住宅由多重院落组成，每一院落的基本结构仍不出四合院式布局，只是多了些园池亭台。

一个住宅院落大约要占地三亩左右，相当于近两千平方米，而由若干院落组成的住宅占地就更多，至少也要有十亩地，即相当于六千多平方米。《明皇杂录》卷下记杨贵妃的姐姐虢国夫人强夺韦嗣立住宅，将韦氏及诸子家童赶出旧宅，并连行李家具都扔至路中，然后"授韦氏隙地十数亩"，让他们另盖新宅。白居易在洛阳履道里的住宅，也是"地方十七亩"（《旧唐书·白居易传》），面积相当于今天的上万平方米。比这还大的是程执恭。程家在长安靖安里，由于旧宅太小，唐宪宗"赐地二十亩，令广其居"（《旧唐书·程执恭传》）。此外郭子仪"宅在（长安）亲仁里，居其里四分之一。中通永巷，家人三千"（《旧唐书·郭子仪传》）。还有更大的，如隋朝的杨素、唐朝的魏王李泰，住宅面积均占长安城的一坊之地。

这种四合院落式住宅，有的在大门处设有门屏。门屏起

敦煌石窟晚唐壁画中的住宅图

着遮挡门内景况的作用，高约八尺，一般客人前来拜访，首先被挡在门屏处。门屏过后是大门，大户人家，门的颜色涂为朱红，所以杜甫有"朱门酒肉臭"（*《自京赴奉先县咏怀五百字》*）的著名诗句。进大门之后又有中门。中门外设有外舍一类建筑，也叫门馆、宾馆，供客人小憩。远道来访的客人虽被接待，但得到主人接见之前，也必须在中门外的客舍内住宿。唐朝有秀才孙恪在洛阳访一大宅，见"户侧有小房，帘帷颇洁，谓伺客之所"（*《太平广记》卷四四五*），指的就是这种门馆。进入中门一般是个庭院，这庭院有大有小。宰相杨国忠主持吏部铨选事时想逗人笑乐，在自己家中选官，"设席呼选人名，引入于中庭。不问资序，短小者道州参军，胡者湖州文学，帘中大笑"（*《刘宾客嘉话录》*）。庭院中能设席点官，可知这是个不小的庭院。穿过庭院，就到了作为住宅主要活动场所的厅堂。按隋唐五代时期，厅、堂都是招待客人的地方，往往互称，如果严格说来，似乎只有堂屋或堂屋的中间称"中堂"，其他都可称厅，因此有东厅、西厅、前厅、外厅等说法。一般来说，客人在厅中也不过是小憩，即如更衣、吃茶之类，只有到一定时候、够一定规格，才能上堂去见主人，主人也只在堂上摆宴待客。唐人小说《虬髯客》讲李靖去长安某坊曲拜访虬髯客，"延入重门……奴二十人引（李）靖入东厅……请更衣……既毕……遂延中堂。陈设盘筵之盛，虽王公家不侔也"。由于中堂是宴请客人的场所，是住宅的门面，因此当时住宅中最好的地方就是中堂。看一户人家是否富贵，就要看他们家中堂修得怎样。前面讲虢国夫人赶走韦氏一家，这以后她自己在韦氏宅地上盖起了豪华的住宅，"中堂既成，召工垏墁，约钱二百万。复求赏技，虢国以绛罗五百段赏之，嘻而不顾，曰：请取蝼蚁、蜥蜴，记其数置堂中，苟失一物，不敢受直"（《资治通鉴》卷二一六）。这是讲中堂的质量好，装修得没有一丝缝隙。《旧唐书·马璘传》说"璘之第，经始中堂，费钱二十万贯……及璘卒于军，子弟护丧归京师。士庶观其中堂，或假称故吏，争往赴吊者数十百人。德宗……仍诏毁璘中堂"。一间中堂导致士庶争相参观，乃至被皇帝勒令拆除，可知这中堂豪华到什么地步。中堂之后，就是一家人居住的卧室了。也有中堂待客，堂之东西间用作卧室的。堂屋左右一般都有厢房，是亲属或仆人居住处，有时也包括厨房。《乾馔子》记吴郡有一宅，除堂屋外，"西廊之北一房充库，一房即花红（女仆名——笔者注）及乳母，一间充厨"。于是可以说，门、厅堂、寝室、廊屋，是构成一套住宅的最主要部分。所以当时人形容大官僚的住宅时，就说是"朱门素壁""环廊曲阁""中堂高会"之类了。

住宅里当然还有许多其他设施。例如园林，这在下面我们还有详述。此外大的住宅院落中，还建有楼阁。唐朝人李晦"私第有楼，下临酒肆"（《旧唐书·李晦传》）就是一例。更大的住宅内，还要有击毬的场所，《乾𦠆子》就记载了太尉李晟想吞并邻居宅屋建一个击毬之所的故事。住宅中还有厨房、厕所，大致都在院落西侧。大户人家还有马厩，即拴马、喂马的场所，在主院的外侧。正由于它在主院外，所以是可以拆除的。《旧唐书·杨损传》说，杨损"家在新昌里，与宰相路岩第相接。岩以地狭，欲易损马厩广之，遣人致意"，结果遭到杨损的拒绝。住宅中还有井，一般情况下是数家人共用一口井，大户人家是自家用井。如果原是数家一井，后来自己在庭院中凿井，就会遭到众人的非议。唐朝诗人姚合在《街西居三首》中就感叹道："浅浅一井泉，数家共汲之。独我恶水浊，凿井庭之陲。自凿还自饮，亦为众所非。"

隋唐五代住宅的内部墙上，有的装饰有壁画如奏乐图、骏马图等，但远不如前述官衙内的壁画多。这大约是由于住宅厅堂内部的画大都装饰在屏风或帷帐上，墙壁自然就不需要画什么了。关于这一点，下一节还要详细叙述。当时官僚的住宅中有的还设有夹壁墙，称作"复壁"，其作用一是为了收藏金钱书画，二是为了自身的安全。《资治通鉴》卷二一五记李林甫"自以多结怨，常虞刺客……居则重关复壁，以石甃地，墙中置板，如防大敌。一夕屡徙床，虽家人莫知其处"。隋唐五代时，宰相的住宅一般没有兵士守卫，因此李林甫才这么害怕刺客。到唐宪宗时（806—820），果然有刺客刺死了宰相武元衡，并刺伤裴度。为确保裴度安全进而保证对淮西藩镇的征讨，宪宗特别"诏以卫兵宿（裴）度私第"（《旧唐书·裴度传》）。从这一点看，当时对高级官员住宅的安全保卫工作做得并不出色。

（三）园林别墅

隋唐五代的园林特别是私人园林，较前代有所发展，很多官僚贵族都在自家或别墅内穿池堆山，树花置石。由于这种私人园林可分为城内自家住宅和城郊城外别墅两大类，所以我们将园林和别墅合在一起叙述。

先看官家园林。隋唐五代官家园林，仍以皇家园林为最宏大、最奢华。有代表性的，是隋炀帝在洛阳建造的西苑。《海山记》描绘西苑说："乃辟地周二百里为西苑……内为十六院。聚巧石为山，凿地为五湖四海……每湖方四十里……湖中积土石为山，构亭殿，屈曲环绕……又凿北海，周环四十里，中有三山，效蓬莱、方丈、瀛洲，上皆台榭回廊。"唐时将西苑的大部分废掉，只留下了北海，改称凝碧池。从西苑的布局可知，它继承了秦汉以来的造园传统，即在水中以人工堆积高山。但分为十六院和利用巧石，则是它的新特点。官家园林还有些类似今天的公园，即由官家修建供士庶游览的园林。隋唐时，这种园林以长安的曲江风景区最为有名。曲江位于长安城的东南角，包括紫云楼、芙蓉苑、杏园等景区，有山有水，有亭有楼，花卉环绕，烟水明媚。每到春天，都城的士庶纷纷来曲江踏青，或登楼远眺，或池上泛舟，十分热闹。类似这种供游览的园林，在隋唐其他大城市，以及五代十国各政权所在地都有一些。唐懿宗时

唐佚名《宫苑图》

（860—874），淮南节度使李蔚"以其郡无胜游之地"，"命于戏马亭西连玉钩斜道，开辟池沼，构葺亭台……都人士女得以游观"（《桂苑丛谈》）。这是晚唐扬州所建供人游览的园林。此外如后蜀时成都浣花溪一带，也是供人游览的园林所在。史称"时百姓饶富，夹江皆创亭榭，都人士女倾城游玩，珠翠罗绮，名花异卉，馥郁十里"。后蜀后主孟昶，甚至拿它与唐代长安城的曲江相比，说："曲江金殿锁千门，殆未及此。"（《十国春秋》卷四九）官家园林还有一种，是修在州县官府内的园林。这种园林一般不允许庶民擅入，是供官僚仕宦们悠游遣兴的场所。前面提到的白居易所吟《郡中西园》一诗，就是对苏州官署内园林的描绘。

私家园林也可分为两类：一类园林建在城内，与住宅连在一起。由于隋唐五代还处在造园艺术的初级阶段，模仿自

唐代的三彩假山（陕西西安出土）

然的痕迹比较浓厚，因此园林占地面积较大，在城市里除大官僚外，一般家庭还没有自己的园林。又因为当时的造园风尚要求一定要有池沼水塘，所以在缺水的地方就无法造园。比如说长安和洛阳，长安的名园就少于洛阳。这一时期私家园林的典型首推白居易。白居易在洛阳履道里有一套住宅，"居室三之一，水五之一，竹九之一，而岛树桥道间之"（《旧唐书·白居易传》）。白居易晚年为躲避党争，求得在洛阳任职，于自家园林中邀友吟咏，悠然自得，所作《池上篇》诗云："十亩之宅，五亩之园。有水一池，有竹千竿。勿谓土狭，勿谓地偏。足以容膝，足以息肩。有堂有亭，有桥有船。有书有酒，有歌有弦。有叟在中，白须飒然。识分知足，外无求焉。"（同上）今天我们读此诗，还能真切地感到白居易那跃然纸上的优哉游哉的心态。洛阳还有一处园林，也值得一提，那就是致仕宰相裴度的园林，他"立第于集贤里，筑山穿池，竹木丛萃。有风亭水榭，梯桥架阁，岛屿回环，极都城之胜概"（《旧唐书·裴度传》）。由于这些大官僚家中的园林亭馆建筑得非常好，引得许多公卿大夫前往游玩，也使得各级官府常常借他们的园林宴饮宾客。如路恕"私第有佳林园，自贞元初……迄于元和末，仅四十年，朝之名卿，咸从之游"（《旧唐书·路恕传》）。又如张柬之在江陵的园林，"公府多假之游宴"（《旧唐书·李皋传》）；马璘的家园"进属官司，自后公卿赐宴，多于璘之山池"（《旧唐书·马璘传》）。后一种情况说明，在唐后期，皇帝的园林已经开始不如臣下的私家园林了。

私家园林的第二类，是别墅式的或设在别墅中。换句话说，自己的住宅在城内市中心，周围无从建园林，于是在城郊或城外山谷里建别墅，在别墅中建园林。唐朝宰相王起与

唐王维《辋川图》（局部）

兄弟王龟同住在长安光福里，而王龟又在城南荒僻的永达里建园林；御史中丞崔宽"有别墅在皇城之南，池馆台榭，当时第一"（《旧唐书·杨绾传》）。与这种别墅同类，当时还有"别业"一词，以及"庄"或"园"等，这些词汇有时可以通用。如著名的王维辋川别墅，就曾被称作辋川别业；裴度在洛阳午桥建的别墅，白居易称它为午桥庄；至于将别业称为庄的就更多了。如果强要区分，似乎别业或庄、园在规模上可能大于别墅，其中除宅院园林外，或许还颇有些田业。

别墅为寄意山水的官僚们休息宴乐而设，因而它的主要部分就是池馆台榭。隋唐五代时最著名的别墅，是唐朝宰相李德裕的平泉庄。《剧谈录》说它"去洛城三十里。卉木台榭，若造仙府。有虚栏，前引泉水，萦回穿凿，象巴峡洞庭十二峰九派迄于海门江山景物之状。竹间行径有平石，以手摩之，皆隐隐见云霞龙凤草树之形"。李德裕营建此别墅时，"远方之人多以土产异物奉之……时文人有题平泉诗者：陇右诸侯供语鸟，日南太守送花钱（"花钱"一作"名花"）。李德裕自己也作了大量的诗，描述他苦心建造的平泉山庄，诗中提到了山石、亭台、竹木、飞泉，有双碧潭，有花药栏，有书楼晴望，有重台芙蓉，大小数十景。李德裕是唐代一位有"山水癖"之称的官僚，因此他不惜花费大量人力财力，建造了这片占地很大、场景颇多的园林。据说李德裕当时曾写了个《家戒序录》，"志其草木之得处，刊于石，云：移吾片石，折树一枝，非子孙也"（《旧五代史》卷六〇）。到晚唐，洛阳几成废墟，李德裕平泉庄中的花木，"多为都下移掘，樵人鬻卖，园亭扫地矣"（同上），就连李德裕最宝贵的"醒酒石"，也被一位监军使搬到自家的花园中去了。

今日华清池全景

从以上官私园林的介绍看，隋唐五代的园林必有水池，有亭台，洛阳的园林还必有竹。除此之外，当时还逐渐兴起了欣赏奇石的风尚。宰相牛僧孺、李德裕，以及白居易、柳宗元等名人都喜欢异石。上述白居易履道里的住宅中，就还有天竺石一、太湖石五；牛僧孺在洛阳归仁里的宅第，庭院中放有任淮南节度使时得到的嘉木怪石；李德裕平泉庄中也有泰山石、巫山石等多种。最有趣的是诗人姚合写的一首《买太湖石》诗，真正写出了当时人对奇石的喜爱以及奇石的好处，诗云："我尝游太湖，爱石青嵯峨。波澜取不得，自后长咨嗟。"后来有个卖石翁见姚合是鉴石行家，就贱价卖给他一尊石，于是姚合在诗中接着说这太湖石"比之昔所见，珍怪颇更加。背面淙注痕，孔隙若琢磨。……置之书房前，晓雾常纷罗。碧光入四邻，墙壁难蔽遮"，似乎这太湖石往姚合的宅院中一放，就给宅院增添了一种神奇飘逸的味道。

这一时期园林中还有一种很常见但又很值得研究的建筑，即"亭"。按亭起源比较晚，这一时期正是它的发生发展期，因此有时我们觉得史籍中记载的亭和现在的亭不太一样，到了晚唐五代，亭的形制和功能才逐渐定型。在早期的园林中，亭的装饰作用不大，主要还是为了实用。湖州有个游览胜地叫白蘋洲，在唐文宗（827—840）之前数百年中没有建亭，后来刺史杨君建了五座亭，白居易因此写了《白蘋洲五亭记》，说这五亭是"架大溪跨长汀者，谓之白蘋亭；介三园阅百卉者，谓之集芳亭；面广池目列岫者，谓之山光亭；玩晨曦者，谓之朝霞亭；狎清涟者，谓之碧波亭。五亭间开，万象迭入"。这是官家修建，为赏景的亭子。除此之外，在唐中后期用于赏景的私人亭子也很多，只要翻开唐代史籍，什么"孙氏林亭""郝氏林亭"等就会看到不少。当时的亭子除了供游乐观赏外，还是宴会的好地方。最有名的例子是新进士会宴的曲江亭子，其他如三司使在长安永达坊的亭子里宴丞郎，幕僚们饯朝客于折柳亭等，史不绝书。这种可以宴饮的亭子，有的被称为"设亭"，形制比较大，也比较特别，其形如飞鹏，"左右翼为厨为廊"*（《全唐文》卷七一八）*。除用作宴会厅外，亭子还是处理公务的地方，甚至是寄宿的所在，因此史籍中才有"夜憩××亭""旅寄×××亭子"的记载。唐德宗贞元十九年（803），白居易拔萃及第后，在长安找住处，结果"得常乐里故关相国私第之东亭而处之"*（《全唐文》卷六七六）*，就是亭子供居住的一例。"亭"作为一种建筑形式而有这么多用途，难怪当时就有人说"作一亭而众美具"，强调亭的功用好于"楼观台榭"，因而"贤人君子多建之"*（《全唐文》卷五九七）*。不过说到底，亭子作为园林中的建筑仍是主要的。只不过它在这一时期，带有一些初期亭子的特征而已。到五代时，那种只容二人对酌的小亭出现了，小亭遂成为后世亭子的主流。

（四）寺观

最后附带谈一下寺观。寺观是僧侣、道士主要的居住生活空间。在隋唐五代，寺观的建筑结构与宫殿、官署、住宅均基本相同，这从大量舍宅为寺、舍宅为观的事例中可以清楚地看到。寺观与官署、住宅比较大的不同，是寺院内建有塔和钟楼。

寺观一般也采取院落式组群布局，多以大殿为中心。大

小雁塔

的寺观规模很大，例如大兴善寺、吴天观都占有一坊之地。慈恩寺有十余座院落，房间一千八百九十七间；章敬寺更有四十八院，四千一百三十间房。寺观的大殿或廊院的墙上常画有壁画，著名画家如韩幹、吴道子等人都曾在上面画过经变画。五代前蜀成都的上清宫，还画王子晋像作为前蜀政权的远祖，并画唐朝二十帝像于殿堂的四壁。寺观中还有食堂、澡堂，供僧道们饮食、沐浴。寺观的园林也十分有名，有时甚至连朝廷宫殿需要的花木，都要从寺院中移植。像安国寺的牡丹，当时已是名满洛阳了。

寺观又不仅是僧道们居住生活的空间，它和世俗世界，和世俗民众的生活发生着许许多多的联系。这种联系大致可分为两类：其一，寺观特别是寺院是当时城市中娱乐的中心，吸引着许多市民。如民众要看戏，可以到寺院的戏场去；要欣赏壁画，可以到寺院去；要游览园林，也可以到寺院去。寺院的塔可以供士庶登高远眺，寺院的楼阁可以供进士摆酒设宴，过年过节，街市的男女老少，也都要结伴到寺院去看灯观景。第二类联系，是指寺观可以作为旅舍，为世俗之人提供住处。到寺院居住的人，或者是为读书，或者是途中求宿。大家熟悉的唐人小说《莺莺传》，描写的是张生与崔氏女莺莺的一段爱情故事。当时张生与崔氏母女就都是在前往长安的途中，住在山西永济县的名刹普救寺中的。崔氏女住在寺院的西厢，张生住在何处不知，他们一直在这寺院住了一个月之久。唐人笔记《卢氏小说》，还讲了一个举子在寺院读书的故事。故事说宋济在长安大寺西明寺的僧院读书，碰见微服来访的唐德宗，德宗问："所业者何？"答曰："作诗。"又问："闻今上好作诗，何如？"宋济曰："圣意不测。"于是

敦煌壁画《阿弥陀经变》中的寺院建筑

德宗夸他:"宋五大坦率。"当时一般规模的寺院就有很多客房,实际就是个大旅店。还有的寺院建有病坊,收留病人达数百人之多。寺院的这些功能,是当时社会居住生活的一种重要补充,与之相关的"旅舍、邸店、赁居"等居住方式,我们将放在下一章,与"行生活"一并叙述。

这一节介绍隋唐五代时期室内的陈设。限于史料，我们只选择介绍其中一些最重要的张设和家具。

一　张设

这一时期的室内居住生活与前代相似，仍然是由于厅堂阔大，需要张设一些遮蔽物以为屏障或挡御风寒。这些张设物主要有帐、幄、帷、屏、帘等，下面分别进行研究。

（一）帐

帐有多种含义，大略来看至少有三种。一种是行军或出游时携带的帐，类似现在的帐篷，供外出的军队或士庶休息、宴饮、居住用。《唐六典》卷一一殿中省尚舍局记，皇帝出行要准备五等帐，即古帐、大帐、次帐、小次帐、小帐。古帐由八十块毡布构成，高二丈，长、宽各二点五丈，前有五梁，后有七梁。大帐以下各帐的高度和长宽递减，到小帐，以二十块毡布组成，高八尺，长、宽各九尺。"帐皆乌毡为表，朱绫为覆。"隋大业三年（607）七月，炀帝北巡到榆林郡，就"于郡城东御大帐……宴启民及其部落三千五百人"（《隋书》卷三）。官司或百姓也常将这种帐支在屋外，用途多是举行各种仪式，如迎送客人、婚丧嫁娶，以及外出时休息等，其形式则主要是宴饮。《旧唐书·李晟传》说赐李晟永崇里宅第，"入第之日，京兆府供帐酒馔"，吃完后"鼓吹迎导"，送进宅第。士庶出游，在游览处多设帐歇息。《开元天宝遗事》说："都人士女，每至正月半后，各乘车跨马，供帐于园圃或郊野中，为探春之宴。"这时若放眼望去，"山顶林间，供帐帘幕，筵席甚盛"（《太平广记》卷四六〇）。"帐"在这种意义上常和幄、幕连用，称作"帐幄"或"帐幕"。这时的帐，与室内张设实际没什么关系。

帐的第二种含义，是指它被张设在室内即宫殿或厅堂中，起着保暖和遮蔽的作用。《隋书·宇文化及传》说，宇文化及杀死隋炀帝后，"入据六宫……每于帐中南面端坐"。这里的帐，就是张设在宫殿里的。《太平广记》卷五二记张卓在京师进一宅的厅事，见"帐内妆饰一女，年可十五六"。这个帐，是张设在厅里的。《十国春秋》卷九九讲闽王王审知，常请僧人义存与自己谈话，"内尚书三人隔帐后录之"。这里的帐，起着明显的遮蔽作用。"帐"张在室内，作用与帷有些相似，因此常被连称为"帷帐"。

帐的第三种含义，也是帐在室内张设中最重要的含义，是指它被张设在睡床上，叫作"寝帐"或"床帐"。《开元天宝遗事》说王元宝华侈，"常于寝帐床前雕矮童二人，捧七宝博山炉"。《十国春秋》卷四九讲后蜀高祖奢侈，寝室有"煌明帐，色浅红，类鲛绡……施之大小床皆称"。到后蜀后主初即位，比较节俭，"寝处惟紫罗帐"。这里的帐，都是指寝帐或床帐。

（二）幄

幄与帐的第一义基本相同，不过更具有"屋"的含义，并特别使用于各种礼仪中。《旧唐书·辛云京传》说，辛云京死时，"宰相及诸道节度使祭者凡七十余幄"。这是用于丧礼的一例。士庶游春，所设帐幕也可称幄，甚至有妇女"以红裙递相插挂，以为宴幄"（《开元天宝遗事》）。这时的"幄"与"帐"很难区别，因此当时人就常将幄、帐混用。《十国春秋》卷二〇记南唐徐知谔"游蒜山，除地为场，联虎皮为大幄，号虎帐，与宾僚会饮其中"。这里的幄就是帐。因此敦煌壁画中的种种嫁娶图，描绘了在室外所搭帐篷中举行婚礼的情景，这些帐篷就可称为帐，也可以称为幄。

幄也用于室内张设，这时仍与帐连称，相当于帐的第二种含义。前引《唐六典》在讲完五等帐后又说："凡致斋，则设幄于正殿西序及室内，俱东向，张于楹下。"后面注曰："若朔望受朝，则施幄帐于正殿。帐裙顶带方阔一丈四尺。"从注中可以明确看到，幄在这里就是一种帐。幄帐张设在室内，也主要是为了保暖和屏障，置于宫殿似乎还为增加些庄严的气氛。

（三）帷

按"帷"的用途最广泛，其含义也最不明确。在史籍中有帷帐、帷幄、帘帷、屏帷等多种用法，似乎所有张设都可以和"帷"发生关系。反过来说，也就可知"帷"具有帐、帘、屏的作用。帷用作帐时，也写作"幃"。辽代字书《龙龛手镜》，释"幃"为"单帐也"。帷用作帐时，既设在室内，也用于室外。《太平广记》卷五五七"陈癫子"条说他"处于中堂，坐碧纱幃中"，这是用在室内。《隋书·裴矩传》说隋炀帝为夸示中国之盛，"令三市店肆皆设帷帐，盛列酒食……（蛮夷）所至之处，悉令邀延就坐，醉饱而散"。这里的帷帐，就支在店肆的室外。帷在这一意义上，常与帐、幄、幕、帘等配合使用。

帷用于"帐"义，不是它的基本含义，帷的基本含义应该是"围也"（《释名》卷六）。《说文解字》说"在旁日帷"，因此"帷"主要是指采用布帛为材料、以围绕为形式的屏障，它的目的是隔断。在这一含义上，帷常与屏、障等配合使用。《太平广记》卷一八二讲了一个有趣的故事，说赵悰的岳父是地方上一位大将，赵悰多年考进士不能及第，十分穷困，妻族也瞧不起他。有一年春天军中设宴，"大将家相率列棚观之。其妻虽贫，不能无往，然所服故弊，众以帷隔绝之"。后来有快马持春榜来报，说"赵郎及第矣"，"妻之族即撤去帷障，相与同席"。这个故事揭示出世态炎凉和唐代民众特别是武人对进士的尊崇，同时告诉我们"帷"的遮蔽作用，因此这里将帷又叫作"帷障"。当时还有叫"屏帷"的，如《太平广记》卷三四三说进士王胜闯入同州功曹某人的正堂，"其堂

敦煌莫高窟第12窟《嫁娶图》中的帷帐

中屏帷四合"，即用屏和帷围出一块天地。这里"帷"的围绕、遮蔽即"四合"的作用，就看得很明显了。

"帷"还可以挂在楹柱间，从室内的上部垂下来，其作用也是遮蔽和挡御风寒。这是帷的另一种含义。帷用于这一含义时，常和"帘""幕"等配合使用。《说文解字》释"幕"字时就说："帷在上曰幕。"《太平广记》卷四五五记王知古夜行至一甲第，厅舍内"栾栌宏敞，帷幕鲜华"。这种帷幕，就是悬挂在室内栾栌上的。又前引进士王胜的故事，除描写堂中有四合的屏帷外，还写王胜等人"见堂中垂帘帷"。一个"垂"字，也把"帷"悬挂在厅堂上部的特征描画出来了。这时的帷有些像今天的落地窗帘，但不仅置于窗前，更多地是置于门前或厅堂的后部正中，所以史籍中还有"闭户重帷""以翠屏画帷饰于堂门""帷飘白玉堂"等记载。总之，"帷"在隋唐五代的室内张设中十分重要，一间稍许像点儿样的房间，没有"帷"是不可想象的。

（四）屏风

屏风在隋唐五代时期室内陈设中，也占有重要位置。屏风主要也起遮蔽与挡御风寒的作用，它与帷的不同处，一是材料不同，二是不能悬挂在楹柱上。屏风不是用布帛做的，一般以木为骨，以纸为面，其他还有用铜做的，以及用玻璃、云母、玉石等材料做的。总之它由硬物组成，因此可以折叠或搬动。屏风分连地屏风和床上屏风二种。顾名思义，连地屏风放在地上，床上屏风放在床上。无论连地屏风还是床上屏风，它的装饰都是多种多样的。最简单的是素屏风，即不做任何装饰。其他还有在屏风上饰以珍珠玳瑁，或采用金银平脱工艺的。当时在屏风的面上时兴写字、画画，写字有名的例子是唐太宗在屏风上写《列女传》和房玄龄在屏风上写《家诫》；绘画则以人物画如伎乐、仕女为多，但也有画云鹤、奔马，以及山水和花鸟的。白居易写《素屏谣》，就说当时在屏风上多写画名家作品如"李阳冰之篆字、张旭之笔迹、边鸾之花鸟、张璪之松石"。连地屏风有时单独使用，有时则使用许多扇。如隋炀帝放在迷楼中的乌铜屏，高五尺，宽三尺，数十面连在一起，环绕在寝室内。五代十国时后蜀孟知祥"作画屏七十张，关百纽而斗之，用为寝所"*（《清异录》卷下）*。此外，还有闽国惠宗王延钧造的水晶屏风，屏风周围四丈二尺，王延钧就常与皇后"淫狎于内，令宫女隔屏觇之"*（《十国春秋》卷九四）*。这里写出了屏风的遮蔽作用，只是因为屏风透明（或即为玻璃屏风之一种），所以才能看得见里面。从上述记载看，一件若宽三尺，周围四丈二尺的屏风，就应该有十四扇。

除去这种皇帝使用的、扇数颇多的屏风外，当时还流行六扇屏风，也叫"六曲屏风"。这在史籍中记载很多。至于床上屏风，又称床上屏、小屏、小山屏，不仅施于卧床，也放在坐床（或榻）上，起到挡风寒的作用，所以当时的诗歌中就有"就日移轻榻，遮风展小屏"*（杨衡《春日偶题》）*，"低屏软褥卧藤床，舁向前轩就日阳"*（白居易《就暖偶酌戏诸诗酒旧侣》）*等诗句。

（五）帘

帘在这一时期，也是室内张设中的必备物。帘的形制比

五代王齐翰《勘书图》中的屏风

较清楚，主要用在门上，也有用于窗前的。帘的材料有布、帛，也有竹、草等，颜色以红、绿为主，即所谓"朱帘""翠帘"，高级一点的就施银钩、络珍珠。《唐国史补》卷上记尚书左丞李廙有清德，"门帘甚弊"。其妹夫刘晏正掌权，"令潜度（门帘之）广狭，以粗竹织成，不加缘饰，将以赠廙。三携至门，不敢发言而去"。这里提到的竹帘比较粗陋，而《清异录》卷下另记有所谓"赤紫色，人在帘间，自外望之，绕身有光"的瑞英帘，则是用于宫廷中的高级门帘了。帘的作用，主要也是遮蔽。特别是妇女，当她们会见男客时，有时需要隔着帘子。这种场合下的帘子，也就不仅施于门口，也施于室内帷帐的开口处。当时不单一般妇女遵从这种礼俗，尊贵如武则天也不例外。《刘宾客嘉话录》记河东张嘉贞"面奏天后，天后对之。河东请去帘，曰：'臣生自寒微，今蒙召对，然咫尺天颜，犹隔云雾，伏乞陛下去帘。'则天许之"。此外《旧五代史·罗隐传》还有一段有趣的记载，说罗隐诗名满天下，但相貌极丑。唐宰相郑畋的女儿喜欢罗隐的诗，"讽诵不已。（郑）畋疑其女有慕才之意。一日，（罗）隐至第，郑女垂帘而窥之，自是绝不咏其诗"。

（六）茵褥

茵褥在隋唐五代室内布置中属于铺设类，也十分重要。茵褥主要有两种：一种铺在地上，类似现在的地毯，当时也叫地衣。材料有竹以及木棉、毛毡等，前者用于夏季，后者用于冬季。堂内有茵毯，可能属于比较富裕的宅第，而更奢侈一些的人家，甚至还将茵毯铺在台阶上。《唐国史补》记唐朝大臣韦陟贵盛，房琯清俭。有一次韦陟有病，"房尚书琯使子弟问之。延入卧内，行步悉藉茵毯。房氏子弟袜而登阶，侍婢皆笑"。由此也可知，连尚书这样的高官，也可能并不铺设茵毯。著名诗人白居易写过有名的《红线毯》，批评宫廷里嫌太原和成都的茵褥都不好，非要每年让宣州进贡加丝毯。诗中说："宣城太守知不知，一丈毯，千两丝，地不知寒人要暖，少夺人衣作地衣。"茵褥的第二种，是铺在榻等坐具上。《太平广记》卷三四六"李湘"条，记李湘去见女巫，女巫"别置榻，设裀褥以延之"；《全唐文》卷七二七舒元舆《上论贡士书》说，现在每年到京城来应试的举人，应试时十分辛苦，"分坐庑下，寒余雪飞，单席在地"，应该改善他们的待遇，"设茵榻，陈炉火"。茵褥铺在榻上，固然是为了坐，其实铺在地上有时也与坐有关。这是因为隋唐五代阶段，低坐具依然存在、席地而坐仍然很多的缘故。

敦煌壁画《耕稼图》中坐在地毯上的僧人

唐周昉《挥扇仕女图》中的地毯

根据以上介绍，我们对当时室内张设的一些主要物品已有大致了解，而这些物品的好坏有无，在当时就意味着这家主人居住生活乃至一般家庭生活的优劣程度。换句话说，当时就是以上述一些张设作为室内装饰的代表的。《太平广记》卷五三记张茂实到一处宅院，入中堂，"屏帏茵褥之盛，固非人世所有"，这是说华盛；《旧唐书·岑文本传》说岑文本"居处卑陋，室无茵褥帷帐之饰"，这说的就是清俭。由此，上述帐帏帘屏茵褥，在当时居住生活中的重要地位，也就十分明确了。

二　家具

这一时期使用频繁的家具，主要有床榻、几案、橱柜等，下面逐一进行介绍。

（一）床

床在这一时期仍与前代一样，有寝床和坐床两种。寝床比较大，多以木制，好的就用柏木、沉香木，也有用象牙制作的。床的形制与前代差不多，腿有直脚和踞脚两种。有的床比较高，底下造有搘床龟或搘床石。床上一般还有帐子。坐床有许多种。一般的坐床与榻相似，有大有小，大的可以数人同坐。唐代小说《游仙窟》所记张郎和崔十娘、崔五嫂，就是在中堂的坐床上饮酒作乐的。床上一般铺有席或茵褥，也有帷帐，有时在帐中还有屏风。坐在床上，一般还是跪坐或盘坐。坐床中还有两种特别的床，即胡床和绳床。这两种床前代也有，但到此时使用更加普遍。胡床是一种类似今天马扎的可折叠的轻便椅子，但到唐后期，可能有些不能折叠的椅子，也被称作胡床。绳床与今天的靠背椅类似，原来仅在寺院使用，后来普及到民间，其中有一类发展为"倚床"，后称"倚子"。《唐语林》卷六记颜真卿被李希烈拘留时所做的体育活动是："立两藤倚子相背，以两手握其倚处，悬足点空，不至地三二寸，数千百下。"这里把倚子的形象写得很清楚，实际就是藤靠背椅。到唐后期，"椅子"一词开始出现。日本僧人圆仁所写《入唐求法巡礼行记》，记录的是唐文宗至唐武宗时（827—846）事，书中所记"椅子"一词就有四五处之多。椅子的普及，反映此时高坐具的流行，相

胡床，高50厘米（唐慕容智墓出土）

赤漆欟木绳床，高42.5厘米，日本正仓院藏

应地，高脚桌子也出现了。高脚椅子和高脚桌子，在唐代墓室壁画和敦煌壁画中都有反映。到五代，从《韩熙载夜宴图》中可以看到，高脚椅子的形制已经十分成熟了。

除了卧床与坐床外，床还有许多其他用处。例如玩杂技时叠椅用的"朱画床子"，大的也只有一尺余。此外还有摆设字画的床，以及饭床、梳床、茶床等，这些床实际与后面将要介绍的"案"的用途基本相同。

（二）榻

榻和床有时很难区别。按照字书的解释，大的叫床，小的叫榻，但实际上床也有小的，榻也有大的，这里将二者分别叙述只是为了方便。榻也有寝榻和坐榻两种，寝榻与寝床相似。《太平广记》卷三八"李泌"条记唐肃宗欣赏李泌，

唐卢棱伽《六尊者像·第八嘎纳嘎拔喇尊者》中的坐榻

"寝则对榻，出则联镳"。这时的榻就是床。另有一种寝榻叫"土榻"，实际就是后来北方常见的火炕。榻的这种用法为床所没有。坐榻与坐床一样，常被放置在帷帐内，上面也铺席或茵褥，坐时一般不垂足，与客人同坐一榻，表示对客人的尊敬和亲热。此外，在敦煌壁画中有一种长条凳是垂足坐的。有学者认为，这长条凳也是榻，它是低坐具向高坐具过渡时的产物。

（三）几案、橱柜

几案中的"几"有二义，一是凭几，一与案相同，这里我们不谈凭几。几案是类似后代桌子的平面家具。在席地而坐时，几案都较低矮。隋唐五代时期，这种几案仍然存在，特别是百官宴会时。高官坐堂上，低官席地坐堂下，每人面前都有食案。不过随着床榻的普及，特别是高坐具的出现，几案也发生了变化。一种变化是将几案搬到榻上，用法如现在北方农村的炕桌。另一种是加高几案的腿，然后放在床榻或椅子、凳子前面，与今天的桌子相似。当时的官府已有这种高足几案了，官员们就在这案上堆放文卷，也在案上办公。

敦煌莫高窟第85窟壁画屠房中的高脚桌

有的案上还铺有案褥，案褥四周垂下来将案腿遮住。《太平广记》卷一七一"王璩"条记王璩判案时，就"先令一人伏案褥下听之"。这时的案一定是高足，否则底下不可能藏住人，敦煌文书中可以看到这种高足案的形象。此外，敦煌壁画的各种婚嫁图中还有许多高脚的长条桌，这些长条桌大约也是案的一种。不过隋唐五代，似乎始终没有出现"桌子"一词。

当时在室内置放的家具中还有橱柜，橱与柜在形制上应基本相同，但橱似乎以存放书卷为多（如前面提到的隋炀帝观文殿中的书橱），而柜则存放衣物和钱财。在大多数情况下，柜是有门的，一般都较大。当时常有士庶为躲避盗贼而藏在柜中的事情。也有无门的大柜，比较罕见。《旧唐书·王伾传》说王伾接受贿赂，贪得无厌，"室中为无门大柜，唯开一窍，足以受物，以藏金宝，其妻或寝卧于上"。这里所说的柜显然很大，同时从形制上看，它属于一种卧柜。隋唐五代

唐三彩方柜（1955年陕西西安出土）

唐卢棱伽《六尊者像·第十五锅巴嘎尊者》中的坐椅与几案

墓葬出土随葬品中的明器柜，大部分都是这种卧柜。除此之外，见于史籍的柜，还有竖柜、床头柜、食柜等。从名称看，竖柜不同于卧柜，可能和现在的大立柜差不多；床头柜或许比较小；食柜则是专门存放粮食用的，根据敦煌文书，这种食柜大小不等，大约可装粮食二至三十石。

隋唐五代室内家具除上述床榻（包括椅子、凳子）、几案（包括桌子）、橱柜之外，还有台（妆台、镜台、台盘等）、箱（巾箱）之类。由于有关史料太少，我们无法详细介绍，这里只提一下镜台。按镜台是化妆时用的家具，质量好坏有很大差别，《太平广记》卷二二六"马待封"条，就记载了唐玄宗开元年间皇后的一个镜台。文中说这镜台上下两层，"皆有门户。后将栉沐，启镜奁后，台下开门，有木妇人手执巾栉至。后取已，木人即还。至于面脂妆粉、眉黛髻花，应所用物，皆木人执。继至，取毕即还，门户复闭。如是供给皆木人。后既妆罢，诸门皆阖，乃持去。其妆台金银彩画，木妇人衣服装饰，穷极精妙焉"。这真是一个非常精巧的高级镜台，应说是隋唐五代家具中的佼佼者。

住生活的社会性

一 等级性、地方性与民族性

（一）等级性

如同前代一样，隋唐五代时期的住生活，也体现出严格的等级性，突出表现是用法律形式即在律、令、格、式上，将这种等级性固定了下来。《唐律疏议》卷二六"杂律"说："诸营造舍宅……于令有违者，杖一百。"这里的"令"，指唐令中的《营缮令》等。日本学者仁井田陞的《唐令拾遗》将《营缮令》复原了若干条，其中有一条说："宫殿皆四阿，施鸱尾。""四阿"指屋顶的样式，"鸱尾"指屋脊的装饰，这二者都是宫殿专用的，一般官员甚至割据藩镇也不能随便使用。后唐明宗就曾下诏，将魏州、汴州、益州原有的"宫殿悉去鸱尾，赐节度使为衙署"（《旧五代史》卷四〇）。特别有趣的是，南唐的宫殿原本都有鸱尾，到准备投降宋朝时，宋朝使臣一来，就将鸱尾去掉，一走又将鸱尾安上，一点儿不敢马虎。

《营缮令》还有一条专对官员及庶人宅舍制定的令文。令文说："王公已下，舍屋不得施重栱藻井；三品已上，堂舍不得过五间九架，厅厦两头，门屋不得过五间五架；五品已上，堂舍不得过五间七架，厅厦两头，门屋不得过三间两架，仍通作乌头大门；勋官各依本品；六品七品已下，堂舍不得过三间五架，门屋不得过一间两架。非常参官，不得造轴心舍，及施悬鱼对凤瓦兽通袱乳梁装饰……庶人所造堂舍，不得过三间四架、门屋一间两架，仍不得辄施装饰。"（《唐会要》卷三一）这是从房屋间数、架数和屋顶装饰来规定的等级界限，其中的堂舍指正堂、中堂，门屋即前面所说待宾客的门馆。"乌头大门"，《唐六典》卷二三作"乌头门"，据研究，这乌头门的形制是左右立门柱，柱顶套黑色柱筒，柱上安衡

唐懿德太子墓壁画中的阙楼

木，柱内安两扇门。由于柱筒是黑色，所以叫"乌头门"（萧默《敦煌建筑研究》）。乌头门在法律上，只允许六品以上大臣使用，是当时等级限制的一个标志。

《营缮令》始于唐，隋朝还没有。不过即使在制定了详尽的律令制度后，贵族权臣们实际仍不会完全照此执行。下面就简述一下隋唐五代贵族官吏宅舍建筑的奢侈程度及其变化。

隋朝大约自隋炀帝以后建筑趋于奢丽，像杨素在洛阳的住宅，占有一坊之地。按每坊平均长宽五百米算，是占地二十五万平方米。《隋书·杨素传》说他"负冒财货，营求产业。东西二京，居宅侈丽。朝毁夕复，营缮无已"。唐朝建立之初，由于社会相对比较贫穷，创业大臣又大多节俭，因而当

唐彩绘陶房

时一些著名大臣如岑文本、魏徵都是居处卑陋，没有像样的正堂正室。著名将领李靖的家庙，后来成了杨国忠的马厩，也可知其简陋。到高宗武后时，大小官吏们开始着意修建自己的宅舍。《旧唐书·李义琰传》记李义琰为宰相，"宅无正寝，弟义琎为岐州司功参军，乃市堂材送焉"，并对义琰说："凡人仕为丞尉，即营第宅。兄官高禄重，岂宜卑陋以逼下也？"这时奢靡之风已逐渐兴起，像武延秀、宗楚客、张易之的宅舍就都很奢侈。到唐玄宗时期，奢侈之风更盛，但据《旧唐书》所言，当时"犹存制度"，也就是说这时虽然奢侈，但大致仍能遵守《营缮令》等法律规定。但是"及安史大乱之后，法度隳弛。内臣戎帅竞务奢豪，亭馆第舍，力穷乃止"（《旧唐书·马璘传》）。前节所述马璘的中堂，以及内官刘忠翼之第，就都因为太豪奢而被唐德宗下令毁除。德宗并命有司"条举格令"，重申"第舍不得逾制"。类似的诏命，我们在唐文宗时也见到过。《旧唐书·马璘传》点出内臣和戎帅，说明此二类人是唐后期宅舍逾制的突出代表。实际上朝官奢侈的也有，元载就是一个典型例子。史载其"城中开南北二甲第，室宇宏丽，冠绝当时。又于近郊起亭榭……城南膏腴别墅，连疆接畛，凡数十所"（《旧唐书·元载传》）。不过总的来说，还是节度使们的宅舍最奢豪、最不遵法度，而且一般说来皇帝对节帅的这种"逾制"不太过问。到五代时，北方因为战乱，宅舍建筑的规模和奢侈程度均不如唐后期，以至后唐时有人感叹说："今大内楼观，不及旧时长安卿相之家。"（《旧五代史》卷五七）但是南方十国政权内的贵族大臣们却任意造作，不讲什么制度，宅舍十分奢侈。前蜀内给事欧阳晃，"患所居之隘，纵火焚西邻军营，明旦召匠广其居，帝不问"（《十国春秋》卷三七）；徐延琼"经营土木，构第于锦水应圣桥西，横亘数坊，务极奢丽"（《十国春秋》卷四六）。

皇族贵族将相权臣的住宅最为奢华，其表现之一是占地面积大，另一表现则是宅舍的装修。《朝野佥载》卷三记："宗楚客造一新宅成，皆是文柏为梁，沉香和红粉以泥壁，开门则香气蓬勃。磨文石为阶砌及地，着吉莫靴者，行则仰仆……太平公主就其宅看，叹曰：'看他行坐处，我等虚生浪死。'"《杜阳杂编》卷上记："元载末年，造芸辉堂于私第。芸辉，香草名也，出于阗国，其香洁白如玉，入土不朽烂，舂之为屑以涂其壁，故号芸辉焉。而更构沉檀为梁栋，饰金银为户牖，内设悬黎屏风、紫绡帐。"从这两条史料可知，当时贵族大臣建筑宅舍时，注意使用上好的木材如柏木、檀木，墙壁上时兴抹上掺有香料的泥，呈红色或白色，而唐前期似以红色为多。这种香料来自远方，一般大臣无力弄到。更奢华的是，唐懿宗时同昌公主的住宅，"房栊户牖无不以珍异饰之。又以金银为井栏、药臼、食柜、水槽、釜铛、盆瓮之属"（《杜阳杂编》卷下），真可以说是奢侈之极了。

除上述宅舍的等级和贵族大臣的奢华外，反映等级制度的还有门戟和行马。

门戟置于宫殿门、州府门和王公、三品以上大臣门前，依等级不同，戟数也不同，例如宫殿门立二十四戟、正一品门十六戟、三品门十二戟等。门前立戟，可显示地位的高贵。唐玄宗朝时，张介然阶品已达三品，门前可以列戟，但他认为"若列于帝城，乡里不知臣贵。臣，河东人也，请列戟于故乡"。玄宗回答说："所给可列故乡，京城仁当别赐。"（《旧唐书·张介然传》）这样，张介然就在京城住所和故乡祖宅门

唐长乐公主墓壁画中的列戟图

前均列戟，充分显示了自己地位的尊贵。当时也有人违令立戟。唐宪宗时，京兆尹元义方、户部侍郎卢坦因阶品不够，违令立戟，被罚了一个月的俸禄，所请门戟也被收夺（《旧唐书·宪宗本纪》）。

行马是由木条交叉而成，用来拦阻人马通行的木栅，一般放在官署前，有时也放在宅舍前。门口有行马，表示了此处地位的高贵，李商隐就有诗说令狐绹"郎君官贵施行马，东阁无因再得窥"（《九日》）。因此当时也以"门施行马，庭列凫钟"（《太平广记》卷一九六）等语言，来形容某人家地位的高贵。

一般官吏住生活的具体情况我们不太清楚。据前引岐州司功参军李义琰的话，即所谓"凡人仕为丞尉，即营第宅"看，不少官吏在孜孜致力于营建宅舍。大约地方上官吏的宅舍稍好，京师的官吏就相对要差一些。韩愈到长安三十年后，才有自己的一处住房，房子有中堂待客，有北堂治膳，还有东堂、南亭，西偏又有若干间房，庭中更有八九株树。这他已经很满足了，说虽然"此屋岂为华"，但"于我自有余"，因为"开门问谁来，无非卿大夫"（《示儿》）。这与刘禹锡的《陋室铭》，旨趣是一样的。

百姓的宅舍也因贫富而有很大差别。巨富如长安的王元宝，"举以金银叠（垒）为屋，壁上以红泥泥之。于宅中置一礼贤堂，以沉檀为轩栏，以碱硵砌地面，以锦文石为柱础。又以铜线穿钱甃于后园花径中，贵其泥雨不滑也"（《开元天宝遗事》）。一般百姓的住宅占地，若按《田令》规定是"良口三人已下给一亩，三口加一亩。贱口五人给一亩，五口加一亩"。但"若京城及州、县郭下园宅，不在此例"（《唐六典》卷三）。所谓"不在此例"，主要指贵族官僚可以超标准占地，同时也指城市的平民百姓所占宅地往往达不到这一标准。《太平广记》卷三四四"寇鄘"条说，寇鄘是个占卜之人，花四十贯钱买了个谁也不敢住的凶宅，宅在长安永平里西南，"有堂屋三间，甚庳，东西厢共五间，地约三亩"。这处住所应当是比较好的，只因传闻是凶宅，才贱卖于寇鄘，它的面积就是三亩。敦煌文书S4707与S6067拼合，是一件"马法律宅院地皮账"。据此文书，这位马法律的宅院，共有堂一口、东房一口、小东房一口、西房一口、厨舍一口、庑舍一口，加上内门道、外门曲、院落，连台基共合一百七十一点七平方米，只相当于唐亩的三分之一强。马法律在当地不算是穷人，但他拥有的宅院面积和前面讲到的官僚贵族们二十亩或十万平方米的住宅面积，不是有天壤之别吗？从敦煌文书中记载的其他人的住宅条件看，只在一个院中拥有一至两间房的也大有人在。又，据前述敦煌文书，我们还可以知道当时一般平民住房中每间房的面积尺寸及其整体布局，若将它们画成图则大致如下所示①：

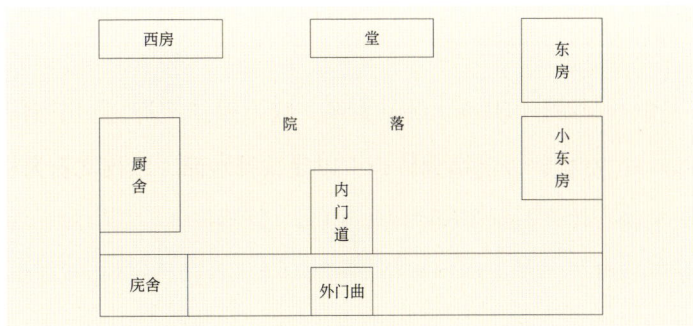

---

① 此处残卷所记似有误，错把西房南北长度记作东西长度了，因此西房的实际形状亦应是东西窄南北长，与东房类似。

由上图可知，这个宅院的布局仍是四合院式的。其中各种建筑的面积是：堂二十四点一平方米，东房十八点三五平方米，小东房八点五平方米，西房十三点九七平方米，厨舍十六点八六平方米，庑舍十六点四四平方米，内门道十点五七平方米，外门曲十点八四平方米，院落五十一点八七平方米。结合其他敦煌文书以及考古发掘资料，当时的住房中堂和东西房的面积，在十平方米至四十平方米之间，比较普遍的是二十平方米左右，比较大的在三十平方米以上。其他房屋面积，多在二十平方米以下（其中厨舍很大，反映了当时人对炊事的重视）。马法律的各栋宅舍面积都不算小，由此也可知，敦煌地区的"法律"阶层，还是一个相对比较富裕的阶层。

百姓中还有许多是租房而住，其中也有贫富差别。富者如前引《李娃传》中的郑生，在长安除租房住布政里外，还一掷千金，寄居在妓女家达数月之久；穷的就只好租破旧房舍或在阔亲戚的外舍栖身。

比起马法律之类，贫民的住处更等而下之。他们大多住草房茅屋，也有借居寺庙的。洛阳振德坊是贫民聚集处，由于他们每日只吃些糟糠，因而被称为"糠市"。奴仆们多住在主人家的马厩中。《开元天宝遗事》卷下说，苏颋少时常与仆夫杂处，读书时常借马厩灶中的火光，于是还有"吹火照书"的美谈。敦煌石窟第85窟壁画中有一院落住宅，其中画一人卧于马厩前，那大约也是仆夫一类人的住处。当然还有无房可住四处流浪的穷人，一遇天寒雪落，就会出现"路有冻死骨"（杜甫《自京赴奉先县咏怀五百字》）的悲惨场面。

（二）地方性与民族性

地方性和民族性表现在地域上是交叉的。此处除几大民族聚集地外，其他均作地方性处理。

北方建筑多用土石。就建筑群而言，除前述宫殿、官衙、寺观外，在隋末和唐末五代的北方乡村，还有许多堡、垒、栅、寨等。这些堡、寨有的建在险要处，是为避兵乱；也有的建在战场附近，是为了作战。黄巢曾撤民居以为寨屋，号"瓦子寨"，说明寨中房屋建筑与一般民居基本相同，都是用砖瓦构建的。后唐曾于博州营垒，垒刚刚建成，不料后梁军队兵压新垒，"时板筑虽毕，墙仍低庳，战具未备，沙城散恶"（《旧五代史》卷二九），结果后唐军几乎大败。这垒是用夯土筑成的。

唐"保"字板瓦（黑龙江宁安渤海上京龙泉府城遗址出土）

南方由于土质不好，即所谓"土薄"，因此建筑多用竹木，称为竹屋、草屋、茅屋等。前述杜甫在成都住的就是茅屋，元稹也说巴蜀是"短檐苫稻草"（《酬乐天东南行诗一百韵》）。江西、湖南多竹屋，所以刘禹锡在《采菱行》中说"家家竹楼临广陌"。随着北方官员就任南方，也就有一些人试图改变当地的建房习惯。如《旧唐书·宋璟传》说："广州旧俗，皆以竹茅为屋，屡有火灾。（宋）璟教人烧瓦，改造店肆，自是无复延烧之患。"不过这种改变风俗的事情看起来没能一下子完成，因此到唐德宗时李复在广州又"劝导百姓，令变茅屋为瓦舍"（《旧唐书·李复传》）。牛僧孺在湖北武昌，也曾致力于改变当地民众板筑土墙的习俗，而代之以砖。正是由于这些北方出身官员的不懈努力，到五代时南方地区的建筑已有了明显变化。这

敦煌莫高窟第217窟壁画《西方净土变》中的木结构建筑

从第一节"城市、宫殿"的介绍中可以看得很清楚。不过即使这样，各地的房屋样式与装饰仍然各有特点。如南汉、闽的宫殿中多装饰海中珠宝，楚的宫殿中铺的地衣多为竹或木棉制作等。其他如屋顶的大小、颜色的素雅，都与北方建筑有区别，只是由于史料太少，这里就只能从略了。

关于各少数民族住生活的史料也不多，下面大致按北方、西域、南方的顺序来介绍。北方包括突厥、回纥、契丹、奚等，这些地区民族主要住的是帐、庐。庐又叫穹庐，唐人慧琳在解释穹庐时说："戎蕃之人以毡为庐帐，其顶高圆，形如天象，穹窿高大，故号穹庐。王及首领所居之者可容百人，诸余庶品即全家共处一庐，行即骡驼负去毡帐也。"（《一切经音义》卷八二）敦煌壁画上有许多帐、庐的形象，大致是圆形穹顶，白色，开一方门。通过门可以看见在庐帐内部壁面有交叉的骨架。庐帐的顶上有天窗，有的天窗上加有毡盖，庐帐内则铺毡毯（参见萧默《敦煌建筑研究》）。突厥在可汗大帐的牙门前建有狼头纛，帐内坐皆向东。契丹到五代时，"得燕人所教，乃为城郭宫室……，屋门皆东向"（《旧五代史》卷一三七）。这种屋门东向的习惯，是因为他们过去的车帐都是东向的。出兵打仗，契丹还是设穹庐，有一次曾在长百余里、宽五十里的地域内"布以毡帐"，致使后唐军队"但见穹庐如岗阜相属"（《旧五代史》卷七〇）。

渤海文明程度较高，宫室建筑已如中原；室韦在居室上蒙皮或粗席；靺鞨则是居无室庐，只挖个半地窖式坑，然后"梁木其上，覆以土，如丘冢然，夏出随水草，冬入处"（《新唐书》卷二一九）。

吐蕃虽有城郭庐舍，但多不肯住，仍愿住毡帐。赞普住的叫大拂庐，高五丈，长、宽各二十七步，部民住的叫小拂庐。吐谷浑居住习惯与吐蕃相类。黠戛斯虽住毡帐，但冬天住屋室，上面覆盖木皮。党项也有屋室，习惯却以毛毡盖在屋上。

西域指今新疆一带，其建筑的主要特点是没有木结构的城楼和角楼，代替它们的是一些筒拱顶。土结构的房屋占绝大多数，其顶多是平头。此外还有垒石为屋的，石屋有的垒得很高，可达八九层。西域各国国王的坐具，带有明显的西方特色，如有狮子坐椅或金羊坐椅等。于阗国王还喜欢住内部绘有壁画的房屋。

南方主要指南诏及各种蛮、獠，居住特点是楼居，这是由于南方潮湿、草丛多毒蛇的缘故。这种楼居的建筑叫"干栏"。南诏王的座位方向也是朝东，与突厥以及回纥可汗的坐向相一致。

上述民族的居住方式是在不断变动的，前述契丹就因为受到燕人的影响而改为屋居。这是一种情况。另一种情况是少数民族迁入内地，也就放弃了原来"毡墙毳幕"的居住习惯，改为"上栋下宇"了。这可以突厥启民可汗"于万寿戍置城造屋"，"思改戎俗"（《隋书》卷三）为一显例。

二　礼仪习俗与迷信禁忌

（一）礼仪习俗

习俗和礼仪有时很难区分，民间习俗实行久了就可能成为朝廷礼仪，而有些貌似朝廷礼仪的行为规范在各种法规中却又没有规定，因此只能是一种宫中习俗。这里我们将它们放在一起叙述。

宫中建筑各有各的用场，如开宴会处不得寝卧、朝会处又极少宴会之类。这些恐怕都有明文规定。唐高宗永隆二年（681），高宗为庆贺立太子，"将会百官及命妇于宣政殿，并设九部伎及散乐。（袁）利贞上疏谏曰：'臣以前殿正寝，非命妇宴会之地；象阙路门，非倡优进御之所；望诏命妇会于别殿，九部伎从东西门入'"（《旧唐书》卷一九〇）。当时还有"避正殿"的规定，大致是说凡遇上天灾如山崩河干之类，皇帝都不能坐正殿受百官朝拜，以示对天认罪，接受天罚。这一礼仪是延续前代的。皇帝对功臣，当时常有赏赐住宅的行为，但赏赐的具体规模、手续等史无明载，不知是否有相应的规定。前几节有许多例子讲的都是对功臣住宅的赏赐。此外下嫁公主时，也要赐与宅第。将功臣送入所赐宅第，也有礼仪规定。一般是京兆府供酒食，并伴有教坊乐舞。百官在吃喝之后，由鼓吹乐引导，将被赐者送入所赐的宅第。

当时还有就第注官、就第问疾的礼仪，这多半反映了一种等级待遇。就第注官，十分热闹，如果任命的是节度使，就要在中门外搭好帐幕，迎接前来送节钺的内臣；如果是拜相，则不仅要由京兆府负责在门口建板屋，还要用黄沙铺路。就第问疾，主要是问宰相之疾。这时有关部门也要在该宰相住所的宅门口搭起帐幕，百官们在此排班后才能顺序前往问疾。

住生活中的礼仪，有些和婚丧有关。大致说来，婚礼时多在室外搭帐幕，安排婚宴，这在敦煌壁画中表现甚多。居丧时一般要住简陋窄小的房屋，房屋里的家具很简单。有些

榆林窟第25窟《弥勒经变》中的唐代婚礼（临摹）

孝子就在很小的即二平方米至三平方米的屋子里居丧达二十年。

当时还有一种旌表若干代同居的礼仪，主要是加高住宅的外门，然后在门外左右各建一高台。到五代时，又有人在厅前加步栏、屏障，树乌头正门，其外再筑双阙。这种旌表方式违背了法令的规定，遭到当时人的反对。

住生活中的习俗是多种多样的。如进门前要敲门；主人未请不能径自上厅中坐；官品等级不一不能并坐；与瞧不起的穷亲戚同坐时要用屏帷隔开；坐下后不能伸手隔座取物；家教严的女子，不登楼阁、不逛花园等等。

当时还不能随便窥视人家，不仅对一般百姓是这样，就是对官员们也是如此。唐朝雍州长史李晦家里有座楼，楼下有座酒肆。一日，酒肆老板对李晦说："微贱之人，虽则礼所不及，然家有长幼，不欲外人窥之。家迫明公之楼，出入非便，请从此辞。"李晦听后，当天就把楼给毁了（《旧唐书·李晦传》）。或许是由于不准窥人隐私的缘故，唐代法令规定"其士庶公私第宅，皆不得造楼阁，临视人家"（《唐会要》卷三一）。当然还是有不依此条法规、仍旧盖楼的大臣，但一旦为御史所发现和纠弹，他们就必须将楼封死或拆除。

盖好新房或者迁入新居，亲戚朋友要前来参加宴饮以表示祝贺，当时叫"暖宅"。如果是权臣，那宴饮的排场就十分地大。唐玄宗时宠爱安禄山，曾为他在长安的亲仁坊修建了一处非常华丽的住宅，"禄山入新第，置酒，乞降墨敕，请宰相至第。是日，上欲于楼下击毬，遽为罢戏，命宰相赴之"（《资治通鉴》卷二一六）。这就是皇帝命令大臣去祝贺乔迁之喜了。

当时还有一些住生活中的行为虽很难说是习俗，但它确实反映了特定历史条件下人们的思想观念，因此有必要提一下。唐朝大臣李晟，宅在大安坊，本来宅院中有许多竹子，但由于李晟功高，于是有人造谣说李晟将要如何如何。为避免流言，李晟将院中的竹子全部砍光，以表示自己的清白和坦荡。同样的例子，还见于另一个功臣郭子仪。郭子仪的房宅在亲仁坊，已见前述。他的宅院的特点，是门洞大开，没有围墙。无论何人，出入不问。有一次，他的孩子问他为什么要这样，郭子仪笑着说：我的功劳这么大，待遇这么高，"向使崇垣扃户，不通内外，一怨将起，构以不臣，其有贪功害能徒，成就其事，则九族齑粉，噬脐莫追。今荡荡无间，四门洞开，虽谗毁是兴，无所加也"（《太平广记》卷一七六）。这两个例子都说明，政治生活对居住生活的影响。也正因为上述李晟、郭子仪如此谨小慎微，才使二人没有被流言击垮，能够得以善终。

（二）迷信

居住生活中的迷信，主要是指当时的人相信住宅的位置、样式、朝向等关系到人生活中的吉凶，而指导这种选择的理论，主要是阴阳、五行、八卦等。这一时期出现了占地、相宅用的专书如《宅吉凶论》《相宅图》《五姓宅经》。从现存敦煌文书中的《宅经》（其中一部分被后人冠以《黄帝宅经》的名称而得以流传下来）残卷看，这时的《宅经》总的说来比较粗疏简陋。虽然运用了阴阳五行八卦学说，但还没有后世那种"龙砂穴水"的理论。从内容上看,《宅经》认为占宅之法是各种占卜中最重要的。作者综合了二十四家《宅经》后,提出分二十四路八卦九宫,配男女之位,定阴阳之界,来考寻休咎。作者认为占宅之中阴阳最重要,只要阴阳相顺就有福,就可不避将军、太岁、黄幡、黑方及五姓等忌讳。作者还提出了宅有五虚五实的原则,即:"宅大人少,一虚;宅门大内小,二虚;院墙不完,三虚;井灶不全,四虚;宅地多屋少,五虚。宅小人多,一实;宅大门小,二实;院墙完全,三实;宅小六畜多,四实;宅中水渎东南流,五实。五虚令人贫耗,五实令人高贵。"从这些话语中的合理成分看,当时的占宅术并不很玄虚。《宅经》中还分类介绍了在相宅、建宅、住宅、镇宅中的实用方法,如有形势安置法、修宅次地法、宅舍所用法、宅厅梁屋法、宅中置井法、作牛羊屋法、初入宅法等。其中讲宅的形势是:"白虎登天、青龙入泉、朱禽顾翼、玄鸟登山,如此之地,一寸万钱。"讲宅厅架梁,五行中属"土"的家庭"正月架屋,吉……三月殃祸灭门,四月生贵子……十一月不吉"等等。更有意思的是"初入宅法",云"欲入宅,先以五谷遗户屋庭,宜子孙。入阴以寄(奇)月,入阳以偶月。第一,童女二人,一人擎水,一人□烛。童男三人,二人擎水,一人执烛。第二,牵羊。第三,黄牛。第四,二人擎案,案上著金宝器。第五,二人将釜内着五谷,家长随后带剑,后一人擎马鞍,子孙宅右并从。第六,二人持箱,盛缯彩绵帛。第七,二人持甒,甒内盛五种饭,家母□锁于心前,随后行,男女左右并从至门,次第□入,大吉"。这是在《宅经》指导下的入宅法,简直就是一幅活生生的隋唐五代人迁居入门时的风俗礼仪图。

《宅经》作者要求时人"可以家藏《宅经》一本，用诫子孙，秘之宝之"，可知占宅在当时是一种很普遍的社会现象。从史籍记载的事例看，这种占宅主要考虑的是阴阳和八卦，并且特别重视"气"。隋唐长安的永嘉坊，在隋末时有方士说此坊贵气特盛，于是从唐武德、贞观以后，亲王、公主、公卿中居此坊者多于他坊。唐宰相杨炎在曲江南立家庙，"有飞语者云：'此地有王气，炎故取之，必有异图。'"（《旧唐书·杨炎传》），结果这成为杨炎被赐死的理由之一。唐宰相燕国公张说宅在永乐坊东南，有洪师对他说：此宅西北隅是王地，慎勿于此取土。"越月，洪又至，谓燕公曰：'此宅气候忽然索漠，恐必有取土于西北隅者。'公与洪偕行至宅西北隅，果有取土坑三数坑，皆深丈余。洪大惊曰：'祸事，令公富贵一身而已，更二十年外，诸郎君皆不得天年。'燕公大骇曰：'填之可乎？'洪曰：'客土无气，与地脉不相连，今欲填之，亦犹人有疮病，纵以他肉补之，终无益也。'燕国公子均、垍皆为（安）禄山委任。克复后，均赐死，垍长流之。"（《常侍言旨》）这里的洪师，可能是一个占宅占地的行家，史籍也称作"泓师"。《太平广记》卷四九七引《卢氏杂说》："泓师云：'长安永宁坊东南是金盏地，安邑里西是玉盏地。'后永宁为王锷宅，安邑为北平王马燧宅。"金盏地破了还能成，玉盏地破了就完蛋了。所以后来王锷、马燧宅都被官家没收，王锷宅后又赐给了史宪诚等人，即仍作为住宅，而马燧宅则被当作皇家公园即奉诚园了。此外利用八卦相地相宅的也有一例，即裴度的住宅。当时认为长安城横贯东西有六条高岗，南北排列，正合易象乾卦之数。裴度的住宅碰巧位于第五岗，按照乾卦的说法就是龙飞九五，是要做天子的。

因此有人就造谣说裴度有异图，幸亏敬宗没有相信。

与占地占宅相联系，当时还有各种求吉求福或辟邪镇邪的方法，如在门上画虎画豸以辟邪、在门前立泥人以祈晴等。敦煌文书的《宅经》残卷中，也有许多镇宅辟邪的方法。如有"用石镇宅法"，云："凡人居宅处不利、有疾病逃亡、耗财，以石九十斤镇鬼门上，大吉利。"在安石时还要念咒语云："谨告地神，宅内公官主人姓名，自居宅已来，未□福祐，今有厶某，请德良时吉日，以石若干斤如法镇获，一镇已后，永享元吉。"这种以石镇宅的方式传到后世，就变成了"石敢当"。除以石镇宅求福灭灾外，当时还有以各种神符镇宅的。敦煌文书中又有"护宅神历卷"，上面画有各种神符，将其贴在门口和室内或屋角，可以去百鬼、消万恶。

除了占地占宅求福辟邪之外，当时人还相信人死后会作祟，于是就出现了有关"凶宅"的信念和各种故事传说。这在当时的笔记小说乃至正史中有许多描述，大致是说某宅或某官署屡有灾异，居者多死，有人不怕，定要居住，结果或是被托梦，要他安置好或迁徙好死人的尸骨；或是他将作祟的妖精打败；或是什么事也没有发生。当然也有时发现所谓的妖怪只是一条狗，或只是由于观察不清而造成的误会。《太平广记》卷四九五说，润州有个万岁楼，俗传楼上烟出，刺史即死，不死即贬。唐开元（713—741）以前，以润州为凶地，谁也不愿到那里做官。一次，探访使董琬到此州，正好碰见白日烟出，刺史真的恐惧至死。到乾元年间（758—760），万岁楼又一次烟出，"圆可一尺余，直上数丈。有吏密伺之，就视其烟"，原来是一团蚊子，"从此知非，刺史亦无虑矣"。

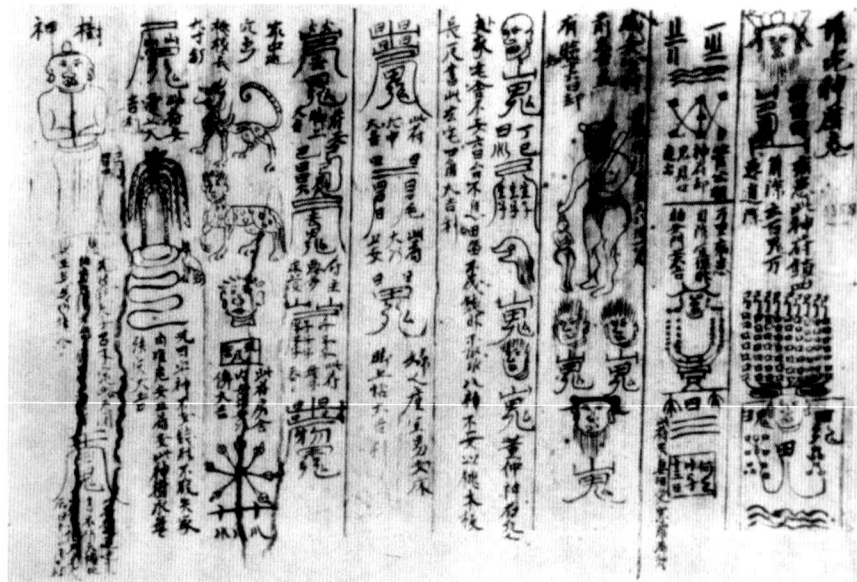

敦煌文书"护宅神历卷"

居住生活中的禁忌迷信，即占地相宅以及各种求福镇宅辟邪的方法，反映了当时人思想认识水平的低下，同时也是人们对舒适、幸福生活的一种积极追求，因此在相地相宅的迷信中，包含有相当多的合理因素，如建筑住宅时要尽量向阳、房屋既要避潮湿又要避干燥，以及其他反映当时人审美要求的一些规则等。这些合理因素是我们在考察当时人的居住生活时，要认真加以注意并将它们与虚妄迷信加以区别的地方。

行

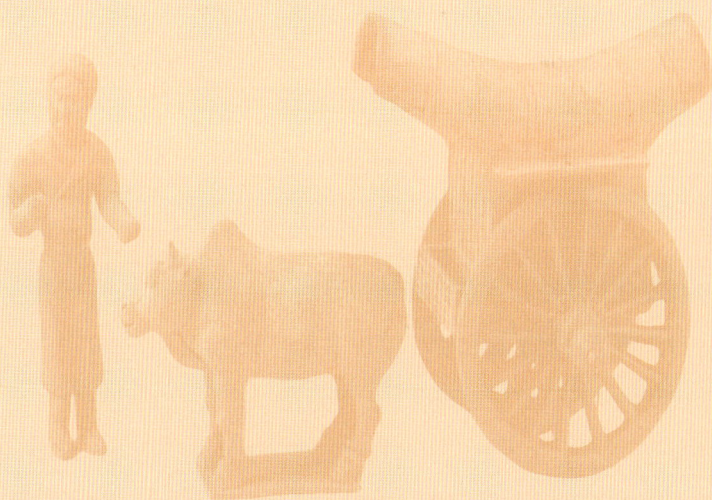

道路设施 与 出行工具

行生活中的"行"指"出行"。出行是社会生活的重要内容，出行生活涉及出行所需的道路设施，出行工具，出行制度、礼仪、风俗，以及出行时的乐趣或苦难等。全面研究隋唐五代的出行，需要很大篇幅，这里只能就其最一般的情况略作探讨。

一 道路设施

（一）道路的一般情况

出行离不开道路。从道路的自然状态，可将道路大致分为陆路和水路；而若依道路的社会性质，又可将其分为官路（官河）和私路。隋唐五代时的道路，以长安、洛阳两京为中心，向四方辐射。据《元和郡县志》，在每州之下记有"八到"，即四面八方各通往何处。无论何州，首先都要记录该州通往长安的道路，其次记录通往洛阳的道路。说到底这是政治的需要，同时也是经济的需要。中央集权的统治结构，决定了道路的中心是政治统治的中心。隋唐五代道路干线的总长度，由于资料缺乏，不能精确计算。若抛开立国时间太短的隋朝和分为数个政权的五代不谈，仅就唐朝而言，有人据唐代"驿"的多少，计算出唐代道路干线有五万里（白寿彝《中国交通史》），也有人计算为六万至七万里（刘希为《隋唐交通》）。这些计算虽然都有根据，但除驿路外，唐代另外还有一些官路，因此唐代道路干线的总长度，只会超出而不会少于六万至七万里。下面取《元和郡县志》中长安、广州这两个南北都市的"八到"，来看看当时道路的四通八达。

长安：东至东都八百三十五里。东南至商州二百六十五里。西南至洋州六百三十里。东至华州一百八十里。南取库谷路至金州六百八十里。正西微北至凤翔三百一十里。西北至邠州三百里。东北至坊州三百五十里。正东微北至同州二百五十里。

广州：西北至上都取郴州路四千二百一十里，取虔州大庾岭路五千二百一十里。西北至东都取桂州路五千八十五里。东北至韶州五百三十里。西北溯流至连州八百九十里。正西微北至端州沿溯相兼二百四十里。西南至恩州水路六百里。西北至贺州八百七十六里。正南至大海七十里。

这里我们看到了唐代州郡之间道路的四通八达，同时也知道通往某一地区常常有两条或两条以上的道路。《元和郡县志》对这种不同的道路做了详细记载，即如上述"广州"条中的郴州路和虔州大庾岭路。因此在计算道路总长度时，就不能忽略通一处而多条路的情况。此外，还要注意道路中的水路和水、陆相兼的道路。

隋朝道路，最重要的特点是开凿了大运河，贯通了南北

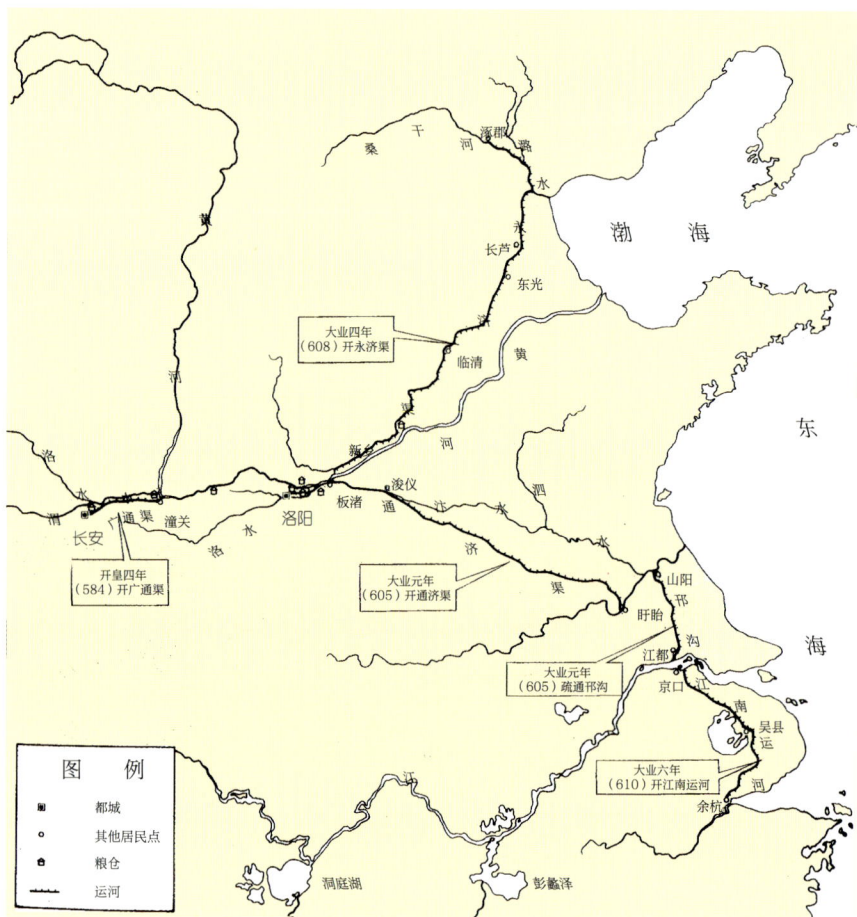

隋朝大运河示意图

交通。这里要特别指出，大运河的开凿，是由于隋炀帝的巡幸也就是"出行"促成的，它开凿成功后又便利了隋炀帝的出行。这个例子突出说明了道路与出行的相互促进关系。隋朝还有其他一些道路如驰道、御道等，也都是为隋炀帝巡幸而开辟的。

唐朝道路的特点，是道路以及馆驿的发达。同时由于政治经济形势的变化，又使交通路线在前后期有些不同。例如安史之乱时由于安史军队占了河南，使淮河运路断绝，江南财物只能沿江路上行，从商山入关，直接促成了七百里商山路的开凿。自唐代宗大历（766—779）末年李希烈占了蔡州，直到元和（806—820）时宪宗平吴元济，蔡州的不通也导致了江淮至关中的中路即经合肥、寿春至函谷关的道路作废。

五代时全国范围内有数个政权并存。这些政权之间，有的互相封锁，致使五代时交通路线的特点是远距离交通（如绕道路线，特别是海路）比较发达。如吴越、闽要和中原王朝接触，不能通过作为敌对国的南唐，而要走海路，从青州登陆；闽若想从陆路到中原，必须绕道湖南；中原王朝到闽、吴越，有时也要从湖北、湖南入广东，再走海路到福建、杭州。

中原王朝到周边政权或国外的道路在隋唐五代也很发达，并各有特点。隋代除开大运河为北伐高丽外，主要的道路集中在西北边。据《隋书·裴矩传》，"自敦煌至于西海，凡为三道"，即经过北道（伊吾）、中道（高昌）、南道（于阗）分别可达地中海、波斯湾和印度洋。唐代社会空前开放，周边各条道路的开辟，主要不是为了战争和游幸。据《新唐书·地理志》，这些道路主要有七条，分别是"一曰营州入安东道，二曰登州海行入高丽、渤海道，三曰夏州、塞外通大同、云中道，四曰中受降城入回鹘道，五曰安西入西域道，六曰安南通天竺道，七曰广州通海夷道"。其实除这七道外，《地理志》还详细记载了从长安到吐蕃的吐蕃道和长安到南诏的南诏道。进入五代以后，无论南北政权，都把与契丹的关系看得很重要。于是吴、南唐、闽泛海通使契丹的道路就发达起来，中原王朝也专门开辟了通往契丹的道路。这是唐代所不曾有的，反映了契丹的强大，同时也反映出社会政治变化对道路发展的影响。

（二）陆路

陆路在史籍记载中名目繁多，如驰道、御道（御路）、帝道、官道（官路）、官街（天街、禁街）、国路、驿路、县道、村路、饷道（饷路）、贡道、运路、大路、次路、便道（便路）、私路、马道、堤路、盘道、栈道、甬道、夹道、复道、山路等等。这些道路有的以性质命名，如御道、官道、驿道；有的以用途命名，如贡道、饷道、运路；还有的以形态命名，如堤路、栈道、复道。下面择其主要者略作介绍：

驰道、御道等是皇帝专用的道路。除宫殿中的御道外，其他一般说来都是为皇帝行幸准备的。例如隋炀帝"幸榆林，欲出塞外，陈兵耀武"，先告诉突厥染干，染干乃命"举国就役而开御道"，自"榆林北境至于其牙，又东达于蓟，长三千里"（《隋书》卷五一）。唐玄宗时咸阳有行宫名望贤宫，自行宫至长安有驰道。肃宗迎玄宗回长安，"乘马前引，不敢当驰道"（《资治通鉴》卷二二〇）。这些驰道、御道，有些因社会政治形势的变化，后来就不再为皇帝专用了。官街、官路、驿路，都是官方筑就的交通干线。官街主要指城市中的街道，官路则遍布于各州县，而驿路是指设有馆驿的官路。唐朝政府十分重视对官路的维护，不许在官路上耕种，也不许砍伐路旁树木。不过有时也有例外，那就是在南方老虎猖獗之州县，官路两侧十步之内的树木必须伐光，以便行人防备老虎。便道、便路、私路，是相对于官路、驿路而言的，这些路上不设馆驿关卡。阁道、栈道、盘道大都是山路，以凿石搭木等方式建成。唐末僖宗逃奔成都时，李昌符将栈道焚毁，多亏了王建"控僖宗马冒烟焰中过"（《十国春秋》卷三五），始得平安无事。复道也叫夹城夹道，主要建在城市里，是为帝王服务的。长安的复道，主要自大明宫沿东城墙而建，由复道南行可至曲江。在复道里行走，既可避人耳目，又十分安全。

隋唐五代的陆上道路，除去宫中有砖道外，其他多为土路，一下雨就成了泥路。道路太泥泞时，简直不能行走，以至朝廷常常放假三日，免去百官上朝的苦处。好一点的路，是在土路上铺上沙子，称"沙堤"。唐朝制度，凡拜相时要从被拜相者的家里用沙铺一条路，以示尊崇。当然也有别出心裁的富人，用铜钱筑路以防下雨路滑，这就属于奢侈一类了。当时，道路中最宽的大约有一百五十米，像长安城的朱雀大街就是如此。前述因隋炀帝去塞北而开的御道，也宽有一百五十米左右。其他次一点道路的宽度，我们只知道长安和洛阳城内的道路情况，大致有三十五米至六十五米、二十米至二十五米，以及十五米几种。道路的两旁多栽有树木，最多的是槐树、榆树和柳树。两京道路旁还种有果树。另外要特别指出的是，当时道路上每隔五里有一土堆，每隔十里则有两个土堆。土堆成方形，高约五尺，上狭下宽，称为"里隔柱"。行人望见里隔柱，就能推知自己走了多少路程。这是唐代道路设施发达的一个标志。

（三）水路与桥梁

水路与陆路不同，自然状态的江河湖海本身就是水路。除去这些自然水路外，隋唐五代时期，还开凿建设了许多新的水路。隋朝水路中最重要的是隋炀帝时开凿的大运河。运河南起余杭，中经江都、丹阳，北到涿郡，是贯穿南北的交通大动脉。据《大业杂记》记载，大运河宽六十余米，两岸有御道，道旁种有柳树。这大运河当时也被称为御河。到唐代以后，为通舟船而开河开渠的增加了许多，仅就《新唐书·地理志》所记，就达二十五六处。其中唐玄宗开元时，宿县所开广济新渠长十八里；天宝时，陕州开凿的天宝河长五里，阔十五米，深九米左右；而唐宪宗元和时，卫州所开新河长十四里，宽九十米，深五米多，比隋时开凿的大运河还要宽一些。五代十国时期，仍然继续开凿新的水路。后唐明宗时，幽州曾开凿了东南河，河长一百六十五里，宽百米，深近四米，也是一条大河。水路没有陆路那么多名目，屡见于史籍的只有水路、水道、海路、海道、御河、官河、漕渠等，其中"官河"的称呼最多，可能只要是官府开凿的新河，均可称为官河。如果"官河填淤"，"行旅拥弊"，地方官有责任疏通河道*（《旧唐书》卷一四六）*。无论官河还是自然河道，在河的两岸也多种有树木，树以杨柳为主。

桥梁架在河流上，是出行的重要道路。建桥由尚书省工部的水部司主持，有时还设有专门的桥道使；若在地方，则由各地方政府（主要是士曹）主持。建桥的资金是征收"桥道钱"，一般是每亩征五文。也有地方乡绅赞助的，还有孝子四处乞讨而修建的桥，称"义桥"。地方政府必须定时维修辖境内的各种桥梁，若"桥道不修"，要受到惩罚，负责的官员甚至可能被处死。隋唐五代时桥的种类很多，从原料区分，有石桥、木桥、竹桥、藤桥、绳桥、笮桥等，后面这几种桥多建在南方。此外还有浮桥。当时浮桥的建造很

隋李春主持修建的赵州桥

盛，一般的工程情况是"须竹笮大艑，两岸石仓铁牛以为固"（《旧五代史》卷五三）。当时最著名的浮桥，是黄河上的蒲津桥（位于今天山西省永济市）。唐玄宗朝宰相张说曾写有《蒲津桥赞》，云："域中有四渎，黄河是其长。河上有三桥，蒲津是其一……其旧制横缅百丈，连舰十艘。辫修笮以维之，系围木以距之，亦云固矣。"但冬春之际，未化之冰常将竹绠撞破，于是"以铁代竹"，并在两岸铸铁牛以"絷缆"。近年在山西省永济市发掘出铁牛、铁人各四个，每个都重达三四十吨，从一个侧面反映了当时蒲津桥的宏大。除蒲津桥外，当时著名的桥还有京兆府的灞陵桥、东渭桥、中渭桥，洛阳的天津桥。其他如大渡河上的桥长五十丈，陕州黄河上的太阳桥长七十六丈，宽二丈，洛水上的永济桥长四十点三丈，宽二点六丈。其中的灞桥位于长安之东，为历来送别之地。天津桥因正对洛阳宫门，被称为"御路之要"。隋时本为浮桥，用大缆维舟，两岸对起四楼，后冲毁。唐初改为石脚桥。到五代时天津桥时有不通，致使后唐时百官一度坐船上朝，路上多有翻船事故。中渭桥是"连横门，抵禁苑。南驰终岭商洛，北走滇池郦時。济济有众，憧憧往来……人思启行，吾其能济"（*乔潭《中渭桥记》*），实是长安出行的一座重要桥梁。

二 出行工具

（一）车

车在隋唐五代，可分为礼仪用车和日常用车两种。就礼仪用车而言，隋唐时期严格规定了上自皇帝下至大臣各个等级在各种礼仪场合的用车。这些礼仪用车，绝大部分是沿袭前代的，从史籍上看其制度，连记述用语都原封未动。就天子的车来说，主要有"五辂"，即玉辂、金辂、象辂、革辂、木辂。这些辂车形制上差不多，不过在装潢、颜色以及纹饰上略有不同。辂车均驾六马，马的颜色各不相同，分别用于祭祀、纳后、乡射、巡狩、畋猎等。此外还有驾四马的安车、驾六马的耕根车、驾一牛的四望车。这三种车分别用于耕藉、临幸、临吊、拜陵等。又有羊车（驾小马，即果下马）、属车（驾一牛。隋时曾多达八十一乘，唐规定设十二乘）、指南车、记里鼓车、白鹭车、鸾旗车、辟恶车、轩车、豹尾车、黄钺车。这些车在唐代都用于仪仗，皇帝出行时就把它们放在卤簿内。皇后的车有重翟、厌翟、翟车、安车、四望车、金根车共六等；皇太子有金辂、轺车、四望车；百

唐青白釉陶牛车（1957年河南三门峡出土）

官臣僚则一品是象辂，二品、三品革辂，四品木辂，五品轺车。隋朝百官只给犊车，等级的区别，仅在车幔的有无和颜色的异同。

以上各种车特别是唐代的车，主要是法律上规定的制度，实际已不常用。《旧唐书·舆服志》说："自（唐）高宗不喜乘辂，每有大礼，则御辇以来往。爰洎则天以后，遂以为常。玄宗又以辇不中礼，又废而不用。开元十一年冬，将有事于南郊，乘辂而往，礼毕，骑而还。自此行幸及郊祀等事，无远近，皆骑于仪卫之内。其五辂及腰舆之属，但陈于卤簿而已。"这就是说，五辂之类的车，在唐代玄宗以后，不仅不是一般出行工具，甚至也不是礼仪出行工具，只是摆在卤簿内

唐代的木牛车明器

唐代的陶牛车

充数罢了。但是前面提到的犊车，作为礼仪用车一直延续下来，直到唐文宗大和年间（827—835），还有诏敕规定各级官员的犊车上有幰还是无幰，以及公主、郡主、县主和外命妇的犊车上用什么装饰。但其用途，也只限于册拜、婚会、出降等了。

犊车除作为礼仪用车外，从广义上说也属于一种日常用车，即牛车。按牛车在隋朝用得很普遍，重臣如牛弘出门，也是乘坐牛车。一次，牛弘的弟弟"射杀（牛）弘驾车牛"，牛弘泰然自若，被时人赞为宽容大度（《隋书》卷四九）。唐朝刘子玄也说："魏晋已降，迄于隋代，朝士又驾牛车。"（《旧唐书》卷四五）但是到了唐代，朝士不坐牛车了，坐牛车的主要变成了妇女。贵者如"（杨）贵妃姊妹，竞车服，为一犊车，饰以金翠，间以珠玉。一车之费，不下数十万贯"（《明皇杂录》卷下）。他如唐名士韩翃，与柳氏分别三年后，一日在京城"逢犊车，缓随之"，车上坐的正是已被番将沙吒利掠去的柳氏，于是演出了一部豪侠劫柳氏的故事。此外如百官赴任，政府要提供牛车让家眷乘坐，也供装载行李。牛车用作运输，其例就更多了。虽然运输不是出行的重点，但也是出行生活的一部分，这里我们只举出公、私两个例子：一是唐代司农寺用于运输的牛车有一千零二十一乘，可见其多；二是唐代诗人白居易《卖炭翁》一诗中描写的卖炭老人，赶着一牛车木炭，重达千余斤。这木炭、牛车无疑是老人出行生活的一部分，关系到他日常生活的好坏。

牛车而外，当时日常用车中还有马车、驴车、驼车等。若以形制或用途分，又有轩车、轺车、金装车、库车、辎车、斋车、辒车、柩车、丧车、露车、软车、卧车、奚车、钿车、山车、宝车、画戟车、拜扫车等等。其中的辂车是马车，在隋朝百官都乘牛车的情况下，它用于皇帝赐给致仕的权臣。奚车本是契丹在塞外用的，"开元天宝中渐至京城"（《旧唐书》卷四五），到中唐以后不仅流行，而且变得高贵起来，以至唐文宗时不许胥吏及商贾的妻女乘坐奚车。同是突厥喜用的毡车，到唐代也很普及，而且也算高级车。《幽闲鼓吹》记"李师古跋扈，惮杜黄裳为相，未敢失礼，乃寄钱物百万，并毡车一辆"，后看杜黄裳的夫人十分俭朴，最终也没敢将车及钱物献上。钿车和軿车都是妇女坐的：唐代进士曲江大宴，公卿家倾城纵观，"钿车珠鞍，栉比而至"（《唐摭言》卷三）；而杨贵妃得罪唐玄宗后，玄宗"令高力士以軿车载送还其家"（《太平广记》卷二四〇）。需要说明的是，无论奚车、毡车，还是钿车、軿车，实际上它们都是牛车，只不过在样式和装置上有所不同而已。

当时的车，可分为官车和私车。度支、司农所有的车是官车，前述配给赴任者的也是官车，而私车就是自家的车。隋唐五代时，官方常常向私人租车、借车以供运输。这种租借是有代价的，大约一天是三尺绢，或一里三十五文钱，所以当时也叫"雇车"或"和雇车牛"。唐宪宗时，河南府为搬运粮草，就雇了牛车四千零三十五乘，每乘用牛四头。私人之间也有借车、赁车的，所借之车可用于载人，也可用来运物，到唐代甚至出现了专门以车为人服务的人，叫作车家、车者或车子。典型的例子，是崔练师租车事。《太平广记》卷三一四"崔练师"条说，女道士崔练师"置軿车一乘，佣而自给……一旦，车于路辗杀一小儿，其父母诉官，追摄驾车之夫，械之，欲以其牛车偿死儿之家。其人曰：'此物是崔练师处租来。'官司召练师，并絷之"。这崔练师就是靠出租牛车为生的租车经营者，可见唐代租车业的发达。

由于车辆特别是运输用车甚多，需要有放置的地方，所以当时专门设置有车坊。车坊就是存放车辆的场所，分官府车坊和私人车坊两种。官车坊从中央各部到地方州府都有，主要用于存放车辆。由于车多，车坊的地方很大。唐代百官上朝，在待漏院设立之前，宰相就在光宅车坊避风雨。有些官府车坊装饰华丽，甚至成了送往迎来、备酒摆宴的场所。私人的车坊主要用于出赁，以便从中获利，因此唐朝皇帝在下发诏令时，常将车坊与邸店等营利设施并举。唐玄宗开元二十九年（741）制，就"禁九品已下清资官置客舍、邸店、车坊"（《旧唐书》卷九），可见私人特别是一些官员设置车坊已是很普遍了。

（二）马

马是这一时期重要的出行工具。由于战马的需求量很大，一般人家养马不多，因此马在这一时期又属于比较高级的出行工具。隋朝虽如前引刘子玄所言，"朝士又驾牛车"，但实际上骑马的也不少，从史籍记载看，如皇帝、州长史、博士，都有骑马的。但是相对后代，隋朝私人骑马的还是较少，因此朝廷拥有的马匹就非常多，皇帝赐给大臣马动辄几百匹、上千匹，这在后代是不多见的。与此相适应，当时权臣因得到赏赐，家里的马就变得很多，像宰相杨素家里的马竟有上万匹，这在后代也是不能想象的。当然这上万匹马，大多不是作为出行工具而是作为战马饲养，这就难怪被人看作谋逆的一个证据了。

到唐代，骑马出行变得普遍起来。前述刘子玄在讲到隋朝朝士驾牛车后又说："自皇家抚运，沿革随时。至如陵庙巡幸、王公册命，则盛服冠履，乘彼辂车。其士庶有衣冠亲迎者，亦时以服箱充驭。在于他事，无复乘车。贵贱所行，通鞍马而已。"这就是说，到唐朝，乘车就皇家礼仪而言只用于陵庙巡幸、王公册命，民间只用于婚礼，其他无论贵贱，都是骑马。例子就很多了，上自皇帝、朝臣百官，下至进士、侠客、商贾、无赖，无不骑马。特别要说的是，唐代妇女虽然主要是坐车出行，但一度（即唐玄宗开元天宝年间）盛行骑马。《旧唐书·舆服志》说："开元初，从驾宫人骑马者皆着胡帽，靓妆露面，无复障蔽。士庶之家，又相仿效，帷帽之制，绝不行用。俄又露髻驰骋，或有着丈夫衣服靴衫，而尊卑内外，斯一贯矣。"作者本意是讲服饰，但也透露出盛唐时妇女骑马的风行状况。前述杨贵妃姊妹坐犊车随玄宗去华清宫，后因太重，"牛不能引，因复上闻，请各乘马。于是竞购名马，以黄金为衔鞍，组绣为障泥，共会于（杨）国忠宅，将同入禁中"（《明皇杂录》卷下）。传世画卷《虢国夫人游春图》，就描绘了唐代贵妇人骑马出行游春的景象。不过就一般情况看，唐代妇女还是坐车的多。如果是夫妻一起出门，则必是女坐车，男骑马。关于唐代法令禁止流人骑马，以及对商人骑马的限制，我们放在"制度与礼俗"一节中详论。

唐代统治者对马政非常重视，但这一话题超过了本书的范围，因此只能简单提一下。唐代在许多地方设有监牧以养马，如有陇右监牧、银川监牧、原州监牧等。其中原州在天宝年间有五十监，计有马三十一万九千余匹。其他还用括马、市买等方法扩充马匹。比起隋代来，唐代是不允许私人藏有大量马匹的，因此皇帝赐给大臣马一般只是一二匹。由于马匹短少，马就成了较高级的出行工具。在唐代，家里没有马但出行又需要马者只好借马或贷马，皇帝有时也拿出飞龙马来借给大臣以示恩宠，这时大臣就要写《谢借马状》表示感谢。有时有些低级官僚要去见漂亮女妓，也要借马扮作富贵的样子。

五代时骑马更加普遍。由于当时北方马多，南方马少，因此南方诸政权如荆南、楚国都屡屡以茶等物品交换马匹，当然主要为了换来战马。南方诸政权中，马政较好的是前蜀，但即使前蜀，王建也是费了十年工夫才弄到官马八千匹、私马四千匹。十国政权中，后蜀后主不爱骑马，所以内厩只有一匹打毬马；但吴越国的钱镠和荆南的高季兴都好名马，其中高季兴一听说有名马，就不惜千金去买，但直到他死，也没能遇到一匹好马。

说到名马，隋、唐、五代都有。唐太宗的"六骏"是十分出名的，其他还有唐代宗赐给郭子仪的九花虬。《杜阳杂编》卷上记此马"即范阳李德山所贡，额高九寸，毛拳如麟，头颈鬌鬣，真虬龙也。每一嘶则群马耸耳。以身被九花文，故号九花虬"。此外还有狮子骢、望云雅、照夜白等。唐代宰相裴冕"性本侈靡……名马在枥，直数百金者常十数"（《旧唐书》卷一一三）。唐代人又喜欢"连钱"马。所谓"连钱"，指似连钱纹样的旋花毛。当时人喜欢青色的连钱马，而如果马的颜色与连钱的颜色不同，如"白马紫连钱"，那就

唐张萱《虢国夫人游春图》(宋摹本)

唐李晦墓出土三彩骑马俑群

是上好的马；如果再配上黄金勒或锦绣障泥，就显得更加名贵。骑名马可以提高自己的身价，如李白《赠从弟南平太守之遥二首》有云："承恩初入银台门，著书独在金銮殿。龙驹雕镫白玉鞍，象床绮席黄金盘。当时笑我微贱者，却来请谒为交欢。"读此诗，可以想见李白骑在马上的傲然之气。除名马外，当时还有各种其他类型的马，如果下马、矮马、蜀马、草马、细马、胡马、款段马、牂牁马、打毬马、厅子马、筋脚马、鸣珂马等，名目繁多。其中果下马最小，只有羊大，用于拉羊车。蜀马和牂牁马都是南方马，比较矮。蜀马用得较普遍，但等级似比较低。唐代《礼部式》规定，一般官员的家属只能骑蜀马和小马。又有规定说，给驿马若不宜大马处给蜀马，这是从马的适用性方面考虑的。款段马是一种行步缓慢、比较稳健的马，为俭朴的大臣所喜用；而鸣珂马则身佩美玉，是贵臣地位的一种象征。

与马有关的还有马社、马肆、马行、马铺、马坊等。马社是为保证马匹供应的民间组织，若有马死，社人共同补充。马行、马肆与马的买卖有关，马铺则是通信设施。马坊是养马的地方，隋代就有，唐代更多，仅关内道的岐、邠、泾、宁四州就有八马坊，唐玄宗开元年间，四十八监有马四十四万匹。此外如中央的龙武军，以及地方一些州县，都有马坊。唐代还有传马坊或叫长行坊，养的马叫"传马"，因与驿传有关，我们放在后面一并论述。

（三）驴

驴是比马低一等的出行工具。隋朝杜子春由富而贫，其出行工具相应地也就变成了"去马而驴，去驴而徒"（《太平广记》卷一六）。所以，当时把驴称为"劣乘"。不过由于驴比较便宜，因而它在民众中使用较普遍。百官一般骑马不骑驴，如果骑驴就十分可疑。李夷简任郑县县丞时，发现"有使走驴东去甚急"（《唐语林》卷三），结果此使果然是叛军首领朱泚派往幽州的人。流外官中骑驴的不少，可能是因为国家不供给流外官马骑。举人、进士中有钱的骑马，无钱的骑驴。十分饥贫的人，就三兄弟"共有一驴赴京"（《云溪友议》）。不过，后来进士们追求车服的华奢，以至到唐懿宗咸通年间特意规定进士不许乘马，只许骑驴，但这一规定估计没能贯彻下去。进士之外，百姓骑驴的就更多了。隋开皇五年（585）遭灾，文帝命"买牛、驴六千余头，分给尤贫者，令往关东就食"（《隋书》卷二四）。这里的驴中，恐怕有些就是供骑乘的。由于驴是一般人未做官时的出行工具，因此那些仕途不

唐蓝釉带鞍陶驴（1956年陕西西安出土）

达的落魄英雄、没中第或虽中第但无官的诗人骚客都骑驴，甚至由于不做官的人才骑驴，致使它又成为隐士、处士等高人的坐骑，给人以虽穷但很旷达的感觉。如中兴宰相裴度微时就骑驴，诗人杜甫、贾岛、李贺也都骑驴，其中杜甫骑驴骑了三十载（一说十三载），生活一直很贫困。此外，唐德宗时的山人宰相李泌骑驴，甚至传说中的张果老也骑驴。此外，当时以驴为坐骑的，还有俳优、乐工以及一些妇女。唐天宝年间萧颖士就曾遇见"一妇人年二十四五，着红衫绿裙，骑驴"（《太平广记》卷二四二）。

与马一样，驴也有官驴。百官赴任，只要符合条件，官方要给车马，也要给驴，大致是一品给十五头，二品给十头，直至九品给二头。唐代驿中也有驴。另外，官方要用驴时还可以派差，也可以借驴。《唐律》规定，借驴的价钱是一日绢三尺，与庸一样。民间也有借驴或赁驴、雇驴的，十分兴盛。据日本和尚圆仁的经历，唐文宗时在海州，若雇驴的话，"驴一头行廿里，功钱五十文"（《入唐求法巡礼行记》卷一）。雇驴的人多了，就有客店养了许多驴供客人用。也有专门的租驴业，经营这一行业的多称"赁驴小儿"。《续玄怪录》记载，马震住在长安平康坊，一日，听到有人敲门，开门一看，"见一赁驴小儿云：适有一夫人，自东市赁某驴，至此入宅，未还赁价"。从这一记载还可知，那出租驴的地方在长安的商业区即东市。

（四）其他畜力及徒步

畜力出行工具除马、驴外，还有牛、骡、骆驼、象等。

隋骑骆驼俑

牛主要用于拉车，单骑的也有。隋末英豪之一的李密，辞了三卫之职后，"专以读书为事，……尝欲寻包恺，乘一黄牛，被以蒲鞯，仍将《汉书》一帙挂于角上，一手捉牛靷，一手翻卷读之"（《旧唐书》卷五三），为杨素所赞许。骡在当时还是使用比较多的，除用于战阵的"骡子军""骡子营"以及用于运输的"骡纲"和用骡驮物外，史籍记载骑骡的有胡人、隐士、奴仆等。从制度上说，上述畜力骑乘的等级顺序，是马、驴、骡、牛，因此骑骡的人的身份不高。骆驼主要用于北方特别是西北沙漠地区，骑者多是胡人。《资治通鉴》卷二一六记载，哥舒翰"每遣使入奏，常乘白橐驼，日驰五百里"，速度还是够快的。南方骆驼很少，甚至到了五代的后蜀时，还是"蜀地无骆驼，人不识之"（《十国春秋》卷一一五）。象主要生活在南方特别是云南地区，那里的居民养象用于载物和出行，与中原地区养牛、马一样。徒步出行是出行的最自然状态，这里只特别指出两点：第一，就有身份的人来说，出行而徒步意味着已经十分贫穷，前举"去马而驴，去驴而徒"可证；第二，当时很时兴雇夫、佣力等，也就是徒步行走为人负重以换取生活费用。这当然都是更贫穷者所做的事情，严格说它不算出行，只算谋生，但也可算是雇人者出行的附属物或组成部分。《太平广记》卷二三说："唐贞元初，广陵人冯俊以佣工资生，多力而愚直，故易售。常遇一道士，于市买药，置一囊，重百余斤，募能独负者，当倍酬其直。俊乃请行。至六合，约酬一千文。"冯俊以其徒步负重，达到与道士一同出行的结果。

（五）舟船

舟船，是出行工具中很重要的一种。南方和北方都使用舟船，而南方使用较多，有些地方简直就是唯一的出行工具。船的种类有多种，除去用于战争的战舰、战船外，若以原料分，有木船、竹船、竹木筏、皮船等；以形式分，有海船、轮船、小斛底船、小舸子、大河船、篷船、舫船、舴艋舟、小舫、大舸、画舸、楼船、舶船、棹船等；以用途分，有偏重于运输的米船、粮船、盐船、租船、漕船、饷船、转运船，有偏重于游玩的龙凤船、竞渡船、行酒船、采花船、彩舫等。其中的轮船，指唐朝山南东道节度使李皋造的船，史称其"挟二轮蹈之，翔风鼓浪，疾若挂帆席"（《旧唐书》卷一三一）。这种轮船在当时是很先进的。

就船的规模来说，隋炀帝乘坐的龙舟比较大。他一次出行，船队长达二百余里。《隋书·食货志》说隋炀帝"造龙舟凤䑲、黄龙赤舰、楼船篾舫……以幸江都。帝御龙舟，文武官五品已上给楼船，九品已上给黄篾舫，舳舻相接，二百余里"。楼船一般也不小，有的上建三层楼，高百尺。巨船还有唐末成汭造的"和州载"，"三年而成……上列厅宇泪司局，有若衙府之制"（《北梦琐言》）。一般的船中，小船长八尺，大船长三丈，三丈以上的船，就有被用作战船的危险。隋文帝开皇十八年（598）曾下诏说："吴越之人，往承弊俗。所在之处，私造大船，因相聚结，致有侵害。其江南诸州，人间有船长三丈已上，悉括入官。"（《隋书》卷二）商船也有十分巨大的，著名的如俞大娘航船，《唐国史补》卷下说："江湖语云'水不载万'，言大船不过八九千石。然则大历贞元间，有俞大娘航船最大，居者养生、送死、嫁娶悉在其间。开巷为圃，操驾之工数百，南至江西，北至淮南，岁一往来，其利甚博，此则不啻载万也。"这船上不仅住有人家，而且还建有街巷，种有菜蔬，可谓大矣。官方所有的转运船，一般载重在五百石至一千石之间，以十只为一纲。小船中有一种竞渡船，为了速度快，有时在船的底上涂漆。

除了上述用作出行的各种船外，还有一种船专门用于渡口摆渡。据《唐六典》卷七："其大津无梁，皆给船、人……白马津船四艘，龙门、会宁、合河等关船并三艘。渡子皆以当处镇防人充。"摆渡船不仅渡人也渡牲口，而且到晚唐，渡口增多，渡船也增多，其中有些还由私人经营。日本和尚圆仁说黄河"南北两岸，各有渡口……此药家口多有舟船，贪载往还人。每人出五文，一头驴十五钱"（《入唐求法巡礼行记》卷二）。这一渡价并不便宜。此外，作为水上的出行工具，当时还有木罂、浮囊等。后者是"以浑脱羊皮吹气令满，紧缚其孔，缚于胁下，可以渡也"（《太白阴经》）。这种浮囊在现在的陕北还可以见到。

隋唐五代的船，也有官船和私船之分。中央一些部门和地方政府的船都是官船，其他个人特别是商人所有的船是私船。官船包括驿船在内，就是官家使用的船，官府的长官就是官船的当然使用者。安禄山造反前回长安，怕遭暗算，得到允许回河北后，"疾驱出关，乘船沿河而下。令船夫执绳板立于岸侧，十五里一更，昼夜兼行，日数百里，过郡县不下船"（《资治通鉴》卷二一七）。安禄山乘坐的就是官船。由于官船往往不够使用，就需要采用和雇、差雇等方式向私人借

柳暗花明
雪景凝寒
如圖佰上
芳草萋萋、重
綠陰漫處
遊侶韶光的
宣和六字
題較勝
平堤試騙
驕嘶緩轡
柳絲長
湖光山色
玉勒金不
因玄畫負
豁襄
乾隆御題

隋展子虔《游春图》中的渡船

行 | 道路设施与出行工具　273

船。这种借船，名义上是给钱的，但"州县虽云和雇，商人焉敢请钱"（《全唐文》卷八九）？实际上就是掠夺。如果此处官府想要雇彼处的官船，还需要下帖才行。由于当时除富商外一般拥有船的人不多，所以隋唐五代时私人间佣借船只非常普遍，史籍称为雇船、赁船、佣船、僦船等。唐天宝年间，有个姓崔的县尉欲去吉州赴任，"乃谋赁舟而去。仆人曰：今有吉州人姓孙，云空舟欲返，佣价极廉"（《太平广记》卷一二一）。这个姓孙的大概是运货而来，空船而归，顺便搭客，所以价钱便宜。这也是当时很普通的一种雇船方式。日本和尚圆仁要往楚州，"遇新罗人陈忠船，载炭欲往楚州，商量船脚价绢五匹定"（《入唐求法巡礼行记》卷四）。这也是搭货船前往，但船价五匹绢，却并不便宜。

（六）辇、舆及其他

除去前述车船畜力等出行工具外，当时还有使用人力抬、扛、举的出行工具，主要有辇、舆、担子、兜笼等。辇和舆都是没有轮、用人抬或扛的类似后世轿子的出行工具，《隋书·礼仪志》说："辇，制象辂车，而不施轮……用人荷之。""舆……制如辇而但小耳。"辇、舆，特别是辇，主要为皇族所用。唐代殿中省有尚辇局，掌管皇帝乘用的七种辇和三种舆，即"一曰大凤辇，二曰大芳辇，三曰仙游辇，四曰小轻辇，五曰芳亭辇，六曰大玉辇，七曰小玉辇。舆有三，一曰五色舆，二曰常平舆……三曰腰舆，则常御焉"（《唐六典》卷一一）。上述七辇和舆中的前两种，主要用于礼仪，腰舆则是平常用的。传世阎立本的《步辇图》，画宫女肩上搭带，双

宋摹唐阎立本《步辇图》中帝王乘坐的腰舆

手抬一辇舆，这种辇舆其实就是腰舆。前面讲过，隋与唐初礼仪大典多用辂车，唐高宗以后"每有大礼，则御辇以来往。爰洎则天以后，遂以为常"。正因为辇主要是皇族用的，所以在史籍记载中，我们看到主要就是皇帝、皇后、得宠的妃子、公主等乘坐辇。如果抬步辇召学士，就是对学士的最大恩宠。辇有各种种类，步辇是其总名，其他还有卧辇、重辇、运辇等，比较豪华的则有四环金饰辇、玉辇、金漆柏木镂金花版的御辇，以及赐给同昌公主的七宝步辇等。最初的辇比较简单，可能只上面有盖，后来则在四面有遮蔽，有垂帘，所以才能有卧辇之类。

舆不是皇族独有的，种类也很多，如有软舆、板舆、竹舆、篮舆、彩舆、绿舆、藤舆、卧舆等。这些舆都可以用"肩舆"来概括，即它们都是用肩来抬的，只不过在材料、样式和颜色等方面有所不同。肩舆可说是后世轿子的前身，最初只有老、病的贵臣才有资格坐，上朝时允许一直抬到大殿上。后来肩舆逐渐普及，上自皇帝、宰臣、节度使，下至县令、百姓都有乘坐，其中妇女乘坐的比较多。《因话录》卷三记郑还古"初家青、齐间，遇李师道渐阻王命，扶侍老亲归洛，与其弟自舁肩舆，晨暮奔迫，两肩皆疮"，可证肩舆是用肩抬的。白居易老时可能因为坐肩舆平稳没有颠簸，所以十分喜爱肩舆，在他的诗中提到各种舆的不下十余处。如《出使在途所骑马死，改乘肩舆，将归长安，偶咏旅怀寄太原李相公》诗中有："驿路崎岖泥雪寒，欲登篮舆一长叹。"这里坐肩舆是被迫的，但也可知篮舆就是肩舆。他又在《春雪过皇甫家》中说："晚来篮舆雪中回，喜遇君家门正开。"

担子就是肩舆，主要为妇女乘坐，最初不合礼法，但随后也就普及了。唐德宗时，名将李晟治家严谨，他的女儿不顾婆婆生病，在李晟过生日时前来祝贺，被李晟大骂一顿，"遽遣担子归"（《唐语林》卷一）。到唐文宗时，鉴于坐担子已很普遍，就只好在制度上作了规定。《唐会要》卷三一引大和年间的敕文中有云"妇人本合乘车，近来率用担子。事已成俗，教在因人，今请外命妇一品二品、中书门下三品母妻……担子，舁不过八人，三品……担子，舁不过六人"等等。但是商人或庶民妻女不能乘担子，只能坐兜笼，而且"舁不得过二人"。这是习俗变为礼法的一个很好例子。担子到唐末，允许百官有限制地乘坐，即只能在有病时乘坐，而且必须自己雇用担夫。这大概一是因为男子乘担子不合制度，二是怕男子坐担子丧失了骑马驰骋的体魄和豪气。

大和敕中提到的兜笼，最初流行于今四川地区，也是妇女乘坐的出行工具，可能与滑竿之类相似。到唐肃宗以后，由于它轻巧易抬举，开始在京城普及。史称"京城……兜笼，代于车舆矣"（《旧唐书》卷四五）。兜笼也叫兜子，以女子乘坐者为多，似乎四周有遮蔽，门上有帘子。《桂苑丛谈》记李德裕镇浙西时，为辨明某寺僧人诬告事，"召兜子数乘，命关连僧入对事。咸遣蔽帘子毕，令门不相对"。这种形式的兜子，也与后世的轿子很相似。兜子而外，当时还有一种叫"背笼"的出行工具，只用于今贵州山区。《太平广记》卷四八三记刘隐到黔巫之南的南州去，"州多山险，路细不通乘骑……州牧差人致书迓之。至则有一二人背笼而前，将（刘）隐入笼内，掉手而行，凡登山入谷皆绝高绝深者，日

敦煌莫高窟第156窟唐壁画《宋国河内郡夫人宋氏出行图》中的舆。宋氏是
河西节度使张议潮的夫人

至百所，皆用指爪攀缘，寸寸而进。在于笼中，必与负荷者相背而坐。此即彼中之车马也。洎至近州，州牧亦坐笼而迓于郊"。设想一下，坐在人背上笼里的使者和来相迎的同样坐在笼里的州的长官，会发现这是一幅很精彩的山区出行的风俗画。

馆驿 与 旅店

　　出行生活的一个重要内容，是因公或因私要离开自己的居住处，到较远或很远的地方去。在这一过程中，出行者避免不了要在途中憩息或做各方面的补充。于是有供官方使者和官员出行，以及供私人行旅商贾住宿的种种设施出现，它们在隋唐五代被称为馆驿、旅店等。在研究行生活时，必须研究这些为出行服务的种种设施。另外，由于出门在外，出行者常常需要向上司汇报，向下属布置，以及与亲戚朋友联络，这些也是出行生活的重要组成部分。因此研究当时的通信方式，也就是必不可少的了。

一　馆驿

　　馆驿，简单地说就是官方开办的供出行使者、官员们住宿并供应他们饭食和出行工具的场所。除馆驿外，见于当时文献的还有"邮亭""邮舍""亭侯""传舍"等。这些称呼基本都是沿用了前代的叫法，实际指的就是驿、驿舍。需要特别注意的是"传舍"或"传"。中国古代的邮驿发展到隋代，传和驿就开始合一，换句话说，专管住宿的传舍与专管通信的驿置逐渐合为一体了。到唐初，在法律上如《唐律》中就不再有关于"传"的规定。但是唐初仍习惯于将传和驿并提，这时的传基本等同于后来的"馆"。以后随着馆或馆舍的逐渐普及，到唐玄宗开元年间，始有"检校两京馆驿"的官。再以后"馆驿"常常连称，并成为这一时期这一类设施的固定称呼。

当时驿中有驿马，同时又有"传马"一类的称呼。如果"传"在隋唐时代基本指的是"馆"，那么"传马"怎样解释呢？它与"驿马"一样吗？在正式研究馆驿之前，我们先简述一下传马的情况。

传马与传没有关系（实际上当时已没有传了）。它虽然与驿马一样，都是官方提供的出行工具，但其等级比驿马低（传马之下还有传驴，等级更低）。传马与驿马的区别主要有两点：第一，驿马是属于驿的马，传马却是属于地方政府（一般是州）马坊的马。敦煌出土P3714号传马坊文书，就记述了一个属于沙州的传马坊，向过往使人等提供传马传驴的情况。关于传马与驿马的这一区别，唐代史籍记载不详，但在全面学习唐代制度的日本平安时代，其《养老令》中提到了传马。据《令集解》卷三八《厩牧令》："凡诸道置驿马，大路廿匹，中路十匹，小路五匹……其传马每郡各五。"从《延喜式》卷二八"诸国驿传马"条，也可大致看出驿马给驿、传马给郡的区别。这些规定对研究唐代的驿传制度，或许能有些参考或帮助作用。传马和驿马的区别之二，是驿马用于急事，所供不多，传马用于缓事，所供较多。《唐六典》卷八"门下省"有云："凡发驿遣使，则审其事宜，与黄门侍郎给之。其缓者给传。"《唐会要》卷六一"馆驿"条也说："乘传人使事闲缓，每日不得过四驿。"这里都提到了乘传的闲缓。从前述敦煌有关马坊的文书看，传马确实日行不过百余里。就给马的数目看，唐代规定若给驿马，三品以上给四匹，四品以下只给一匹，而"给传送……官爵一品，给马八匹"（《唐律疏议》卷二六），二者相差一倍。限于篇幅，我们只能简介一下传与传马①，主要部分仍要放在驿和馆上。

（一）驿的一般情况

隋唐五代的驿，以唐代留下的记录最多。隋代驿的情况我们不太清楚，从大量的"驰驿"记载看，驿的使用比较频繁，而其住宿则在传舍。到唐代，不见有关传舍的规定，对驿的制度记录比较详细。据《唐六典》卷五"尚书兵部"记载："凡三十里一驿，天下凡一千六百三十有九所。"这些驿中，有陆驿一千二百九十七所，水驿二百六十所，其他是水陆相兼的驿。不过这是唐玄宗时的数字，后来又增设或改设了一些驿。各驿之间的距离，也未必都是三十里，在都城附近大约十至二十里一驿，在西北如沙州等地有的驿相隔达上百里。除中原政权外，当时如吐蕃、南诏等，各自也都置有

---

①近年发现的宋《天圣令》中《厩牧令》所附唐令，有多条令文涉及"传送马驴"和"传马"，是了解唐代传马实况的重要补充资料。

唐章怀太子墓壁画《礼宾图》

驿。从史籍和敦煌出土文书中我们可以看到百余个驿的名字，其中重要的有都亭驿、长乐驿，是皇帝设宴送人之处；襄城驿是天下最大的驿；敷水驿因元稹而出名；上源驿揭开了朱全忠与李克用大战数十年的序幕；而陈桥驿兵变，为五代十国时代画了一个句号。

驿的最初和最主要的任务，是传递军事情报。因此在唐代，掌管驿的最高权力机构，是尚书省兵部的驾部郎中。其他有关的管理者自下而上是："每驿皆有专知官"，这主要指州的兵曹和县的县令；然后"畿内有京兆尹，外道有观察使、刺史，迭相监临"；最后，御史"台中又有御史充馆驿使，专察过阙"（《旧唐书》卷一七一）。到唐后期，又以宦官充任馆驿使，给馆驿的运行带来了许多问题。每驿的具体管理者叫驿长，唐初，驿长由富户担任。《朝野佥载》卷三记"定州何名远大富，主官中三驿"，就是一例。这样的富户，往往连家口一起住在驿中。富户掌驿又叫"捉驿"，不仅陆驿如此，水驿也是一样。陈谏曾有上疏说："初，州县取富人……主邮递，谓之捉驿"，后来刘晏改革，"始……定吏主驿事"（《全唐文》卷六八四）。大致在唐代宗以后，驿的负责人就改为官府委派的驿吏了。除驿长、驿吏外，驿中还有负责具体事务或日服劳役的人，称为驿丁、驿子、水夫等，负责饲养马驴、维修船只、迎送过往官员。每陆驿都要配备马匹，这些马匹称为驿马。驿马的标记，是在左肘上印有"驿"字，在脖子上印有州的名字。每驿给马的数目因"闲要"而不同，"都亭（驿）七十五匹，诸道之第一等减都亭之十五，第二、第三皆以十五为差，第四减十二，第五减六，第六减四，其马官给……凡水驿亦量事闲要以置船，事繁者每驿四只，闲者三只，更闲者二只"（《唐六典》卷五）。由上可知，驿是分等级的，陆驿分六等，最高等有马七十五匹，最低等有马八匹；水驿分三等，最高等有船四只，最低等有船二只。等级的划分标准是驿的繁忙与否，凡在交通要道、来往者多的地方设置的驿，其等级就高，这种驿又叫"大路驿"，次等的相应就叫"次路驿"。如从长安到汴州的驿称为大路驿，从长安到荆南的驿称为次路驿。前面我们说过，给官员驿马，最高是四匹，最低是一匹。一个有十余匹马的驿，只能接待二三位高官，这样的驿，大概就不会在交通要道上。

唐代的驿规模都很大，有驿楼、驿厩、驿厅、驿库等。驿厅一般有好几个，驿库也有许多，如有酒库、茶库、咸菜库等。大一点的驿如褒城驿中，还有池沼、舟船、竹林，可同时容纳数百人住宿，难怪千年以后的顾亭林，也感叹唐驿舍的宏敞了。到唐后期，由于过往使人的贪求无厌，不应住驿而住驿者的索要供给，以及藩镇将吏的横暴等，馆驿制度逐渐遭到破坏，驿的规模也就渐渐缩小了。晚唐时，孙樵在讲到褒城驿败坏的原因时说："且一岁宾至者不下数百辈。苟夕得其庇，饥得其饱，皆暮至朝去，宁有顾惜之心耶？至如棹舟，则必折篙破舷碎鹢而后止；鱼钓，则必枯泉汩泥尽鱼而后止。至有饲马于轩，宿隼于堂，凡所以污败室庐，糜毁器用。官小者其下虽气猛可制，官大者其下益暴横难禁，由是日益破碎。"（《孙可之文集》卷二）这是当时人对天下第一大驿破败后发出的由衷慨叹。

（二）有关驿的一些规章制度

隋唐之初，乘传发驿非常严格，只有使者才能乘驿，而且要得到敕命的允许。唐太宗令皇太子李治处理庶务，但"给驿"的权力不交给他，而要他"依常式奏闻"，可见这时给驿是非常重要的事。后来规定稍有放松，除使者外，许多高级官员也能乘驿赴任等，与之相适应，给驿的凭证，也由传符变为符券。按唐初规定，给驿要给传符，凭传符乘驿。这种传符是铜做的，依出行方向分为青龙（东方）、白虎（西方）、朱雀（南方）和玄武（北方）四种。传符分左右两半，左半藏在中央，右半付给各州、府等。发符时，派往何方就用何方的符，把符装在一个骨筒里，写上经过的驿数、行程、程粮等，然后用泥封上，盖上门下省的印。这种铜传符数量不多，与乘驿者的扩大不相适应，而且使用起来十分不便，于是很快就改为纸券，到唐玄宗时就规定"凡乘驿者，在京于门下给券，在外于留守及诸军、州给券"（《唐六典》卷五）。此后基本上就都使用纸符券了。上引给券的权力，在京是门下省，在外是留守和诸军、州，这一规定直到唐末也没有什么变化。乘驿者拿到符券后，到了目的地要上交，等事情办完后再领回来，回京后交给门下省。如果不按期交回，要依律论罪。唐中后期，藩镇势力增大，乘驿者更为增多，于是又出现了一种新的给券形式，叫"转牒"，实际就是各地节度使批的条子，凭此条子可在驿中受到招待和供给。这种转牒，其实是非法的，相对而言，门下省发的符券称正券、公券。《唐语林》卷六记述有于頔自夸的话："今之方面，权胜于列国诸侯远矣。且頔押一字，转牒天下，皆供给承稟。"非法转牒的著名例子，是元稹为监察御史时劾奏的"武宁军节度使王绍，六月二十七日违敕擅牒、路次州县馆驿"事。元稹在奏文中说："伏准前后制敕，入驿须给正券，并无转牒供拟之例。"（《元稹集》卷三八）有些节度使还批出叫作"食牒"或"馆帖"的条子，凭此可以在馆驿吃饭，但不能住宿。这种条子对馆驿也是极大的骚扰，即如唐德宗时敕文所说："应缘公事乘驿，一切合给正券。比来或闻诸州诸使，妄出食牒，烦扰馆驿。"（同上）烦扰馆驿的一个典型例子，是《卢氏杂说》中讲的一个故事，说交州、广州间游客"各求馆帖，所至迎接甚厚，赆路每处十千。广帅卢钧深知其弊，凡求馆帖者，皆云：累路馆驿，供菜饭而已"。岭南节度使卢钧的意思是说，馆驿只供给他们饭食，不要给路费了。但那些狡猾的游客，欺负驿吏文化程度不高，在吃完饭后还要驿吏按照馆帖供应"而已"。驿吏不知"而已"为何物，客人说："大于驴，小于骡，若无可供，但还我价直……每一而已……三五千。"这真是巧取豪夺，十足的骚扰馆驿。由于存在"转牒"，致使唐后期对符券的称呼变得比较混乱，如有传券、券牒、驿券、传牒等，要之不外乎从正常途径得到的正券和从节度使那里求来的转牒二种。

从上述符券的发展已可看出利用馆驿者不断增多，对馆驿的骚扰也就日益严重，成为馆驿不堪忍受的沉重负担。这是馆驿加速败坏的一个重要原因。大致看来，对馆驿的骚扰有以下几种：一是滥给符券，加重馆驿负担。所以唐宪宗元和四年（809）曾有敕文说，不许滥给券，若给"一百二十七道已上者，州府长官宜夺一季俸禄"（《唐会要》卷六一）。二是使者不论是否有券，都要求超额供给。《旧唐书·柳公绰传》说当河北用兵时，朝廷因"补授行营诸将，朝令夕改，驿骑相望"，于是柳公绰上奏曰："自幽镇用兵，使命繁并，馆递匮乏，鞍马多阙。又敕使行李人数，都无限约，其衣绯紫乘马者二十三十匹，衣黄绿者不下十匹五匹。驿吏不得视券牒，随口即供。驿马既尽，遂夺路人鞍马。衣冠士庶，惊扰怨嗟。"根据前述我们知道，当时按规定乘驿者最高只应供马四匹，供传马者也不过八匹，而这里则大大超过了上述规定。何况使者们还横暴无礼，不许驿吏察看券牒。此外，《全唐文》卷八六一边归谠《请禁使臣骚扰馆驿奏》也云："切见使臣，于券料外，别要供侍，以紊纪纲。乱索人驴，自递行李，挟命为势，凌下作威。或付应稍迟，即便恣行打棒。"真是横取暴夺了。三是上面提到的非法转牒。这种转牒，有时是对可以享受馆驿的人的家属开的条子。按照规定，馆驿供应使者或百官家属是有限度的，非法转牒则要求供应大量家属，致使馆驿负担加重。于是，有如唐宣宗大中六年（852）崔龟从所上的奏，重申"不许行转牒供券外剩人"，也说明这是个长期存在的老大难问题。在合法取券非法要求和非法转牒强行要求的双重骚扰下，唐代的馆驿迅速败坏下去，前述褒城驿就是其中典型的一个。

乘驿时除了发驿要按规定领取符券外，还必须遵照符券上写定的行程，即走哪些驿，要走多少天等，如果耽误了，要受到惩罚。一般的公事耽误一天要笞三十，这已为敦煌出土的传马坊文书所证实。但驿使如要耽搁，处罚则要重得多。《唐律疏议》卷一〇职制律说："诸驿使稽程者，一日杖八十，二日加一等。"至于一日走多少路，则因时因事而不同。《唐六典》卷三"户部度支郎中"条规定："凡陆行之程：马日七十里，步及驴五十里，车三十里。水行之程：舟之重者，溯河日三十里，江四十里，余水四十五里；空舟溯河四十里，江五十里，余水六十里；沿流之舟则轻重同制，河日一百五十里，江一百里，余水七十里。"这是最一般的规定，不仅指驿，因此还规定有"步行"的程限。从史籍记载看，日行两驿和日行六七驿的都有。唐玄宗天宝年间，由于流人和贬官者多在道途中逗留，于是规定"自今左降官，日驰十驿以上"（《资治通鉴》卷二一五），也就是每天行三百里以上。这样疲劳地连续赶路，使得"是后流贬者多不全矣"（同上）。这种高速赶路，在当时称为"驰驿"或"飞驿"，比"乘驿"要快。隋文帝时，王韶为秦王长史，"岁余，驰驿入京，劳弊而卒，时年六十八。高祖甚伤惜之，谓秦王使者曰：'语尔王，我前令子相（指王韶——笔者注）缓来，如何乃遣驰驿？杀我子相岂不由汝邪？'"（《隋书》卷六二）可见驰驿的速度相当快。当然最快的还是敕书赦书，按规定要日行五百里。这原因也好理解，就是保证皇帝旨意的迅速下达，其中赦书若迟到，有些人就赦不了了。《朝野佥载》卷一记了这样的一件事："逆韦之变，吏部尚书张嘉福河北道存抚使，至怀州武陟驿，有敕所至处斩之。寻有敕矜放，使人马上昏睡，迟行一驿。比至，已斩讫。"于是可知对乘驿或驰驿而违程的使者进行惩罚，也是有必要的。

唐代法律对乘驿的规定还有许多，如不许出使途中绕道回家或探亲访友，不许私自多带行李货物，不许在馆驿停留三天以上等等，规定得严格而细致。其中最重要且有趣的一桩公案，当属御史和中使对馆驿中上厅的争夺。唐宪宗元和四年（809），监察御史元稹奉召入京，"宿敷水驿。内官刘士元后至，争厅。士元怒，排其户，稹袜而走厅后。士元追之，后以箠击稹伤面"（《旧唐书》卷一六六）。后来为了避免这种情况出现，就规定"御史到馆驿，已于上厅下了，有中使后到，即就别厅。如有中使先到上厅，御史亦就别厅"（《唐会要》卷六一），也就是谁先来谁就住好房子。但实际上是"多不遵守"，所以在一年后又重申这一规定，并把互让的范围扩大到"三品官及中书门下尚书省官，或出衔制命，或入赴阙庭；诸道节度使、观察使赴本道或朝觐；并前节度使、观察使追赴阙庭者，亦准此例"（同上）。

（三）驿的功用

驿的最主要的功用，是传递公文书，包括诏书、赦文及各类奏、状、表等。由于驿行甚快，所以也有皇帝利用驿来贡物。著名的杨贵妃吃鲜荔枝的故事，就是利用驿来贡物的一个例子。从行生活的角度看，驿的功用主要是接待担负有上述使命的使臣或使者，以及担负地方监察任务的各级御史，为他们提供食宿，以及鞍马、草料、人夫等。由于各级地方官吏对这些使臣都畏惧三分，驿吏就更不敢招惹他们，以至这些使臣常常在驿内外作威作福。《唐语林》卷二记高少逸为陕州观察使，"有中使于硖石驿怒饼饵黑，鞭驿吏见血。少逸封饼以进"，这是视驿吏如仆吏。《唐国史补》卷上记肃宗分遣女巫遍祷山川，"有巫者少年盛服，乘传而行，中使随之。所至之地，诛求金帛，积载于后。与恶少年十数辈，横行州县间。至黄州，左震为刺史。震至驿，而门扃不启。震乃坏锁而入，曳巫者斩之阶下……其中使送上"，这是诛求金帛，伤风败俗。不仅中使，出行的御史，也有此类情况。《唐国史补》卷下有云："王某云：往年任官同州，见御史出按回，止州驿，经宿不发。忽索杂案，又取印历，锁驿甚急，一州大扰。有老吏窃晒，乃因庖人以通宪胥，许百缣为赠。明日未明，已启驿门，尽还案牍。御史乘马而去。"这个御史名义上是扰驿，实际是要钱，但胆子还不太大。

除使臣、御史外，后来住驿者范围有所放宽，如节度使、观察使、刺史、监军，以及一些别敕判官。他们赴任或回朝时，不仅本人可在驿中食宿，而且可带家属。此外从史籍记载看，一些州的长史、节度使的部将，以及县令之类，也都可以住驿。据《唐律疏议》卷二六引《杂令》："私行人，职事五品以上，散官二品以上，爵国公以上，欲投驿止宿者，听之。边远及无村店之处，九品以上，勋官五品以上及爵，遇屯驿止宿，亦听，并不得辄受供给。"这就是说，即使没有公事，上述人也可以在驿中安歇，只是不能享受供给罢了。除此之外，贬官、流人也可住宿，但后者属于被押送性质。贬官住驿，所受的招待不好，但若本是宰相之类，有复出的希望，也可能受到较好的待遇。《太平广记》卷一五三有个故事，说宰相杨炎被贬，"驰驿出城，不得归第"，没有和妻子告别。到了驿后，主驿之吏假报驿马缺乏，故意耽搁一天，而后秘密派人将杨炎夫人用毡舆抬来，并送给杨炎俸钱数千。到洛源驿，驿仆又送骡一头。这些驿吏驿仆们，无非是希望杨炎重新入朝为相后能提携他们升个一官半职。由于流、贬人多住在此，所以当时驿也成了行刑之地，杖杀、赐死等事往往发生在驿中。除上述官员外，凡皇帝特命召见或派出的各色人等，也都可以住驿，如一些道人处士等，但这都属于特例。

驿的接待来往官员的功用，使它成了当然的设宴之处，特别是长安附近的长乐驿，往往是皇帝赐宴迎接官员或者欢送官员的固定场所。柳宗元曾为人写过《谢赐设表》，其中说："臣某言，中使某乙至，奉宣圣旨，赐臣长乐驿者。恩荣特殊，宴饮斯及……属此昌时，任重方隅……庶当奉扬圣泽，覃布远人。"（《全唐文》卷五七一）这是赴任前的赐宴。刘禹锡也为人写过《谢赐酒食状》，状中说："臣今日至长乐驿，高品某奉宣圣旨，赐臣酒食者……未展仪于双阙，先受赐于八珍。"（《全唐文》卷六〇三）这是自地方入朝而未进长安时的赐宴。除皇帝赐宴外，各类使臣、高官，也常在驿中摆宴饮乐，有时就闹出种种政治阴谋和圈套。唐僖宗中和四年（884），朱全忠急请李克用出兵助破黄巢，战后宴请李克用于上源驿，"全忠就置酒，声乐、馔具皆精丰，礼貌甚恭。克用乘酒使气，语颇侵之，全忠不平。薄暮……发兵围驿而攻之，呼声动地"（《资治通鉴》卷二五五）。这次上源驿之变，导致了朱、

五代赵幹《江行初雪图》

李成为势不两立的仇敌，一直相互战争到后梁建立直至后唐的建立。从这里还可以看出，至唐末，驿已在节度使掌握之下，举凡接待对象、接待方式、接待规格等，已完全由节度使决定了。这就导致了驿的服务范围的扩大，所以在晚唐和五代十国时期，我们看到在唐前期绝不能住驿的进士举人们，也可以在驿中住宿了。

（四）馆

馆是招待客人的地方，有公馆也有私馆。本节所说的馆，指公馆。就公馆而言，也有好几种。一种是驿中的驿舍，有时也称馆，叫驿馆；另一种是州县建立的招待宾客的宾馆，称州馆、县馆等；第三种是和驿平行设置于道路上的馆。本节主要讲第三种馆。第三种馆和第二种馆有时不好区分，二者都是官方设置的，且都用于招待客人，区别恐怕只在于第三种馆大多有馆名。据史籍和敦煌吐鲁番文书，我们可以看到上百个馆名，这些馆名有以地名命名的，如柳中馆、交河馆、楚州馆、广陵馆；有以宾客对象命名的，如新罗馆、渤海馆；也有其他种类的，如招贤馆、凉风馆、甘棠馆等。

馆和驿的区别最初有两点：一是按照日本入唐求法的和尚圆仁的说法，馆是"侍供往还官客之人处"，即馆是招待过往官客的旅店，一般说来不是交通机构，只提供食宿，不提供交通工具。由于它只招待"官客"不招待庶民，在这一点上不同于一般旅店。不过它招待的范围十分宽泛，只要是官客都接待，不像驿那样要有正式的符券才能住宿。除了百官之外，一般的进士、举人也都可以住宿，甚至作为官方客人的僧人如日

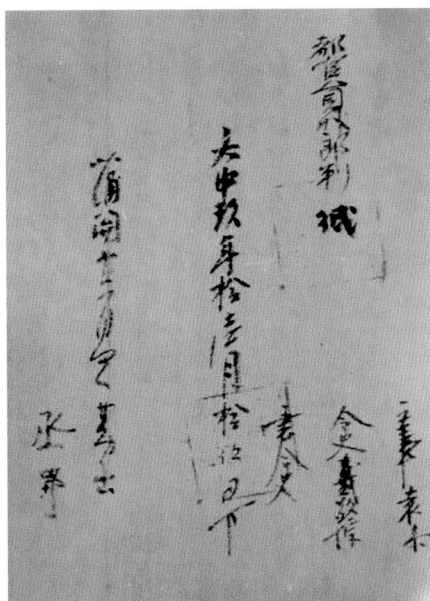

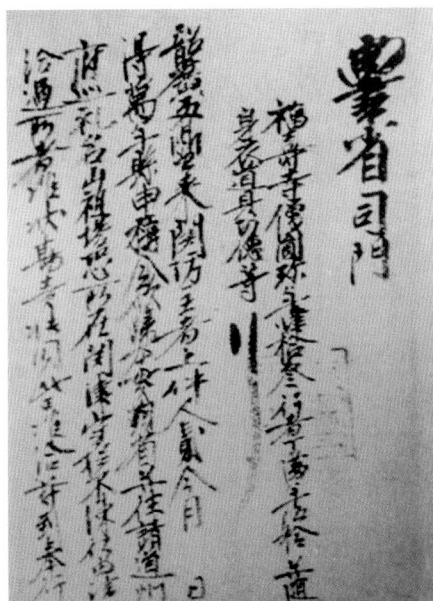

司门过所，藏日本国立博物馆，是唐尚书省司门
司发给日本圆珍和尚的通行用过所

本圆仁和尚，也可以住馆。他在今山东境内赶路时，经常住在馆中，有时只在馆里吃饭而不住宿。通过他的旅行记，我们可以知道有关馆的许多情况。如他记云："县行卅里，到招贤馆宿……早朝出招贤馆行卅里，到龙泉村斜山馆断中（即吃早饭——笔者注）。知馆人梁公度在馆里住，不恶不好。缘脚痛不得发行，便于馆宿。"（《入唐求法巡礼行记》卷二）馆与驿的第二个区别如杜佑所说："其非通途大路则曰馆。"（《通典》卷三三）这就是说在大路上建的叫驿，在偏僻处建的叫馆。这在设馆之初可能是这样，但是后来这种区别变得不很明显，州城附近或官道上设馆的记载，在史籍中能够找到许多。

馆与馆之间的距离，在法律上没有规定。从圆仁所记山东的馆看，相隔三十里左右是比较普遍的。但在西州，馆与馆之间常常相隔六十乃至百里以上。这大概是因为地方不同的缘故。馆的负责人在早期叫捉馆官，下有馆子等，后来有知馆人。具体的负责者则称馆吏，再上一级统管馆的官员与驿一样，称"馆驿使"。馆的功用，是负责向官客提供食宿，招待对象有使者、赴任或卸任的官员、赴举的进士，以及其他官方客人。

需要特别指出的是，到了唐后期，馆和驿的区别越益缩小。一方面是驿的招待对象扩大，向馆靠拢；另一方面，馆也开始备有马匹，也不尽在偏僻处，又在向驿靠拢。而且更重要的是，唐后期馆、驿都相当程度地为地方藩镇所掌握，他们利用馆驿招待各方宾客使者，有意无意地也在缩小二者的区别。所以在唐后期，馆、驿常常一同使用。如前述旅客诈取"而已"钱事中，旅客求的是"馆帖"，但写的是"累路馆驿"如何如何，后面又是"驿吏依帖供讫"。《全唐文》卷七〇五李德裕《条疏边上事宜状》有云："请自夏州至天德复置废馆十一所，以通急驿。……望赐忠顺诏，于此路量事再修旧馆，以通天德奏事驿路。"可见馆、驿在这里已几无不同。此外如《太平广记》卷三三九"阎教立"条，讲一个使者到太平馆住宿，知馆者是前县尉，由于这使者是"倍程行，马瘦甚"，于是从馆中又借了一匹马，可见馆中也备有马匹。"馆驿"连称，如奏请置办"馆驿鞍马什物"等记载，在唐后期史不绝书，足证二者所具有的共同性。但是在"驿是备有驿马，主要是凭符券招待使者，以通诏令奏章"这一点上，馆和驿还是有着很大差别的。

二　旅店

旅店是设在道路两边或城郭内供来往客人饮食住宿的地方。旅店中的大部分为私人所经营，在隋唐五代已经发展得比较兴盛了。《通典》卷七说，唐玄宗开元时"（自长安）东至宋汴，西至岐州，夹路列店肆待客……南诣荆襄，北至太原、范阳，西至蜀川、凉府，皆有店肆以供商旅"。旅店在当时有许多称呼，如逆旅、客舍、邸舍、馆舍、旅舍、旅馆、旅邸、旅店、邸店、村店等等。用得比较多的是逆旅、客舍、旅舍和村店，从法律用语看也是如此，可知当时并没有什么固定称呼。从现在的习惯出发，我们统一称其为"旅店"。

旅店有些设在道路两旁，店与店的距离不甚相等。从日本圆仁和尚在今山东山西的旅行经历看，大约二十里至三十里一店，与馆驿之间的距离差不多，但也有十五里一店，即

五代后梁关仝《关山行旅图轴》
中道路两旁的旅店

位于两驿之间的。这说明店的设置大致有两个倾向：一是与驿设在一起，接待那些无权住驿的旅客。前面提到"主官中三驿"的富户何名远，"每于驿边起店停商"（《朝野佥载》卷三），即在驿的旁边设旅店，招待过往的商人。于是我们往往能看到一些同名的驿和店，如马嵬驿和马嵬店、敷水驿和敷水店等。这些驿和店都是设置在一处的。另一种倾向是旅店设在驿和驿之间，起到一种拾遗补阙的作用。唐孙樵在《兴元新路记》中，记述了自扶风至襄城县的道路，其中说"又十里至松岭驿，逆旅三户"，这是和驿设在一起的旅店。又说："南行三十五里至灵泉驿，自灵泉平行十五里至长柳店，夹道居民。"这里的店和驿错开了，相距十五里地。除了沿路设置的旅店外，城市中也有许多旅店，像长安、洛阳、成都、扬州这样的大城市旅店就更多。《太平广记》卷一七九"阎济美"条说他到洛阳赴举，"更无相知，便投迹清化里店"。《李娃传》讲郑生应举赴长安，"居于布政里"，后来因嫖妓穷困，再回"布政旧邸，邸主哀而进膳"。当郑生病重时，"邸主惧其不起，徙之于凶肆之中"。这里的"邸"实即旅店，清化里店和布政里店都是设在长安和洛阳里坊中的旅店。

旅店的主要任务是安置旅客住宿，与住宿相关，又要负责旅客的饮食。因此一般旅店总有好几间旅舍，每间旅舍都有床、榻，以及梳床之类。还有炉子可供取暖，如果自己有兴趣，也可以自己烧饭吃。有的旅店有专门供人吃饭的地方，吃饭时大家集中在一起，或者也可以到外面专门的饮食店去买东西回来吃。《虬髯客传》说，李靖携妓张氏回太原，"行次灵石旅舍。既设床，炉中烹肉且熟。张氏以发长委地，立梳床前"。李靖他们住的是单间，旅舍里有床和梳床，又有炉子可以做饭吃。后来虬髯客来，由于灵石旅店可能不供酒饭或供的酒饭不好，为招待客人，李靖又出去买了胡饼，打了酒，三人边吃边聊，最后切了个人的心肝下酒。《太平广记》卷二八六"板桥三娘子"条讲，"唐汴州西有板桥店……有舍数间……客有先至者六七人，皆据便榻。（许州客赵）季和后至，最得深处一榻"。这是说板桥店的店舍，是几个人同住的大房间。店主人三娘子每天做烧饼供应客人早饭，"置新作烧饼于食床上……诸客围床食烧饼"。这里可能是一间单独的食堂，客人集中在这里吃饭。当时有的旅店还允许包房。这种包房比较贵，有时有人可包住一年半载，而店主人无权过问包房内的事情。《太平广记》卷二三八"宁王"条记："鄠县食店，有僧二人，以万钱独赁房一日夜。"这个食店可以住人，当为旅店之类。以万钱包一个单间且只住一昼夜，其价钱实在是相当昂贵。当时还有些旅店称"温汤客舍"，可能相当于今天的温泉旅馆，负责为客人提供温泉浴。除了住宿和饮食这两大业务外，有的旅店还为旅客提供出行工具。前述三娘子的板桥店"多有驴畜，往来公私车乘，有不逮者，辄贱其估以济之"。除了卖驴给客人外，还有租借牲畜给客人的，《通典》卷七所谓沿路"每店皆有驴赁，客乘倏忽数十里"，讲的就是这种情形。

出行
生活概观

一　制度与礼俗

这里所谓的制度，是指法令规定的有关出行的行为规范，包括礼制。俗则指习俗，一般是约定俗成的。与出行工具、馆驿有关的制度和礼俗，有些已在前面谈到，这里不再重复。此外，当时出行的制度和礼俗非常繁多，我们不可能一一介绍，这里只想就其中的重要者略述几项。

出行制度和礼俗中贯穿着等级性原则，即所谓"车马衣服，事关制度，不合逾越"（唐敬宗《御丹凤楼大赦文》）。以下所述各项制度和礼俗，都将体现这一等级性原则。

（一）各阶层的出行

1.皇帝仪仗

隋唐五代时，上自皇帝皇后，下至百官，出行时都有仪仗，即前有清道或喝道者，后有众多随从。我们先看皇帝的

传唐张萱《武后行从图》（摹本）

出行仪仗。皇帝出行分大驾、法驾、小驾三种仪仗。每种仪仗都很复杂，史籍记载也不尽相同，这里据《大唐开元礼》，来看看唐朝的大驾卤簿。大驾卤簿，大致可以分成以下几个部分：首先是京兆府官员的导驾队伍（在地方，则由所在州县的长官导驾）；然后是由金吾卫组成的清游队、朱雀队等，他们分在左右，大约有百十骑，打着白虎旗、朱雀旗等；然后是各由四匹马驾的指南车、记里鼓车等；然后是前部鼓吹，有鼓、钲、箫、笳等各种乐器；然后是左右武卫、左右卫的队伍，也有数百骑，打青龙、白虎旗和钑戟；然后是供奉官，如通事舍人、黄门侍郎等人的队伍；然后又是由左右骁卫等率领的翊卫上百骑；然后才是皇帝乘坐的玉辂；然后是千牛将军等的护卫队；然后是大伞、孔雀扇等，有数十面；然后是后部鼓吹；然后是皇帝五辂中的其他四辂和各种属车、副车；然后是黄麾仗和侍卫马队；最后是玄武队和牙门。这样的卤簿队伍是非常复杂的，排起来距离也拉得很长。《唐六典》卷一四"太常寺"说："凡大驾卤簿一千八百三十八人，分为二十四队，列为二百一十四行。"法驾和小驾，规模要比大驾小一些。除皇帝卤簿外，皇后、太子、亲王乃至群官都有卤簿，不过规模就更小了。尽管礼典将卤簿规定得如此复杂，但在实际出行时，往往并不照此办理。如本来应该动用卤簿的行幸、郊祀等，在唐高宗时不乘辂，在唐玄宗时只骑马，卤簿基本上成了一种摆设。除去动用卤簿的出行外，皇帝的其他出行就简单多了，有时也不过就是"骑从轻驰"而已。

唐李昭道《明皇幸蜀图》

青綠湖山迥
崎嶇道路長
宾人冬結束行
李自周祥綵
為名和利那
發芳與忙年
陳失姓氏比宗
近季唐
甲午新秋
溥儒題

2.百官出行

百官出行在制度上也有许多规定，主要是关于仪仗的构成和随从的多少。据《大唐开元礼》，百官职事官四品以上者给卤簿，五品京官婚葬、三品官的子孙有婚事都可以给。卤簿主要用于在京城拜官赴任、元日朝会、都督刺史向皇帝辞行，以及婚葬时。就一品的卤簿而言：前有清道四人，分左右两排；然后有戟，有红色的幡，有刀盾弓箭等；然后是枹鼓金钲；然后是各种幡和仪刀；然后是官员乘坐的革辂；然后是伞和团扇；然后是陪从的僚佐；最后是横吹、节鼓等。品级低的卤簿依次减省。到唐后期，卤簿实际上也不怎么用。如宰相赴任，只有数百骑加上鼓乐、百僚就可以了。除动用卤簿的出行外，法令对百官平时的出行，只规定随从的多少以及鞍马的等级。据唐《礼部式》，职事官一品只有随从七人，二品及中书门下长官只有五人，所以史称当时"宰相……不事威势，驺从不过数人，士民或不之避"。到唐玄宗朝李林甫为宰相时，"林甫自以多结怨，常虞刺客。出则步骑百余人，为左右翼。金吾静街，前驱在数百步外，公卿走避"（《资治通鉴》卷二一五）。从此以后，宰相及其他高级官员的出行队伍就变得十分庞大。到唐文宗即位之初，其前后随从队伍已长达二坊，即约一千米，以至文宗不得不下敕书要求"自今后，传呼前后，不得过三百步"（《旧唐书》卷一六五），即五百米左右。宰相出行，从制度上说，是没有士兵护卫的。唐宪宗初，宰相武元衡被刺客杀死后，才命令左右街使持兵器护卫宰相至建福门。后来到唐文宗大和九年（835）甘露之变宦官战胜朝官后，又将这一规定取消了。除宰相外，当时如将军、节度使、京兆尹等官员出行，也是前有开道，两边有护卫，后有从行的。下面我们专门看看节度使的出行。节度使赴镇，一般是"建牙杖节，褒衣大盖，拥众而行"（《资治通鉴》卷二五八）。胡三省对此解释说："凡节度使，其行：前建牙旗，杖所赐节。"关于"持节"，《旧唐书》卷一〇七还记载了这样一件事：颍王李璬在安史之乱那年被封为剑南节度大使，"奉命之藩，卒遽不遑受节。绵州司马史贾进说曰：'王，帝子也，且为节度大使。今之藩而不持节，单骑径进，人何所瞻？请建大槊，蒙之油囊，为旌节状，先驱道路，足以威众。'璬笑曰：'但为真王，何用假旌节乎？'"。敦煌壁画有一幅《张议潮统军出行图》，可以看作唐末节度使出行的最形象的记载。根据此图，出行队伍最前面的是什么已不清楚，其次分两排，依次是钲鼓号角、拿旗的武士、侍从、拿旗的文吏、官员；中间则是歌舞队、拿乐器的乐队、旌节；然后是骑马的张议潮；然后有骑马的官吏，有团扇；最后是拉弓露刃的卫兵，以及驼马行李。整个队伍约有一百余人。从这幅图看，当时张议潮不坐车而骑马，队伍中还有歌舞队，与卤簿已有很大不同了。上述节度使出行，都是赴镇或行军。此外，从制度上说，节度使如果到中央晋见，不许以兵仗自卫，但到唐末特别是五代，这一规定基本已被破坏。节度使在自己的管内如何呢？日本和尚圆仁在扬州时，淮南节度使来看他，"前后左右相随步军计二百来，虞候之人四十有余，门头骑马军八十四许……更有相随文官等……各骑马"（《入唐求法巡礼行记》卷一）。这也是晚唐的例子。

官员出行中，还有一宗是上朝。关于上朝，也有许多规定和礼仪，现在就与出行有关者略说一二。当时上朝是早上，街鼓初动就要上朝，十分辛苦。如果是雨天泥泞路滑，皇上

敦煌莫高窟第156窟《河西节度使张议潮统军出行图》

有可能放假，但冬天就没有这种恩惠了。所以当时人有咏早朝诗云："鼓声初动未闻鸡，羸马街中踏冻泥。烛暗有时冲石柱，雪深无处认沙堤。"（张籍《早朝寄白舍人严郎中》）诗中的这位官员看来比较穷，马瘦烛暗，升官无望。但是高级官员就不是这样了，《明皇杂录》记唐玄宗时宰相杨国忠的上朝是"五鼓初起，列火满门。将欲趋朝，轩盖如市"。试想：从长安城的各个坊内都有官员出动，又有烛炬前导，该是怎样的一种热闹景象。司空曙在《和耿拾遗元日观早朝》诗中云"元日争朝阙，奔流若会溟。路尘和薄雾，骑火接低星"，说得十分形象。官员们到了大明宫外，要在下马桥处下马。这下马桥，分别在大明宫南边的建福门和望仙门。一般情况下不许骑马入禁中，只有特恩才能在禁中骑马或乘肩舆上殿。官员进入禁中后，无论上殿还是入阁，都要快步走，只有特别的恩赐，才可以"入朝不趋"。但是唐德宗时，鉴于有些官员在奔跑时常常跌倒，于是下诏说："常参官趋朝入阁，不得奔走。"（《旧唐书》卷一三）当然，这一规定是否实行到唐末五代，也是大可怀疑的。

再看官员在职期间的一些出行。首先，赴任要有程期。关于乘驿赴任的程期问题，在"馆驿与旅店"一节中已有所述，下面再举几条。《唐律疏议》卷九说："依令，之官各有装束程限。限满不赴，一日笞十，十日加一等。"特别是贬官出京，更要受命即走，有时甚至不能回家与妻子告别。白居易被贬时，"诏下，明日而东。足下（指杨虞卿——笔者注）从城西来，抵昭国坊，已不及矣。走马至浐水，才及一执手，惘然而诀，言不及他"（白居易《与杨虞卿书》），可见程限的严厉。当然，受命即走还有另一层含义，就是看被贬者对朝廷是否忠诚。唐太宗病危时贬李勣出京，然后对太子李治说："若迟疑顾望，便当杀之。"结果"勣奉诏，不及家而去"（《唐语林》卷五）。到五代时期，这一制度遭到了严重破坏。其次，有关官员赴任时的父母随从问题，隋朝曾对此有过一些限制。据《隋书·高祖本纪》记载，开皇四年（584），"敕总管、刺史父母及子年十五已上，不得将之官"。到开皇十四年，又扩大了限制对象，重申"外官九品已上，父母及子年十五已上，不得将之官"。这种规定的目的何在不得而知，一种可能，是将外官的父母孩子作为人质扣在京师。待到政治形势好转，这一限制就放宽了。隋炀帝大业五年（609），"制父母听随子之官"（同上卷三）。到唐代以后，不见有类似限制。从实例看，妻子随丈夫赴任的例子很多，父母随儿子赴任的记载也有。元结作《请给将士父母粮状》云："当军将士二千人，父随子者四人，母随子者二十八人。"这些父母，是"因丧乱，不知所归"而随子在军中的（《全唐文》卷三八一）。第三，当时在官员出行方面，还限制地方官员擅自出界和擅自入朝。隋时就"制县令无故不得出境"（《隋书》卷五九）。唐代有关规定更多，《唐六典》卷二"吏部郎中"条讲"五品已上请假出境，皆吏部奏闻"；卷三〇"功曹、司功参军"条讲"上佐、录事参军、县令不得充使出境"。甚至因为有病，皇帝已同意养疾，也不能擅自离境回家治病。白居易为杭州刺史时，元稹为浙东观察使驻越州，"杭越邻境，篇咏往来，不间旬浃。尝会于境上，数日而别"（《旧唐书》卷一六六）。那么好的朋友，也不敢越境相会。牛僧孺应举时，到襄阳见节度使于頔，不被于頔看重，愤然离去。于頔"立命小将赏绢五百匹、书一函追之，曰：'未出界，即领来；如已出界，即以书付。'"（《太平广记》卷四九六）。这就是说，如果出了自己管内，虽节度使也无法行使权力让他回来，只好随他去了。不许地方官擅自出境，还包含着不许他们随意入朝的意思，所谓"非有征召，不得到京"（《全唐文》卷九六七），就是有关的一项规定。制定这种不许擅自入朝的规定，显然有其政治原因。

3.其他人员的出行

关于出行还有一些规定，有的实行于整个隋唐五代，也有的只实行了一段时间。据《唐律》规定，"于城内街巷及人众中，无故走车马者笞五十……若有公私要速而走者，不坐"。这就是说，一般情况下不许在城中街道上跑车马，但在递送紧急公文以及吉凶、疾病、捕人等情况下则被允许。这条规定一直实行到五代，并有所改进。《全唐文》卷八五五载后汉马承翰《请禁走马害人奏》云："伏见都下衢街窄狭，人物殷繁。其有步履艰难、眼目昏暗、老者幼者，悉在其间，车马若纵于奔驰，生性必见于伤害。况《律》禁无故走马……臣乞……示喻内诸司以下及诸军，巡于街衢坊曲，并不得走马……如有故违，走马者不问是何色目人，并捉搦申所司……其或自内中急传宣旨者，即请赐银牌或牙牌，令以手持之，俾路人及所由辨认，易为奔避。"这种手持银牌或牙牌的规定，是五代时制定的新制度。

唐初又禁止流人乘马，但这项规定后来被打破。隋唐五代还沿袭前代制度禁止商人和僧道骑马，但后来根本禁止不了，因此只好不断加以限制。《全唐文》卷四四八载王涯唐文宗大和年间的奏文说："商人乘马，前代所禁。近日得以恣其乘骑。雕鞍银镫，装饰焕烂，从以童骑，骋以康庄，此最为僭越，伏请切令禁断。"到唐末的僖宗乾符二年（875）又下诏"禁工商不得乘马"*（《唐会要》卷三一）*，不过这一诏令显然没有得到执行。对僧尼的出行，也有一些限制。上述王涯的奏文中还说："师僧道士，除纲维及两街大德，余并不得乘马。"此外还有如不许僧尼午后出游等。到唐武宗灭佛时，甚至不许僧尼随便出寺。

当时对军队的出行，也有一整套规定。这里不可能详细介绍，只举出一个有特色的"军记带"。据《隋书·礼仪志》，隋炀帝派大军征辽时，"诸军各以帛为带，长尺五寸，阔二寸，题其军号为记……王公已下至于兵丁厮隶，悉以帛为带，缀于衣领，名'军记带'。诸军并给幡数百，有事，使人交相去来者，执以行。不执幡而离本军者，他军验以军记带。知非部兵，则所在斩之"。真是纪律严明。这种军记带，很有些像近代军队佩带的胸章或臂章之类，将之用在军队的行进中，可能是隋炀帝的一大发明。

（二）路遇的礼俗

有出行必有行人之间的路遇。路遇有一定的制度规定，《唐六典》卷四"礼部"条云："凡行路之间，贱避贵，少避老，轻避重，去避来。"这里的"避"，是谦让的意思，具体说来有两种形式：一是致敬，二是回避。致敬主要用于官员之间，平级的就在马上横鞭作揖，若级别低的向级别高的施用这一礼节，就有些不太恭敬。后唐末年太原节度使石敬瑭入洛阳，"尝遇（尹）晖于通衢。晖马上横鞭以揖高祖（指石敬瑭——笔者注），高祖忿之"（《旧五代史》卷八八）。再尊敬一些的，就是敛马侧立等对方过去。唐文宗大和三年（829），中书舍人李启在奏文中说："御史中丞以下与仆射相遇，依令致敬，敛马立侍仆射过。"（《唐会要》卷五七）更尊敬一些的是下马，《唐六典》卷四"礼部"云："诸官人在路相遇者，四品已下遇正一品、东宫官四品已下遇三师、诸司郎中遇丞相，皆下马。"上引李启的奏文中也说："属官于街衢相遇，隔品者致敬，礼绝者下马。"这就是说，官员品级相差不大（如一至二级），就敛马侧立以致敬；品级相差过大如上文所言四品以下对正一品，则下马。下马是最尊敬的一种致敬方式。《唐语林》卷三记柳公绰的儿子柳仲郢，在路上遇见尚书张正甫，仲郢"去盖下马而拜，张却之，不从。他日张言于（柳）公绰曰：'寿郎（指柳仲郢——笔者注）相逢，其礼太过。'柳作色不应。久之张去，柳谓客曰：'张尚书与公绰往还，欲使儿子于街市骑马冲公绰耶？'张闻，深谢之"。这里不仅下马，而且下拜，那就是更尊敬了。

第二种是回避。前面说到官员出行皆有导骑喝道，一般百姓听见喝道就要躲避。而官员相遇，就出现了谁应回避谁的问题。本来在唐初，官员出行，百姓是不回避的。前引李启的奏文又说：在令文中"无回避之文……惟车驾出入，警跸行人。事关严上，不属臣下。但卑僚自后多就他途，百姓无知，亦皆相效。道途回避，因此成例。就中台官以职在弹纠，人情畏奉，他官相遇，苟务推崇。始自私敬，渐为公礼。相循既久，将谓合然。笼街专道，止绝行旅，奔避不及，即以为罪"。这段话说了这样几个意思：一是说过去没有回避制度，只有皇帝出来才不许行人走动，但后来因低级官员纷纷改走他路，百姓也随之仿效，于是百姓回避官员、低级官回避高级官成了定例。《广异记》记唐玄宗开元中，洛阳令杨场出行，"见槐荫下有卜者，令过，端坐自若。伍伯呵使起避，不动，场令散手拘至厅事"。《宣室志》记唐德宗贞元中，有李生下第归浔阳，"会汉南节使入觐，为道骑所迫，四顾唯苍山万重，不知所适"，最后只好躲在坟墓中。《唐语林》卷三记令狐滈在京城出访郑侍郎，"道遇大尹（指京兆尹——笔者注），投国学避之"。这些都是百姓回避的例子。从回避的仓惶中，可知不回避的后果。《旧五代史》卷六八记载，后梁"金吾街使寇彦卿入朝，过天津桥，市民梁现者不时回避，前导伍伯捽之，投石栏以致毙"，就是一个悲惨的例子。李启奏文的第二个意思，是说由于百官敬畏御史所拥有的弹劾权力，因而回避御史台官员逐渐形成了制度。由于这一制度在法令上并无明文规定，因此我们看到，当时在路遇相避问题上的争执，基本都是围绕着回避台官与否展开的。鲍防为正四品的礼部侍郎，"尝遇知杂侍御史窦参于通衢，导骑不时引避，仆人为参所鞭"*（《旧唐书》卷一四六）*。御史台的侍御史，官阶只有从六品下，所以鲍防不愿避他，但还是受了他的凌辱。也有硬不避台官的，《旧唐书·李实传》记："故事，府官避台官。（李）实常遇侍御史王播于道，实不肯避，导从如常。播诘其从者，实怒。"李实当时任京兆尹，官从三品，就是不避比他官阶低的台官。台官遇到宰相应该回避，但遇到如仆射这样的尚书省长官如何呢？《旧唐书·王璠传》记王璠为御史中丞，"尝与左仆射李绛相遇于街，交车而不避"。李绛上疏论奏，大臣纷纷发表意见，同意李绛的看法，于是唐文宗大和三年（829）明确规定，御史中丞与仆射相遇要依令致敬，敛马立侍仆射过；而御史大夫与仆射则分道而行。台官仗着有弹劾的权力，出行时就要求百官回避他，但他们若是碰到作为皇帝侍臣的供奉官，又该谁避谁呢？《旧唐书·温造传》记温造为御史中丞时，"尝遇左补阙李虞于街，怒其不避，捕祗承人决脊十下"。后来舒元褒上疏曰："国朝故事，供奉官街中除宰相外，无所回避……遗、补官秩虽卑，陛下侍臣也；中丞虽高，法吏也。侍臣见凌，是不广敬，法吏坏法，何以持绳？"结果唐文宗下敕书说：宪官和侍臣都不能作威作福，"其台官与供奉官同道，听先后而行；道途即祗揖而过，其参从人则各随本官之后，少相辟避，勿言冲突"。所以，回避的原则虽然是"贱避贵"，但掌弹劾的御史台官和掌讽谏的供奉官可以除宰相外不避其他。特别是御史台官，在路遇礼节上享受着十分尊崇的待遇。

（三）其他礼俗

隋唐五代的出行还有许多礼仪习俗，这里简单介绍其中的一部分。

1.迎送

迎送与出行紧密相关，是出行的一个组成部分。关于"迎"的记载很少，远远不如"送"的记载多，说明当时的人更重视送别。送别有两种方式：一种是在家里，若是官员，就在宫廷或府衙中；另一种是将出行者送至某处，若是官员，一般送至馆驿，在长安就多在长乐驿。下面举几个送行的例子。唐昭宗天复三年（903），朱全忠从长安辞归大梁，昭宗"留宴寿春殿，又饯之于延喜楼。上临轩泣别，令于楼前上马。上又赐全忠诗，全忠亦和进，又赐《杨柳枝辞》五首。百官班辞于长乐驿，崔胤独送至霸桥，自置饯席"（《资治通鉴》卷二六四）。这里虽是皇帝送权臣，但其中的宴饯、诗别、送至馆驿等，都与当时一般的送别程序相同。有时送别官员，来送的人要搭起帐幕，叫"供帐相送"（供帐在前章"住生活"中已有涉及）。各家帐幕中均设宴，就形成了十分热闹的送别场面。《唐阙史》说卢渥"赴任陕郊，洛城自居守分司朝臣已下互设祖筵，遮于行路，洛城为之一空。都人观者架肩击毂，盛于清明洒扫之日。自临都驿以至于行，凡五十里，连翩不绝"，以至有馆驿的白发驿卒叹曰："老人为驿吏垂五十年，阅事多矣，而未曾见相送之盛有如此者。""时士流窃语，以此日在家者为耻。"一般朋友的相送，就不拘地点了。或桥边，或路上，或客舍，或码头，"浔阳江头夜送客"（白居易《琵琶行》），则是在船上送别。当时好像还有一种倾向，即在有桥的城市，就多在桥头告别。如长安的灞陵桥，"来迎去送皆至此桥，为离别之地，故人呼之销魂桥也"（《开元天宝遗事》）。扬州有万岁桥，所以李益有诗说："万岁桥边一送君。"（《扬州送客》）当时还有折杨柳相送的习俗，以至雍陶将当地送客所至的情尽桥改为"折柳桥"。最后要提及的是，当时官员出长安，如果皇帝借给他飞龙马，并送至京兆府界，那对他来说就是一种特别荣耀的恩典了。

五代南唐董源《潇湘图》中的送别场景

2. 婚丧及其他典礼

关于婚丧，涉及婚丧的仪式、各级官员的待遇等许多方面，这里仅举几个与出行有关的例子。婚礼中，女子一般都是要坐车的。敦煌文书S1725号《书仪》即说："引女出门外，扶上车中，举烛，整顿衣服。"唐朝规定，公主结婚给牛车二乘，到了后晋，牛车改成了马车。丧礼时的枢车发引，也有许多规矩，如车两边挂帛，挽郎引车，唱《薤露》等。《杜阳杂编》记唐懿宗的女儿同昌公主送葬队伍的状况是：首先有高数尺的凤凰、麒麟等作威仪，然后是一百多异衣服玩具，然后是木刻的楼阁、宫殿、人畜等，然后是千余帐幕、兵士卤簿，最后是尼姑和女道士，前后相续达二十余里。日本僧人圆仁，在长安目睹了葬唐文宗的队伍，他写道："见山陵使回入京城，是葬开成天子使。营幕军兵，陈列五里。军兵在大路两边对立，不妨百姓人马车从中路过。"（《入唐求法巡礼行记》卷三）让军队在大路两边对立，起着警戒的作用，但同时又允许百姓在路中穿行。

3. 妇女出行

妇女出行，在一般情况下是坐一种有帘子的车，但在开元、天宝时期则流行骑马。《明皇杂录》记虢国夫人"每入禁中，常乘骢马，使小黄门御。紫骢之俊健，黄门之端秀，皆冠绝一时"。妇女乘车、男子骑马，是当时的风俗。若妇女让男子与他一起坐车，就是对这男子的宠爱了。《隋唐嘉话》卷中记，丹阳公主嫌丈夫薛万彻土气，后来唐太宗假装十分看重薛万彻，结果"主悦甚，薛未及就马，遽召同载而还"。女子徒行的自然也不少。若是美艳的女子徒行，就会有轻薄少年前来搭话，或借与驴马。著名唐代小说《任氏传》，就是以这一情节开头的。当时，对妓女的出行有时也有些限制。《北里志》说："诸妓以出里艰难，每南街保唐寺有讲席，多以月之八日相牵率听焉。皆纳其假母一缗，然后能出于里。"由此也可知，鸨母对妓女的控制程度。说到妓女，顺便说一下当时社会里有狎妓的风气，男子在去见女妓特别是高级女妓之前，一定要做好准备，其中的一项就是备好马，足见当时对出行工具的重视。

4.地方风俗

有关地方风俗的材料不多，前面提到过的北方骑马、南方乘舟、蜀地的栈道、贵州的背笼等，都属地方风俗。下面再简单说几点：第一，由于各地的民风不同，致使各地区对出行的看法也不一样。《隋书·地理志》记载，梁益"或至耆年白首，不离乡邑"，徐淮之人"挟任节气，好尚宾游"。这虽是沿袭前代，但也还算符合当时的实际。第二，各地区因政治形势的不同，对出行都有一些限制。一般说来，忠于朝廷的地区限制要少一些，而比较强大的藩镇，在其境内就实行着严格的控制制度。如唐德宗时，河朔地区禁游客，特别禁止那些蛊惑人心的游方之士。吴元济在蔡州，不许百姓以酒食相过从，也不许夜行和夜里燃烛。裴度收复蔡州，废除了这些制度，"其往来者不复以昼夜为限，于是蔡之遗黎始知有生人之乐"（《旧唐书》卷一七〇）。第三，由于各地区的文化背景不同，往往在制度上有自己的地方风俗特点。这时统治者若不尊重这些风俗，就会引起当地人的不满甚或造成叛乱。最典型的例子，就是唐代张弘靖在幽州。"弘靖之入幽州也，蓟人无老幼男女，皆夹道而观焉。河朔军帅冒寒暑，多与士卒同，无张盖安舆之别。弘靖久富贵，又不知风土，入燕之时，肩舆于三军之中，蓟人颇骇之。"他手下的人，又"常夜饮醉归，烛火满街，前后呵叱，蓟人所不习之事"。加上他们还辱骂幽州吏卒为"反虏"，结果导致了幽州军人的反叛，赶走了张弘靖，使朝廷再次失去幽州（《旧唐书》卷一二九）。

5.其他

还有一些与出行有关的风俗比较杂，这里单列为"其他"一类。

（1）唐初马周曾制定了"城门入由左，出由右"的法令（《隋唐嘉话》卷中）。这就是说，如果城门有三个门洞，入城的人走左边的门，出城的走右边的门，而若只有一个门洞，大概就是行路靠左行（不过唐代"左右"的概念，与现在不甚相同）了。

（2）当时人骑马一般都要有人牵马。这是一种风俗，也是骑马者地位的体现。唐玄宗为太上皇时，李辅国对他有些不敬。后来高力士"厉声曰：'五十年太平天子，李辅国汝旧臣，不宜无礼！'……又曰：'李辅国拢马。'辅国遂着靴，出行拢马"（《戎幕闲谈》）。这是为恢复玄宗的权威。晋阳县令为百姓求雨，迎接巫师，"具幡盖，迎自私室，躬为控马"（《唐语林》卷一）。这是县令降低了身份。所以，我们看到在出土墓葬的明器中有许多牵马俑、牵驼俑，那正是这一风俗的最好见证。

（3）当时风俗，如果二人并马而行，说明他们关系甚好，或其中一人对另一个的恩宠，所以有"并辔归府舍""出

唐韦偃《双骑图》。两位骑手并辔奔驰，身手敏捷

则连辔驰"之类的诗句。韩愈也就是用这种方法为李贺扬了名。当然，如果是男女并辔如杨国忠与虢国夫人那样，时人就会觉得他们有些私情。但男女可以骑马并行，也是盛唐时特有的风俗。

（4）当时礼俗，有罪的官员前去请罪，不能"乘肥衣裘"，而必须"素服跨驴"。由此也能看出驴的等级比较低。若是投降他国，如前蜀后主降后唐，则必须"素衣白马，牵羊，草索系首，面缚衔璧"（《旧五代史》卷一三六）。

（5）当时关于出行还有一些迷信观念，现略举一二。唐德宗葬其父亲代宗时，"见辒辌车不当驰道，稍指丁未之间。问其故，有司对曰：'陛下本命在午，不敢冲也。'上哭曰：

'安有枉灵驾而谋身利乎？'命改辕直午而行"（《资治通鉴》卷二二六）。这是说德宗虽相信风水师们的说法，但愿意牺牲自己以成全孝道。唐武宗崇信道教，因而"有敕断天下独脚车……缘天子信道士教，独脚车辀破道中心，恐道士心不安软"（《入唐求法巡礼行记》卷四）。这一敕文下得实在太荒唐。此外还有用金钱为远行者卜卦、新船下水时打鼓、船头祭酒乞求不翻船等。如果出现星变，有司禳灾的方法，是在城门上悬挂东流水一坛，并禁止夜行。如果要乞求天晴，必须关闭路的北头；而要乞雨，则必须关闭路南头。因为北属阴南属阳，闭阴则阳通则晴，闭阳则阴通则雨。这种做法，实在是给行路人造成了极大的麻烦。

二　出行者与出行生活

（一）出行者

出行是人们不可缺少的活动之一，隋唐五代也不例外，如访亲问友、婚丧嫁娶、服役劳作、上朝归第、游山玩水等。下面所述出行者偏重于他们的长距离出行，并尽可能地写出时代特色来。

1.皇帝

皇帝出行以巡幸为最多。隋炀帝就最喜好出行，他东去辽东，南走江都，北巡长城，西行河右，弄得民疲国衰。到唐朝，前期的皇帝常常来往于长安和洛阳之间，有时去登登泰山，其他地方就很少去了。他们的出行主要集中在京畿，大的出行活动有围猎、拜陵、洗温泉和避暑等。唐后期，武宗"好出驾幸。四时八节之外，隔一二日便出"（《入唐求法巡礼行记》卷四），但出行范围亦不出都城。到五代，各政权君主的出行距离均不太远，其中前后蜀的君主，是比较喜欢出行的。

2. 百官

百官出行，除去日常的朝参、办公外，长距离出行主要有以下几类。一是使者。这主要指皇帝派到各地传达敕命和巡省风俗的官员。隋朝初年，经常"遣十使巡省天下"（《隋书》卷一），唐初亦然。后来随着各地设置了观察使，御史出巡也成惯例，那种频繁遣使巡省的做法就少多了。但各地长官在本辖区内巡行或派自己的属下到各地巡行的做法则有所增加。使者出行，最远可达周边各国，是距离最长的一种出行。二是各地官员向中央出行。隋时，每年年底，刺史、上佐要到长安"上考课"。唐时有朝集使，负责各地官员的考课，每年十月到长安，一直要待到第二年的正月。此外，还有计帐使、进奏官之类，都是到长安汇报工作或上交各种账簿文件的。一般的地方军政长官逢皇帝生日，要派使者携表前去祝贺；逢皇帝死了，也要派人前往哀悼。到五代后晋、后周时，还命令地方长官必须亲赴祝贺或亲赴国哀。除地方前往长安外，各州的县令，每季也须到州里集中一次。三是赴任、转任、罢官、贬官、致仕等。官员被任命后，必须按程期前往赴任，路上不许耽搁。转任时一般需直接到新任处，但唐宣宗时一度命令要先到朝廷奏对后，才能再赴新任。罢官有两种情况：一种是官秩满后还要做官，于是要到京城待阙；另一种是不做官了，要回家乡。不管哪一种情况，这时的出行都没有日期限制。特别是后一种情况，罢任后一路上游山玩水再回家乡是非常普遍的。致仕是年老后退休，一般都受到很好的待遇，如由皇帝特命驿传部送回乡之类，因此这时的出行是很轻松的。贬官有程期，必须按时到达。由于贬官之地多为荒凉僻远之处，因此贬官的出行充满艰辛。韩愈"一封朝奏九重天，夕贬潮州路八千……云横秦岭家何在，雪拥蓝关马不前"，就不仅是对路途遥远的担忧，而更多的是对圣朝、对长安的依恋。当时为了做官，官员们从京城到地方，从此地到彼地，每隔二三年就要长距离出行一次。再加上各种出差任务，真可谓是频繁出行了。任华在《送宗判官归滑台序》中说"大丈夫其谁不有四方志？则仆与宗衮，二年之间，会而离，离而会，经途所亘，凡三万里"，就是一个典型例子。除以上几点外，当时的官员还有探亲假叫"定省假"或"拜扫假"，前者每三年一给，后者每五年一给。如果地方官员死在任上，其家属或属下一般要将死者灵柩运回家乡。这些都是因做官而引发的出行。

3. 举、选人

举人指参加进士、明经等科举考试的士子，选人指官满后又满年限而去参加吏部常选的前任官。举、选人从全国各地集中于京城是每年出行者中的一大类，也是隋唐五代特别是唐代的一大特色。唐代科举还处于始发期，遗留有辟举制的残余，因而唐代举人要想中第，除去国子监生外，乡贡进士必须拿着自己的诗文作品行卷，即到各州郡找那些有名望的人推荐，成为州府举送的前几名，才有可能中第。于是为了求得举荐者的赏识，他们奔波于路途，十分辛苦。《太平广记》卷三五七记"牛僧孺任伊阙县尉，有东洛客张生，应进

唐代的出行图

士举，携文往谒。至中路，遇暴雨雷雹。日已昏黑，去店尚远，歇于树下"就是一例。举人、选人每年十月集于京师，参加考试，年年如此，就十分烦乱。唐人赵匡在《举选议》中说"大抵举、选人以秋初就路，春末方归。休息未定，聚粮未办，即又及秋"，循环往复，没有时间复习功课。据赵匡估计，每年赴京的举、选人达数万人，其中十分之七八考不上，于是每年在京城就出现了一大批下第者。这些下第者，有些在京城住下复习功课准备再考，但也有许多人因为种种原因而返回。在返回的途中，他们往往游览名胜古迹，或移情山水。落第者的"客游"，是出行者中的一大类。从史籍的记载看，他们闲游的地方以四川最多，其次为江南、淮南、湖南、湖北，而到北方客游的甚少。《太平广记》卷二八一说"贞元中，进士独孤遐叔家于长安崇贤里……家贫，下第，将游剑南"。此人家在长安，家里又穷，下第后还要到剑南去，可见下第后出门旅行是当时的一种风俗。每年这么多的进京赴举、选者和下第客游者往来于京师和地方之间，于是产生了与这些出行相关的送别和感慨。唐诗的发达，或许也与这些出行有着密切的关系。

4. 兵役、徭役、流囚

有军队就要有行军打仗，这是很大规模的出行。同时，由于隋朝和唐朝前期实行府兵制，于是府兵的上番宿卫，也成了频繁的出行活动。据《新唐书·兵志》和谷霁光《府兵制度考释》，一个距京师五百里的府，一年要上番两次，仅在路上就要花费四十八天。府兵频繁来往于道路，是隋唐出行生活的特征之一。府兵制度败坏前后，还有各种兵役如防人、征人等，也是出行中的一大类。承担徭役者前代也有，但此阶段的前期由于实行租庸调制，即以实物交纳租赋，因此运送租庸调的任务异常艰巨，这也就意味着出行的频繁。加上其他如运军粮贡物、修殿修城、纳草纳炭等，徭役十分沉重。马周在《陈时政疏》中就说："供官徭役，道路相继。兄去弟还，首尾不绝，远者往来五六千里。春秋冬夏，略无休时。"这种出行是被强迫的，其出行生活十分痛苦。流囚，指将犯了罪的人流放到远方，在当时也是一大类出行者。隋时对犯了罪的官员，一律配防到边境当戍卒。唐时一般不去做戍卒，但也将其流放到边地如碛西、岭外。唐宪宗时曾规定，淮北的流囚一律流放到北边的天德城。到五代后周时，主要的流放地是沙门岛。《太平广记》卷一四七"裴伷先"条讲他由流人而致富的经历，可见当时流人出行生活之一斑。文中说：裴伷先是宰相裴炎的侄子，裴炎"遇害，伷先废为民，迁岭外"。后因得罪武则天，被杖打后长流攘州。他"卧驴舆中，至流所，卒不死。在南中数岁，娶流人卢氏"。后来逃回家乡，"岁余事发，又杖一百，徙北庭"。他到北庭后因经商致富，往来河西。后遇赦，"由是伷先得免，乃归乡里"。裴伷先从京师到岭南，再到北庭，又回京师，其行程也有上万里。

5.百姓、商人

商人自然也属于百姓，这里特意将他们提出来，无非是为了突出商人在出行中的重要性。百姓的长距离出行，除了极少数的富人会去游山玩水外，大量的是因为生活所迫。例如在隋和唐初，常有因为天灾饥荒，百姓离开家乡到别处"就食"的记载。除了就食，还有就是迁徙。按照唐代法律，百姓从人多地少处迁往人少地多处，或从课役负担轻处迁至课役负担重处，都是允许的。但还有强迫迁徙，这主要是为了统治的需要。如隋炀帝就曾将"技巧、商贩、乐户之家"移至洛阳。这种情况到五代时更多，如契丹迁中原民众北行就是显例。除了合法的迁徙外，非法迁徙即所谓的流民也很多。史籍中常有户口逃亡、逃户等记载，逃户主要是为了躲避徭役或灾荒。此外还有些是为了躲避战乱而举家流亡的，这种流民在唐末五代比较多。如契丹境内闹饥荒了，百姓就流入幽州；幽州有灾荒了，民众又流向北。南方也是一样，甚至在闽国，"流寓"成了一种专门的等级，在社会地位上低于土著。以上大规模长距离的百姓出行，多半是被迫的，而商人的出行则不然，他们完全是主动、积极地出行，长途贩运，追求利益。所谓"商人重利轻别离"（白居易《琵琶行》），讲的就是这个道理。一般说来，只要有人群的地方，无论东川西川、岭南海南、碛西漠北，他们都去。卖盐、卖茶、卖粮、卖帛、卖鱼鳖，不论是统一的隋唐，还是分裂的五代，他们总是驱车驾舟，乘马牵驼，来往在道路上。《十国春秋》卷一〇七讲"时诸方物产未通，贾客自闽、粤来（北汉）"。这些自福建、广东而至山西的商人，真可谓长距离出行的骁将了。

除以上几种人外，出行人中还有僧人的求经巡礼、侠客的走马游历、学子的负笈拜师等，不一而足。总之可以说，隋唐五代时期长距离出行者中，以举子出行和府兵上番最具时代特色。另外要指出的是，当时出行最多的季节是冬季。朝集使入朝、租庸调入仓、举选人调集，都集中在这一时期。最后还有一点，隋唐五代与前代一样，严禁逃亡、浮浪，不论是民户避课役而逃，还是官员办完公事滞留不归，均属犯罪行为，但《唐律》又规定"若营求资财及学宦者"，无罪。这可看作对商贸的鼓励，也是对求学求官的一种鼓励吧。

（二）出行生活

出行生活包罗万象，凡出门在外的衣食住行、交往贸易等均属此列。但这里所说的出行生活，主要指出行时的费用、出行时遇到的困难，以及出行时的愉悦等。

1.出行费用

出行需要资金，没有钱就很难进行长距离的出行，如旅游、赴举等。这里仅就其中最突出的若干问题，做一简单叙述。

皇帝的出行自然最费钱，去一次骊山，就是"中人之产数百家，未足充君一日费"（白居易《骊宫高》）。唐昭宗曾向杨复恭"问游幸费，对曰：闻懿宗以来，每行幸，无虑用钱十万，金帛五车"（《新唐书》卷二〇八）。这些费用无疑都是国家出，不过其中也有区别，即有时费用由沿路州县百姓出，有时也因年成不好或为节俭而不打扰州县，由扈从自带粮草帐幕。前一种方法使沿路百姓负担很重，有关记载甚多。此外如唐武宗出门，要沿途各寺准备接待，每寺要花四五百贯钱，引得许多僧人不满。百官赴任或转任，主要也是由国家供路费，可以住馆驿，出行费用一般不成问题。其中富有的官员带有庞大的随从队伍，往往成为盗贼劫掠和关吏敲诈的对象。史籍记载出行费用最多的是赴考的举人，主要是因为官员们赴任用的是官费，而举人赴考则要自己掏钱。而且由于举人们雇仆人、赁驴马、吃饭住宿都要钱，因此出行费用相当高，去一次京师，起码需要两千贯左右。举人的出行费用，一般有这样几个来源：一是家里给，特别是高级官员家庭，能拿出这一大笔钱。例如《李娃传》记常州刺史之子郑生应举时，其父"乃盛其服玩车马之饰，计其京师薪储之费……备二载之用"。第二种是众人集资。这种集资，一般并不是举人自己要求的。《唐语林》卷三记李绛在襄州赴考，州判官张甫对节度使说："举人悉不如李某秀才，请只送一人，请众人之资以奉之。"第三种最多，就是举子无钱出行，投奔地方长官，向他要钱。这在当时是十分正常的。李吉甫为信州刺史，吴武陵"将欲赴举，以哀情告州牧。（李吉甫）赠布帛数端。吴以轻鲜，以书让焉，其词唐突……遂与米二百斛"（《唐语林》卷六）。这是嫌给路费给少了，写信责备刺史。当时还有一些地方官主动帮助举子，为他们赴考创造条件。据说唐宪宗时，周匡物"以家贫，徒步应举……路经钱塘江，乏僦船之资，久不得济"，于是写了一首诗，"郡牧出见之，乃罪津吏。至今天下津渡……舟子不敢取举、选人钱者，自此始也"（《太平广记》卷一九九）。此事的真实程度恐怕有些问题，但它说明确有些举子很穷，而且确有些地方官是在设法帮助他们，这与当时重视科举、重视进士的社会氛围有关系。除举、选人外，其他人的出行自然是富贵人家花费多，贫穷人家花费少，但史籍没有留下多少具体记载。李翱作《皇祖实录》记载：李惟慎"性旷达乐酒，不理家产，每日赏钱一千出游"。一天出游用钱一贯，一年就是三百多贯，可见他是个富裕人家。而贫穷如仆夫，辞职回家缺少路费，就全靠朋友们集资帮助了。僧人出行，费用全靠施主捐赠或自己乞讨。日本僧人圆仁回国时到郑州，"刺史施两匹绢。诸人皆云：此处是两京大路，乞客浩汗，行人事不辨。若不是大官，是寻常衣冠措大来，极是殷勤者，即得一匹两匹。和尚得两匹，是刺史殷重深也"（《入唐求法巡礼行记》卷四）。这条史料还说明，像郑州这样的交通要道，来向刺史要路费的人非常多，这也是当时社会的一种有趣现象。出行者中的商人大都较富，出行费用不成问题。到唐后期，商人为了避免钱多被劫，同时也为了方便，发明了一种"飞钱"（也叫"便换"），是存钱于官府机构，然后凭券或牒可以各处支钱的一种方法。《因话录》卷六讲："有士鬻产于外，得钱数百缗。惧川途之难赍也，祈所知纳于公藏，而持牒以归，世所谓便换者，寘之衣囊。一日，醉，指囊示人曰：'莫轻此囊，大有好物。'盗在侧闻之，其夜，杀而取其囊，意其有金也。既开无获，投牒于水。"这个士人因酒醉惹下杀身之祸，而那个盗贼也因无知而一无所获。这种可以四处支钱的便换，为出行费用的方便化开辟了一条新路。

　　与出行费用相关，还有一个出行消费标志，是出行者的出行工具和仆从的多少。当时只要是稍稍有些地位或有些钱的人，出门必有仆人。最差的是骑驴，带一个仆人。卢叔敏赴京应举，"行李贫困，有驴，两头叉袋，一奴才十余岁而已"（《太平广记》卷一二七）。杜荀鹤到长安去，"回头不忍看羸僮，一路行人我最穷"（《长安道中有作》）。这两人虽穷，但仍有一个仆人。再好一点的就不骑驴而骑马、骡，或有两骡两驴，仆人也增至两人。长安僧人昙畅，在唐高宗时"将一奴二骡向岐州稜法师处听讲"（《朝野佥载》卷二），这两头骡恐怕一头供骑乘，一头驮行李。唐末孙光宪行蜀路，是"一马二仆"（《北梦琐言》卷四），其中的一仆可能用于挑担。更有地位的人，其乘车、马和仆人的数目就更多，"仆从数十"是很普通的。兖州李参军赴任，"宝钮犊车五乘，奴婢人马三十匹"（《太平广记》卷四四八）。高级官员，其仆从往往达"数里不绝"。后晋时，平卢军节度使杨光远赴任，"仆从妓妾至千余骑，满盈僭侈，为方岳之最"（《旧五代史》卷九七）。皇帝出行的仆从，前面已引过许多。《资治通鉴》卷二五〇说，唐懿宗每游幸，"扈从者十余万人，所费不可胜纪"。因此，我们从一个出行者的出行工具和仆从的多少，就可知道他的出行费用状况。

2. 出行的艰辛和欢愉

出行特别是长距离出行，有时会遇到许多艰难困苦，大致说来，这些艰辛主要包括以下几个方面。一是自然灾难和道路难行。唐初僧人玄奘西行取经，到玉门关附近，一名临时找到的胡人向导弃他而去，"自是孑然孤游沙漠矣，惟望骨聚马粪等渐进"，"上无飞鸟，下无走兽，复无水草"。后与侍从翻越寒冷的凌山，"风雪杂飞，虽复履重裘，不免寒战。将欲眠食，复无燥处可停，唯知悬釜而炊，席冰而寝，七日之后方始出山。徒侣之中馁冻死者十有三四"（《大唐大慈恩寺三藏法师传》）。这是陆路的艰辛。"东都龙门潭之南有八节滩、九峭石，船筏过此，例及破伤"（白居易《开龙门八节石滩诗序》），这是水路。这种险滩乱石，在长江、黄河中都有。此外还有老虎伤人，"唐大顺、景福已后，蜀路剑、利之间……虎暴尤甚，号'税人场'。商旅结伴而行，军人带甲列队而过，亦遭攫搏"（《北梦琐言》卷四），可见老虎的厉害。因此，当时还流传有许多人变虎、虎变人的故事。第二种艰辛，是贫困或者疾病。出行者特别是那些赴考的举子，本来就穷，加上路上的颠簸困苦，再染上疾病，有许多人没等到京师就死在途中了。唐宪宗时，廖有方下第游蜀，至宝鸡西，"适此公署，闻呻吟之声……乃于暗室之内，见一贫病儿郎。问其疾苦行止，强而对曰：'辛勤数举，未偶知音。'眄睐叩头，久而复语，唯以残骸相托，余不能言"（《云溪友议》卷下）。后来，这贫病举子死后，廖有方卖了自己的马将其安葬。也有有钱人因病死于途中的。唐玄宗时有一书生家在洪州，要到北都求官，与李勉住在一个旅店里，"不旬日，书生疾作，遂至不救……因出囊金百两遗勉"（《太平广记》卷一六五）。能带百两金出行，可见此人不穷。后来，李勉将此金与书生埋在一起，成为流传于当时的一段佳话。举子到了长安后，由于停留时间较长，也常常处于一种十分穷困的境况。像"骑驴三十载，旅食京华春。朝扣富儿门，暮随肥马尘"（杜甫《奉赠韦左丞丈二十二韵》）那样疲于奔命的远道出行人，在每年群集长安的数万举选人中不知有多少。出行的穷困，不仅是物质上的，也有精神上的，这以贬官出行时的感受最为深切。杨凭被贬临贺尉时，"出门无复部曲随，亲戚相逢不容语。辞成谪尉南海州，受命不得须臾留。身着青衫骑恶马，东门之外无送者"（张籍《伤歌行》）就是一例。第三种艰辛是遭劫杀。这种劫杀，有仆人、雇夫杀主人的，有盗贼劫行人的，也有官府劫掠过客。唐中宗时，有谏议大夫柳超领二奴至江州，得病，"二奴欲图其资装，乃共谋曰：可奉毒药于谏议"（《太平广记》卷四三七）。这是奴仆趁主人病而图财。唐玄

敦煌莫高窟第45窟壁画《胡商遇盗图》

宗时，有大和县尉崔某携妻、子赴任，"乃谋赁舟而去……不数程，晚临野岸。舟人素窥其囊橐，伺崔尉不意，遽推落于深潭"（《太平广记》卷一二一）。这是雇的舟人杀乘客。除此之外，当时沿路的盗贼也很厉害。在唐前期，盗贼较少，"行者虽万里，不持寸兵"（《资治通鉴》卷二一四），但安史乱后，战争频起，道路就不安全了。唐代宗时，"自东都至淮泗，缘汴河州县……多有盗贼，漕运商旅，不免艰虞"（唐代宗《缘汴河置防援诏》），只好在汴河两岸各驿，增置防援三百人去捕捉盗贼。到五代时，战争频仍，盗贼特别是北方的盗贼更多，史称"时河朔群盗充斥，南北交兵，行旅无援者不敢出郡邑"（《旧五代史》卷九一）。劫掠者中最可怕的，是官府打劫。这主要是一些地方官，劫杀经过本地的富有官员和富商，朝廷也奈何他不得。沧景节度使王铎带着众多行李赴镇，路过魏州时，魏博节度使乐彦贞指使其子，率"州卒数百人伏于漳南之高鸡泊。及（王）铎行李至，皆为所掠。铎与宾客十余人皆遇害"（《旧唐书》卷一六四）。恩州刺史陈承亲，"专使子弟兵劫江。有一县令从安南来……遣子弟兵从后劫杀，尽取财物"（《朝野佥载》卷二）。这些人连官员都敢杀，一般商人更不在话下，出行者的安全就变得愈益没有保障了。

当然出行也有愉悦。有钱者饮酒赏花，留连青楼；闲散者吟诗走马，尽情山水。《开元天宝遗事》记"长安侠少，每至春时结朋联党，各置矮马，饰以锦鞯金辂，并辔于花树下往来。使仆从执酒皿而随之，遇好圃则驻马而饮"，从中感受赏花饮酒的乐趣。远游的商人们也有愉悦，这主要是在出门赚钱的过程中获得的。元稹在《估客乐》中云："估客无住者，有利身即行。出门求火伴，入户辞父兄。父兄相教示，求利莫求名。求名有所避，求利无不营。火伴相勒缚，卖假莫卖诚。……一解市头语，便无邻里情。输石打臂钏，糯米吹项璎。归来村里卖，敲作金石声。村中田舍娘，贵贱不敢争。所费百钱本，已得十倍赢。颜色转光净，饮食亦甘馨。子本频蓄息，货贩日兼并。求珠驾沧海，采玉上荆衡。北买党项马，西擒吐蕃鹦。炎州布火浣，蜀地锦织成。越婢脂肉滑，奚童眉眼明。通算衣食费，不计远近程。……归来始安坐，富与王者勍。"这位商人四方求货，无所不卖，坑蒙拐骗，在富比王者的欢悦中，得到了莫大的满足。当然，他们在营利的途中，也是不会忘记狎妓饮酒、玩水游山的。在出行中获得心灵上的愉悦，首推文人型官僚，白居易就是其中著名的一位。他与元宗简游曲江，"长安千万人，出门各有营。唯我与夫子，信马悠悠行"（《答元八宗简同游曲江后明日见赠》），完全没有公子哥儿式的癫狂，而且还作诗。他曾给元稹写信，回忆起"春游城南时，与足下马上相戏。因各诵新艳小诗，不杂他篇。自皇子陂归昭国里，迭吟递唱，不绝声者二十里余"（《与元九书》），愉悦之情跃然纸上。五代时，王仁裕任后晋学士，"每天气和暖，必乘三驷，从三四老苍头，携照袋，中贮笔砚、《韵略》、刀子、砺石、笺纸数十幅，并小乐器之属，备酒炙三五人之具。门生侍行，出郊野，过园亭，有竹树处，燕赏终日，赋诗品小管，尽醉而归"（《十国春秋》卷一一五）。这也是一幅悠游的画卷。至于寄情山水的文人骚客就更多了。如柳宗元被贬到柳州后，游遍了当地的名胜，并且自己又发现了许多清秀山水，写了大量的游记。他在花四百贯买下钴姆潭西小丘后，写了《钴姆潭西小丘记》，记中说：当他买了这小丘后，做了一番整理，结果"嘉木立，美竹露，奇石显。由其中以望，则山之高、云之浮、溪之流、鸟兽之遨游，举熙熙然回巧献技，以效兹丘之下。枕席而卧，则清泠之状与目谋，潆潆之声与耳谋，悠然而虚者与神谋，渊然而静者与心谋"，十分愉悦。在《钴鉧潭记》的最后更云："孰使予乐居夷而忘故土者，非兹潭也欤？"可见闲游山水，给当时的柳宗元带来了多么可贵的安慰和快乐！总之，出行生活有艰辛，也有愉悦。若是去赴举、经商，出行的过程就充满艰辛，但其结果往往会使人愉快，而访友、游玩这类出行本身就是一种愉悦。这种出行的愉悦，可以使人忘却烦恼，陶冶性情，让生活在流动中变得畅快，在畅快中变得韵味无穷。

一点余论

　　总体看来，隋唐五代衣、食、住、行最显著的特点，是其所具有的过渡性。在总结前段过程中开创后段，从旧事物中走向新事物，发展到宋代最终固定下来，并向后影响到明清。这一趋势，与当时政治、经济、军事、思想文化各领域所具有的过渡性是相一致的。比如衣生活中常服的等级化并向公服发展，到宋代最终明文规定大臣的公服不再是冠帻裙襦，而是"曲领大袖，下施横襕，束以革带，幞头，乌皮靴"（《宋史·舆服志五》）。这种公服制度，一直延续到明代。食生活中的饮茶，经过隋唐五代的普及，到宋代以后，真正形成了中国式精湛的品茶艺术。住生活中高脚家具里的桌椅，经过隋唐五代的发展，到宋代固定下来，完成了中国人从使用低矮家具向使用高脚家具的过渡。行生活中作为交通工具的轿子，也是由隋唐五代的肩舆和担子发展而来，但只是到了宋代，才正式"诏许百官乘轿，王公以下通乘之"（《宋史·舆服志二》）。这种官员按品级乘轿的制度，也延续到了明清。

　　正是这种过渡性，造成了隋唐五代衣、食、住、行的多样性和丰富性，同时也给我们的研究增加了困难。要弄清楚为什么常服变成了公服、低家具向高家具发展、轿子取代了乘马，它反映了中国人身体和精神乃至礼仪和习俗的一种什么变化？又与古代社会自前期向后期的发展或称"唐宋变革期"有什么样的关系？这是我们今后应该加强研究的一系列问题。

参考文献

周锡保《中国古代服饰史》，中国戏剧出版社1984年版。

周峰《中国古代服装参考资料（隋唐五代部分）》，北京燕山出版社1987年版。

段文杰《敦煌壁画中的衣冠服饰》，载《敦煌石窟艺术论集》，甘肃人民出版社1988年版。

吴淑生等《中国染织史》，上海人民出版社1986年版。

《中国烹饪》编辑部汇编《烹饪史话》，中国商业出版社1987年版（以及《中国烹饪》中有关烹饪史的其他文章）。

刘昭瑞《中国古代饮茶艺术》，陕西人民出版社1987年版。

王明德、王子辉《中国古代饮食》，陕西人民出版社1988年版。

刘敦桢《中国古代建筑史》，中国建筑工业出版社1980年版。

萧默《敦煌建筑研究》，文物出版社1989年版。

宿白《隋唐长安城和洛阳城》，《考古》1978年第6期。

刘广生《中国古代邮驿史》，人民邮电出版社1986年版。

孙机、杨泓《文物丛谈》，文物出版社1991年版。

孙机《中国古舆服论丛》，文物出版社1993年版。

傅乐成《唐人的生活》，《食货月刊》第4卷第1、2期。

陈贻焮《杜甫评传（上卷）》，上海古籍出版社1982年版。

高国藩《敦煌民俗学》，上海文艺出版社1989年版。

[日] 妹尾达彦《唐代长安の街西》，《史流》25，1984年。

[日] 妹尾达彦《唐代长安の盛り场》（上）（中），《史流》27、30，1986年、1989年。

[日] 日野开三郎《唐代邸店の研究》，《日野开三郎东洋史学论集》第17卷，1992年自版。

[日] 关根真隆《奈良朝服饰の研究》，吉川弘文馆1974年版。